Silvia Frank

Das ARDBuffet

Haushalts-1x1

Über **200** Tipps für den modernen Haushalt

Ihre
Nummer 1
SILVIA FRANK
in allen Haus-
haltsfragen

Inhaltsverzeichnis

Liebe Leserinnen und Leser, liebe Zuschauer,

eigentlich wollte ich nie ein Buch mit Haushaltstipps schreiben, denn es gibt doch schon so viele Haushalts-ratgeber! Aber immer wieder tauchte in Ihren zahlreichen Zuschriften die Frage auf: „Wo kann ich all Ihre Tipps nachlesen?" Ja, und nun ist es doch da: Mein Buch – vollgepackt mit meinem Wissen und meinen Erfahrungen aus 14 Jahren ARD Buffet. Denn bereits 1998 ging für mich das erste Mal das Rotlicht an zum „Hallo Buffet". Dank der Aufgabenstellung durch die Redaktion und dank Ihrer Fragen habe ich mich in viele Bereiche des Haushalts eingearbeitet, habe mit Erfolg ausprobiert, getestet und auch einige Misserfolge eingefahren.

Meine Motivation für das Thema Haushalt: Jeder hat ihn! Jeder braucht ihn! Und keiner liebt ihn!
Auch ich kenne angenehmere Tätigkeiten als Putzen, Waschen und Bügeln, liebe aber trotzdem ein gepflegtes Umfeld! Also möchte ich die lästige Hausarbeit möglichst rasch und gut hinter mich bringen. Und wie es geht, wie es besser geht – das probiere ich täglich gerne und mit viel Neugierde aus. Ich versuche, den Zuschauern und mir mit meinem naturwissenschaftlichen Know-how den Alltag zu erleichtern. Die anstehenden Themen bearbeite ich modern, zeitgemäß und kritisch. Im Fokus steht der Privathaushalt, aber ich schaue auch gern über den Tellerrand und „spicke" bei den Profis nach einfachen, fortschrittlichen Problemlösungen.

Bereits mit vier Jahren stand mein Berufswunsch fest – Apothekerin oder Chemikerin! Denn mich faszinierten die kleinen Fläschchen, die Retorten und die Tiegel. Das Ziel fest vor Augen war ich bereits mit 24 Jahren staat-lich vereidigte Lebensmittelchemikerin. Ich war begeistert von meinen beruflichen Tätigkeiten als Leiterin eines Futtermittellabors und eines zentralen Servicelabors für verschiedene Lebensmittelbetriebe. Doch diese Stel-lung ließ wenig Platz für Familienaufgaben und so arbeite ich seit der Geburt meiner Tochter als freiberufliche Dozentin für „Biochemie der Ernährung". Ein weiterer Lehrauftrag zur „Betriebshygiene im Haushalt" für haus-wirtschaftliche Betriebsleiter/innen brachte den näheren Kontakt zur Hauswirtschaft und weckte mein Interesse dafür. Aber auch schon während des Studiums galt es nicht nur Lebensmittel, sondern auch Kosmetika, Wasch- und Reinigungsmittel und Bedarfsgegenstände zu analysieren und zu beurteilen.

Wer seinen privaten Haushalt nicht einfach „so nebenbei" nach alten Methoden führen will, wer Kraft, Zeit und Geld sparen und Stress, Ärger und Frust vermeiden will, den heiße ich hier herzlich willkommen!

Aber bevor es losgeht, verrate ich Ihnen meine wichtigsten
„Haushaltsweisheiten" zur Vermeidung von Chaos:
- Herausgeholtes sofort zurücklegen.
- Heruntergefallenes sofort aufheben.
- Vertropftes sofort aufwischen.
Schon diese kleinen Tipps werden Ihnen viel Zeit und Mühe ersparen.

Ihre

Silvia Frank

Was Sie in diesem Buch nicht finden werden:
Haushaltsmythen

Mythen werden als volkstümliche Überlieferungen definiert und enthalten häufig glorifizierende und mehr oder minder verfälschte Darstellungen. Gerade im Bereich Haushalt werden zufällige Erfolge gerne festgehalten, ohne die genauen Umstände oder Bedingungen zu beschreiben. Bei den Haushaltsmythen fehlen die präzisen Hinweise und Erklärungen, dazu kommen die typischen Übermittlungsfehler.

Warum wir alten Tipps ade sagen sollten

Angesichts veränderter Lebensumstände, Ausstattungen, Materialien und Reinigungsmittel ist es an der Zeit, die ständig aufs Neue veröffentlichten Haushaltsmythen – als Omas oder Muttis Haushaltstipps liebevoll umschrieben oder belächelt – zu hinterfragen und naturwissenschaftlich präzise auf grobe Fehler zu überprüfen. Natürlich ist es amüsant und beruhigend für das ökologische Gewissen, wenn Salz, Bohnenkochwasser, Essig und Cola viele Putzmittel und Fleckenentferner ersetzen, aber heute stehen uns einfachere, schnellere und bessere Methoden zur Verfügung! Warum die Wäsche 12 Stunden in Buttermilch baden, wenn 30 ml Fleckensalzzusatz in der Waschmaschine zu einem viel besseren Ergebnis führen?

Das hat sich bis heute bewährt!

- **Wiener Kalk** oder **Schlämmkreide** als sanftes Poliermittel für angelaufene (korrodierte) Metalloberflächen wie Silber, Kupfer, Messing oder Zinn.
- Eine Essigsäurespülung kann auf Wolle und Seide die Farben etwas fixieren, da in sauren Lösungen die Eiweißfasern stabilisiert werden.
- Essig kann Kalkbeläge auf Waschbecken und Toiletten entfernen.
- Soda und heißes Wasser sind ein guter Abflussreiniger, da die Verstopfungen häufig erstarrte Fettrückstände sind. Diese werden durch Soda verseift und damit wasserlöslich gemacht.
- Eine verdünnte Sodalösung kann Verkrustungen in Töpfen und Pfannen zum Aufquellen bringen. Nicht bei Glasformen oder Aluminium anwenden, da Alkalien die Oberflächen angreifen.
- Sonne kann Weißwäsche bleichen, da sich aus Wasser und den UV-Strahlen Wasserstoffperoxid entwickeln kann. Die besten Ergebnisse erhalten Sie durch mehrmaliges Anfeuchten der Wäsche.
- Zitronensaft hat dank der enthaltenen reduzierend wirkenden Ascorbinsäure (Vitamin C) eine sanfte Bleichwirkung auf farbige Flecken und verschmutzte Hände.
- Zitronensaft kann **Rostflecken** entfernen, da die enthaltene Zitronensäure die Eisensalze chemisch (komplex) binden kann.

Das ist ohne erkennbaren Nutzen!

- **Backpulver ist kein Wäscheweißmacher,** obwohl dieser Tipp sehr verbreitet ist. Diese Aussage stammt aus einer Zeit, in der Trinkwasser nicht die heutige Qualität hatte, sondern noch reichlich Eisen- und Mangansalze enthielt. Diese Salze bildeten in der alkalischen Seifenlauge einen bräunlich-schwarz gefärbten Niederschlag, der das Weiß der Wäsche gelblich verfärbte. Die im Backpulver enthaltenen Phosphate konnten dies vermindern. Aber was früher noch Gültigkeit hatte, ist heute nicht mehr notwendig! Zum einen ist heute der Eisen- und Mangangehalt durch die Trinkwasseraufbereitung sehr gering. Zum anderen enthalten alle modernen Waschmittel Komplexbildner zur Bindung von Schwermetall-Ionen. Backpulver kann also keine säubernde Wirkung mehr entfalten, sondern erhöht im Gegenteil die Schmutzfracht, da darin Stärken und Fett enthalten sind. Auch die Information, dass Backpulver in Verbindung mit Wasser Sauerstoff erzeugt, ist falsch. Aus Backpulver kann sich kein Sauerstoff entwickeln! Wenn dem so wäre, würden alle Kuchen ranzig schmecken, da die Fette oxidiert würden. Backpulver entwickelt nur Kohlendioxid, das den Kuchen hochtreibt.
- **Essig kann auf Baumwoll- und Leinenfasern keine Farben fixieren,** da diese Cellulosefasern im alkalischen Bereich eingefärbt werden. Waschen Sie die Wäsche lieber mit einem alkalischen Colorwaschmittel, das zusätzlich noch Verfärbungsinhibitoren enthält!
- Aspirin (Acetyl-Salicylsäure) kann das Blut verdünnen, also kann es sicher auch wunderbar Blutflecken entfernen. Diese Blutverdünnung ist aber nur ein laienhafter Ausdruck für die Wirkung

des Aspirins. Acetyl-Salicylsäure hemmt nämlich nur das Verklumpen der Blutplättchen (Thrombozyten) und hat mit einer eigentlichen „Blutverdünnung" nichts zu tun.

- Angeblich soll Speisesalz im Fensterputzwasser Putzstreifen verhindern. In Wahrheit gilt aber, dass je mehr Stoffe im Wasser gelöst sind, desto trüber wird der Durchblick.
- Kerzen sollen langsamer abbrennen, wenn Sie sie lange lagern, im Kühlschrank/Gefrierschrank aufbewahren oder in Salzwasser tauchen. Allerdings hat sich keines dieser Verfahren bei der Überprüfung als effektiv erwiesen. Beim Abbrennen muss das Wachs immer geschmolzen werden, damit es in den Docht aufsteigen kann. Die Brenndauer ist dabei von vielen Faktoren abhängig: von den Rohstoffen, der Herstellungsart, der Raumtemperatur, der Flammengröße, der Sauerstoffzufuhr und von der Zugluft. Durchschnittlich verbrennen pro Stunde 7–10 g Kerzenmasse. Bei den Teelichtern, Grab- und Opferlichten ist der Verbrauch pro Stunde etwa halb so groß, da diese Kerzen in einem Becher abbrennen und die Flamme wegen der knapperen Sauerstoffzufuhr klein bleibt.

Das kann mehr schaden als nutzen!

- **Essigsäure kann Armaturen beschädigen,** da das Grundmaterial meist aus Messing besteht und nur eine dünne Chromschicht aufgebracht ist. Besonders an den beweglichen Teilen wird die Nickel-Chrom-Schutzschicht mechanisch weggescheuert und die flüchtige Essigsäure kann ungehindert das Messing angreifen. Dringt zudem Essigsäure über die beweglichen Teile in das Innere der Armatur ein, kommt es auch dort zu Korrosionen.
- Ein verbreiteter Tipp für die Backofenreinigung lautet, den Backofenboden dick mit Salz zu bestreuen, dann eine Schüssel mit Wasser für eine halbe Stunde darin zu erhitzen und danach das Salz vom Boden zu kratzen. Machen Sie das nie bei einem Backofen mit Edelstahlauskleidung, denn die Chloride beschädigen den Edelstahl und es kommt zu Lochkorrosionen. Zudem soll beim Erhitzen des Backofens nie etwas direkt auf dem Backofenboden liegen. Die Heizstäbe liegen darunter und der Boden kann durch den entstehenden Hitzestau beschädigt werden. Das Aufweichen mit Wasser ist korrekt, aber bitte ohne Salzschicht auf dem Boden.
- Bei Blutflecken soll man angeblich einfach Salz mit Zitronensaft mischen und auf den Fleck geben. Aber das Eiweiß gerinnt durch Salz und Säure und der Fleck ist dann schwieriger zu entfernen. Durch die reduzierende Wirkung des Zitronensaftes verblasst nur etwas die Farbe.
- Reiben Sie nie einen Wollteppich mit Salmiakwasser (Ammoniak) oder Schmierseife ab, da durch deren alkalischen pH-Wert die Wolle verfilzen kann. Zudem lässt sich Schmierseife kaum mehr aus dem Teppich entfernen.

- **Fliesenfugen sind aus säureempfindlichen Fugenzementen** und dürfen deshalb nicht mit Essig oder Zitronensaft geschrubbt werden. Der Fugenzement würde aufgelöst und die Fugen werden somit tiefer, verschmutzen schneller und es könnte Feuchtigkeit hinter die Fliesen dringen. Der Untergrund verschimmelt, die Fliesen werden gelockert. Wenn man Duschabtrennungen und Fliesenwände mit Autowachs einreibt, soll das deren Reinigung erleichtern. Aber Autowachse sind für das Auto und nicht für den Innenbereich konzipiert und können unter Umständen bedenklich ausdünsten. Zudem stellt sich der Erfolg nur anfangs ein, denn durch warmes Wasser und Duschschampoo wird das Wachs schnell wieder abgewaschen und es entsteht ein „Geschmier".
- Um die Gefriertruhe vor übermäßiger Vereisung zu schützen, soll man sie vorher mit Speiseöl einreiben. Falls dabei aber etwas auf die Dichtungen kommt, müssen Sie diese bald erneuern. Zudem verträgt nicht jeder Kunststoff dauerhaft den Kontakt mit Speiseölen, die in die Kunststoffwände wandern oder allmählich verharzen können.
- Manche behaupten, man sollte Marmorplatten mit einer Zitronenhälfte polieren, auf die zuvor Salz aufgestreut wurde. Dies ist aber nur eine sichere Methode, wie Sie Marmoroberflächen durch Säure beschädigen können.

Gut zu wissen ...

Was macht sauber?

Sauberkeit ist scheinbar ein dehnbarer Begriff; in vielen Haushalten tobt deshalb der Kampf „Putzteufel kontra Dreckspatz". Mir gefällt das englische Sprichwort: „The house is clean enough to be healthy and dirty enough to be happy!" Frei übersetzt: Ausreichende Sauberkeit, um gesund zu bleiben, und so viel Schmutz, dass man damit noch glücklich ist.

Die Werbung hat großen Einfluss auf unser Wasch- und Putzverhalten im Haushalt. Früher waren ein blitzblanker Haushalt und strahlend weiße Wäsche das Aushängeschild einer perfekten Hausfrau. Heute wird vor allem aus hygienischen Gründen geputzt und gewaschen. Doch wie viel Reinlichkeit ist sinnvoll? Hygienisch sauber bedeutet nämlich nicht keimfrei oder steril, sondern dass es bei normalem Gebrauch zu keiner gesundheitlichen Gefährdung kommt – weder durch Keime noch durch eine unzureichende Funktionsfähigkeit, wie zum Beispiel rutschige Fußböden.

Wenn beim Putzen und Waschen auch noch die Pflege und der Werterhalt der Gegenstände berücksichtigt und belastende Stoffe vermieden werden, dann wird ein vernünftiges Maß an Sauberkeit geschaffen. Für viele Bereiche im Haushalt ist es vollkommen ausreichend, dass nur dann geputzt und gewaschen wird, wenn es notwendig ist! Verlassen Sie sich ruhig auf Ihr Auge und Ihre Nase – diese sind gute Hinweisgeber für notwendige Reinigungsaktivitäten. Gleichzeitig sorgt dieser Reinigungsrhythmus für einen verantwortungsbewussten Umgang mit menschlichen, wirtschaftlichen und ökologischen Ressourcen.

Wasser –
das wichtigste Reinigungsmittel

Wasser ist das wichtigste Reinigungsmittel im Haushalt: beim Waschen, Spülen, Feucht- und Nassreinigen. Es kann Oberflächen und Schmutz benetzen; dabei bringt es den Schmutz zunächst zum Quellen. Danach wird der wasserlösliche Schmutz gelöst und wasserunlöslicher Schmutz in Verbindung mit Reinigungsmitteln emulgiert. Wasser ist aber nicht gleich Wasser, deshalb will ich im Folgenden auf die verschiedenen Eigenschaften von Wasser eingehen.

MEIN SPEZIELLER TIPP

Noch besser als Leitungswasser wirkt destilliertes oder demineralisiertes Wasser. Dieses Wasser ist arm an gelösten Mineralstoffen, deshalb benetzt es den Schmutz rascher und löst ihn besser an.

Was hat es mit der Wasserhärte auf sich?

Allein schon der Begriff **„Wasserhärte"** ist verwirrend, schließlich fließt unser Wasser immer klar und flüssig aus der Leitung. „Hartes Wasser" enthält selbst noch keinen Kalk, sondern sogenannte **Härtebildner, das heißt Calcium (Ca)- und Magnesium (Mg)-Ionen,** gebunden an Hydrogencarbonate, Sulfate und Chloride. Je mehr Ca- oder Mg-Ionen im Wasser gelöst sind, desto härter ist es und desto eher kann sich nach dem Erhitzen oder Verdunsten harter Kesselstein bilden. Wahrscheinlich kommt die Aussage „hart" aus dem Wäschebereich, denn wenn Wäsche in Wasser mit vielen Ca- und Mg-Ionen gewaschen wird, dann fühlt sie sich hart an. Da sowohl hartes als auch weiches Wasser Vor- und Nachteile aufweisen, ist es wichtig im Alltag auf die genauen Härtegrade zu achten.

ANGABEN DER WASSERHÄRTE

Die Wasserwerke sind verpflichtet mindestens einmal jährlich die Werte für die durchschnittliche Wasserhärte zu veröffentlichen. Früher erfolgte die Angabe in °dH, das heißt Grad deutscher Härte. 1 °dH entspricht 7 mg Ca-Ionen/l und 4 mg Mg-Ionen/l. Diese Angabe ist zwar veraltet, aber für viele Zwecke besser geeignet, da genauere Angaben einfacher gemacht werden können.
Seit 2007 gilt in Deutschland das neue Wasch- und Reinigungsmittelgesetz, in dem angepasst an das EU-Recht die Angabe der Wasserhärte in drei Härtebereichen erfolgt. Die Angabe erfolgt dabei in mmol Ca- und Mg-Ionen pro Liter Wasser.
Härtebereich 1: weiches Wasser (0–8,3 °dH oder < 1,5 mmol/l)
Härtebereich 2: mittelhartes Wasser (8,4–14 °dH oder 1,5–2,5 mmol/l)
Härtebereich 3: hartes Wasser (> 14 °dH oder > 2,5 mmol/l)

VOR- UND NACHTEILE VON HARTEM WASSER

Die Vorteile von hartem Wasser sind:
- Es schmeckt besser.
- Es ist gesünder, da es die Deckung des Mineralstoffbedarfs ergänzt.
- Es baut in metallischen Wasserleitungen eine Kalkschutzschicht auf, die Korrosionen vermindert.

Hartes Wasser hat aber auch Nachteile, nämlich:
- Überall, wo hartes Wasser erwärmt, verdampft, verdunstet oder verwirbelt wird, bilden sich weiße Kalkrückstände.
- Je härter das Wasser, desto mehr Wasserenthärter – und damit Waschmittel – sind beim Waschen mit der Waschmaschine notwendig. Waschmittel enthalten verschiedene Wasserenthärterzusätze, die Ca- und Mg-Ionen binden (komplexieren) können. Nur so kann das Waschmittel seine **volle Waschkraft** entfalten und es kommt zu keinem Kalkansatz. Würde das Waschwasser ohne diese Enthärter erwärmt, würde es zu einer Ausfällung von Kalk kommen. Immer wieder wird berichtet, dass die Waschmitteldosierung erst ab 50 °C Waschtemperatur an die Wasserhärte angepasst werden muss. Das ist nicht korrekt! **Die Ausfällung kann bereits bei niedrigeren Waschtemperaturen einsetzen,** da unmittelbar um den Heizstab die Temperatur des Wassers höher ist. Dieser Kalk würde auf weißer und bunter Wäsche zu Vergrauungen und zu einem erhöhten Wäscheverschleiß führen. Zudem können Teile der Waschmaschine und die Dichtungsmanschette verkalken. Außerdem enthalten heute alle Waschmittel härteempfindliche Reinigungssubstanzen, die sofort bei jeder Temperatur mit den

Ca- und Mg-Ionen reagieren und einen Niederschlag bilden. Zu diesen Inhaltsstoffen zählen auch diverse Seifen, die der Wäsche nach dem Waschen eine bessere „Griffigkeit" geben.

- Hartes Wasser stört auch beim **maschinellen Spülen** von Geschirr. Es kommt zu weißen Kalkbelägen auf dem Geschirr und im Inneren der Spülmaschine. Deshalb wird das Leitungswasser bereits ab 4 °dH enthärtet. Spülmaschinen haben dafür eine kleine Enthärtungsanlage, einen Ionenaustauscher. Hier werden beim Durchfluss des Spülwassers durch das Ionenaustauscherharz die Ca- und Mg-Ionen durch Natrium-Ionen ersetzt. Die Anlagen arbeiten vollautomatisch und sehr zuverlässig – vorausgesetzt, **die Wasserhärte ist genau eingestellt.**
- Kaffeevollautomaten und Dampfgargeräte müssen bei hartem Wasser häufiger entkalkt werden.

MEIN SPEZIELLER TIPP

Auch bei Verwendung von Multifunktionstabs in der Spülmaschine muss die genaue Wasserhärte bekannt sein. Sie enthalten Salzersatzstoffe, die ohne Benutzung der Ionenaustauscheranlage die Ca-und Mg-Ionen im Wasser während des Reinigungsgangs und den anschließenden Spülgängen binden, damit kein Kalk ausfällt. Allerdings reicht die Kapazität der enthaltenen Wasserenthärter in einem Tab nur bis zu einer Wasserhärte von 21 °dH, bei höherer Wasserhärte wird zusätzlich der Ionenaustauscher zugeschaltet.

LEBEN MIT HARTEM WASSER

- Wählen Sie bei Neuinstallationen von Rohren einen kleineren Durchmesser, damit das Wasser mit mehr Druck durch die Leitungen fließt.
- Drosseln Sie die Temperaturen bei Boilern auf < 60 °C, das vermindert die Kalkabscheidung. Zum Schutz vor Legionellen sollte in Altbauten, in denen eine erhöhte Gefahr von Stagnationswasser besteht, das Wasser alle sechs Wochen auf rund 80 °C erhitzt werden.
- Wischen Sie Fliesen, Waschbecken und Armaturen (auch die mit Sonderausstattung!) immer trocken nach, um das mühsame Reinigen mit sauren Produkten zu vermeiden.

WASSER LÄSST SICH AUF VERSCHIEDENE ARTEN ENTHÄRTEN

- Durch Abkochen: Abgekochtes Wasser enthält weniger temporäre Härtebildner, da in der Hitze CO_2 entweicht und schwerlösliches Calciumcarbonat ausfällt. Das Restwasser enthält dann weniger Ca- und Mg-Ionen!
- Durch einen Zusatz von Soda (Natriumcarbonat) oder Alkaliphosphaten: Dies führt zu einer Ausfällung von Ca-/Mg-Ionen und senkt die Gesamthärte.
- Durch den Zusatz von Torf: Blumengießwasser wird durch Torf (0,5 l Torf für 24 Stunden in 5 l Wasser hängen) enthärtet. Die im Torf enthaltenen Huminsäuren binden die Ca-Ionen.
- Mittels Tischfiltern: Die in vielen Haushalten gerne eingesetzten Tischfilter enthalten Kationenaustauscher. Diese tauschen Ca- und Mg-Ionen, aber auch eventuell vorhandene Kupfer- und Schwermetall-Ionen, gegen Natrium-Ionen oder Protonen aus. Die Enthärtung erfolgt allerdings auch bei einer neuen Patrone nicht vollständig und die Leistung nimmt im Laufe der Zeit ab. Das so entstandene weichere Wasser ist aber auf jeden Fall weniger hart, hat einen leicht sauren pH-Wert und wird gern zur Zubereitung von Kaffee oder Tee verwendet, denn mit weniger Ca-Ionen ist die Aromaentfaltung besser. Die Ca-Ionen sind nämlich „Aromakiller", da sie Gerbstoffe und Kaffeesäuren komplex binden oder ausfällen.
- Enthärten in größerem Stil: Zum Enthärten großer Mengen Leitungswassers gibt es verschiedene technische Möglichkeiten wie gut funktionierende Ionenaustauscheranlagen oder physikalische Kalkumwandler mit Permanent- oder Dauermagneten. Bei letzteren konnten in allen unabhängigen Tests von Verbraucherorganisationen im Haushaltsbereich allerdings nur geringe Wirkungen festgestellt werden! Wirksam Enthärten können Umkehrosmoseanlagen. Sie arbeiten mit einer Membran, die nur Wassermoleküle durchlässt. Es handelt sich dabei aber um ein teures und aufwändiges Verfahren, denn die Filter müssen regelmäßig gewartet werden, da sonst **Verkeimungsgefahr** besteht.

Starke Helfer: Reinigungsmittel

Die Erwartungen an moderne Reinigungsmittel sind hoch: Sie sollen eine hohe Reinigungsleistung zu einem günstigen Preis haben, die Materialien schonen und gleichzeitig aber den Gebrauchswert der gereinigten Flächen erhalten! Und das alles soll auch noch hautschonend, gesundheitlich unbedenklich, umweltverträglich, angenehm duftend und ohne Kraftaufwand erreicht werden. Dies erklärt die Fülle und Vielfalt der Reinigungsmittel. Beim Blick auf die Umsatzzahlen fällt auf, dass Verbraucher im Haushalt lieber zu Spezialreinigern greifen als zu Allzweckreinigern. Dieses Verhalten ist zu begrüßen, sofern für die allgemeine Reinigung der Oberflächen bei leichten Verschmutzungen bevorzugt mit Wasser und modernen wirksamen Reinigungstextilien wie Mikrofasertüchern oder Bürsten gearbeitet wird. Diese können – richtig eingesetzt – viele Aufgaben von Reinigungsmitteln übernehmen.

Zum Umgang mit Reinigungsmitteln

Es gibt in modernen Haushalten viele Materialien mit besonderen Anforderungen an die Reinigung und Pflege. Hier fällt die Auswahl bei den meterlangen Verkaufsregalen und vollmundigen Werbeversprechungen oft schwer. Nachhaltig handelt, wer hier den Durchblick behält!

Es gilt: Je mehr unterschiedliche Materialien im Haushalt sind, desto voller wird Ihr Putzschrank, denn viele Materialien erfordern zumindest ein- bis zweimal jährlich ein Spezialpflegemittel. Mit den folgenden Tricks bewahren Sie den Überblick:

- Bestehen Sie beim Kauf von Gegenständen mit speziellen Materialien auf eine Pflegeanleitung vom Hersteller und bewahren Sie diese gut auf.
- Bewahren Sie Reinigungsmittel in Originalflaschen mit den entsprechenden Warnhinweisen und Anwendungsmöglichkeiten beziehungsweise den eingeschränkten Anwendungen auf.
- Fast alle Putzmittel sind für kaltes bis handwarmes Wasser konzipiert. Ausnahme sind nur Handspülmittel. Bei zu hoher Wassertemperatur können die Emulsionen brechen und leicht flüchtige Substanzen rasch verdunsten.
- Niemals verschiedene Putzmittel gleichzeitig benutzen oder mischen – es sei denn, Sie haben gute chemische Kenntnisse.
- Reinigungsmittel nie überdosieren. Bei konzentrierter Anwendung immer mit Wasser nacharbeiten.

- Verwenden Sie keine verdorbenen Produkte. Sie erkennen dies am unangenehmen Geruch oder einer Entmischung der Inhaltsstoffe. Kaufen Sie deshalb **nur von Standardputzmitteln größere preisgünstige Packungen** und von allen Spezialmitteln die jeweils kleinste Größe.
- Kaufen Sie nicht gleich für jedes neue Material ein neues Pflegemittel, sondern warten Sie erst mal ab, denn viele Materialien brauchen entgegen der Herstellerangaben gar keine speziellen Pflegemittel.
- Spezialmittel sind meist reinigend und pflegend, deshalb ist immer ein sparsamer Einsatz empfehlenswert. Zu viel Pflegemittel baut Schichten auf, die Schmutz und Staub binden und nur mühsam zu entfernen sind.
- § 8 WRMG (Wasch- und Reinigungsmittelgesetz) regelt, welche Angaben auf den Verpackungen von Wasch- und Reinigungsmitteln aufzubringen sind. Ebenfalls ist darin festgelegt, dass die Inhaltsstoffe von Reinigungsmitteln dem Verbraucher im Internet jederzeit zugänglich sein müssen. Leider mache ich immer wieder die Erfahrung, dass diese Pflicht nur von wenigen Herstellern erfüllt wird. Wehren Sie sich gegen diese illegale Praxis! Sie müssen nicht erst das Produkt kaufen, um die Inhaltsstoffe nachzulesen.

MEIN SPEZIELLER TIPP
Sparen Sie lieber an den Putzmitteln und investieren Sie in gute, möglichst professionelle Putzgeräte!

MEIN SPEZIELLER TIPP

Überschätzen Sie nicht die Wirkung der Reinigungsmittel. Denn bei allen Reinigungsvorgängen ist das Putzmittel neben der Zeit, der Temperatur und der mechanischen Putzbewegung nur ein Reinigungsfaktor. Oft können Sie allein schon durch Aufweichen ein gutes und schonendes Ergebnis erreichen.

Tenside

Tenside sind das „Herz" der meisten Wasch- und Reinigungsmittel. Vielleicht erinnern Sie sich noch an Ihren Schulunterricht – vereinfacht ausgedrückt sind Tenside die „Stecknadeln", die die Schmutzteilchen aufspießen und dann im Wasser schweben lassen.

WIRKUNGSPRINZIP DER TENSIDE

Tenside sind Verbindungen mit einem wasserliebenden (hydrophilen) und einem fettliebenden (lipophilen) Molekülteil. Sie setzen zuerst die Oberflächenspannung des Wassers herab, dadurch kann das Wasser den Schmutz viel besser

benetzen. Im nächsten Schritt lagern sich die fettliebenden Teile an den Schmutz an, umhüllen ihn und lösen ihn – wenn noch etwas Bewegung oder Reibung dazu kommt – von der Oberfläche ab. Die wasserliebenden Molekülteile sorgen dafür, dass der Schmutz im Wasser emulgiert bleibt, er schwebt in Form kleiner Tröpfchen im Schmutzwasser.

SEIFEN: ALTBEKANNT UND IMMER NOCH BEWÄHRT

Die ältesten Tenside sind Seifen, denn schon 2500 v. Chr. findet man Hinweise und Rezepturen für die Herstellung von seifenartigen Lösungen aus Fett und Asche.

Seifen sind gute Tenside, da der wasserliebende Teil eine negative Ladung trägt und die verschmutzten Flächen ebenfalls meist schwach negativ geladen sind. Die gleichnamigen Ladungen stoßen sich gegenseitig ab, der Reinigungseffekt wird dadurch gesteigert. Allerdings haben Seifen auch negative Eigenschaften: Sie haben einen alkalischen pH-Wert. In hartem Wasser verbinden sich Ca-Ionen und Seifen zu wasserunlöslichen Kalkseifen, in schwach saurem Wasser bilden Seifen einen schmierigen Belag aus den freien Fettsäuren. Das alles sind Faktoren, die unseren heutigen Ansprüchen nicht mehr genügen. Deshalb wurden Seifen weitgehend durch synthetische Tenside ersetzt.

Ein Seifenprodukt hat sich bis heute erfolgreich behauptet – die Gallseife. **Feste Gallseife** besteht aus alkalischer Kernseife und bis zu 8 % aus Rindergalle. Setzen Sie sie wegen des alkalischen pH-Werts nur für Cellulose- und Synthetikfasern ein. **Flüssige Gallseife** enthält neutrale synthetische Tenside und ebenfalls Rindergallenpulver. Deshalb kann **flüssige Gallseife für alle Fasern,** also auch für Wolle und Seide, verwendet

werden. Die Gallensäuren haben eine stark emulgierende Wirkung für Fette. Sie enthalten aber keine Enzyme, wie irrtümlich immer wieder berichtet wird.

HINWEIS

Immer wieder fällt mir auf, dass die im Haushalt beliebte Neutralseife mit Schmierseife verwechselt wird. Echte Schmierseife kann aber nie neutral sein! Deshalb ist die Neutralseife keine echte Seife, denn sie besteht aus verschiedenen synthetischen Tensiden.

NACHTEIL DER TENSIDE

Wenn Sie einen Fußboden wie üblich mit einem tensidhaltigen Wischwasser reinigen, bleiben auf dem Boden aktive Tenside zurück, mitunter als leichter Schmierfilm. Sobald neuer Schmutz oder Staub sich nähert, wird dieser von den Tensiden angezogen – **die Neuverschmutzung der Flächen erfolgt schneller.** Typischer Nebeneffekt: Sie sehen nach einiger Zeit durch den neuen Schmutz die typischen Wischspuren des Putzlappens. Würden wir alle **zweistufig putzen,** also immer mit klarem Wasser gründlich nacharbeiten, wäre das Problem geringer. Aber die moderne Reinigung muss heute fix gehen! Dies wurde und wird vor allem von den Auftraggebern der professionellen Gebäudereinigung negativ bewertet, deshalb suchten die Profis als Erste nach Alternativen.

Tensidfreie Reinigungsmittel

Die Hersteller halten sich mit Erklärungen für die Wirkungsweise ihrer Reiniger stark zurück! Aber man weiß schon lange, dass Metall-Ionen, zum Beispiel Ca-Ionen, die Haftung des Schmutzes auf Oberflächen erhöhen. Metall-Ionen sorgen allerdings auch dafür, dass die Schmutzpartikel besser aneinander haften und dadurch gut sichtbar sind. Ein Prinzip der tensidfreien Reinigung ist, dass diese Metall-Ionen von dem Reinigungsmittel gebunden werden. Dadurch haftet der Schmutz nicht mehr so fest auf der Fläche, zerfällt in kleinste Teilchen und kann leicht entfernt werden. Viele tensidfreie Produkte arbeiten daher mit wässrigen Salzlösungen von Citraten, Phosphaten und Silikaten, die sehr gut die Metall-Ionen binden können. Auf den tensidfrei gereinigten Flächen bleiben allenfalls wenige Salze zurück, die aber nicht stören.

Der wichtigste Unterschied zur Reinigung mit Tensiden ist deshalb die **geringe Wiederverschmutzung,** zusätzlich wird ein eventuell vorhandener Fleckschutz weniger stark angegriffen. Diese Vorteile sind gut nutzbar bei der Reinigung von Polstern, Teppichen, Fliesen, Feinsteinzeug und Steinböden. Die Mittel arbeiten ohne Schaum, zeigen aber trotzdem Wirkung! Leider sind sie meist nur über das Internet oder den professionellen Gebäudereinigerbedarf beziehbar. Bei viel Fettschmutz rate ich aber doch zu tensidhaltigen Reinigungsmitteln.

Bleichmittel

Es gibt kaum einen Haushalt, der keine Bleichmittel verwendet. **Bleichmittel entfärben durch chemische Reaktionen,** nämlich Oxidation oder Reduktion. Sie entfernen beim Waschen, maschinellen Spülen und Reinigen viele farbige Flecken und wirken gegen Verfärbungen und Vergilbungen. Zusätzlich können sie desinfizieren und unangenehme Gerüche bekämpfen. Nur dank der Bleichmittel können wir heute bei niedrigen Waschtemperaturen gute Waschergebnisse erzielen. Man unterscheidet zwischen Oxidations- und Reduktionsbleichen.

WAS IST OXIDATIONSBLEICHE?

Durch eine Oxidationsreaktion lassen sich die natürlichen gelb- bis violettfarbenen Pflanzenfarbstoffe von Obst und Gemüse, braune Gerbstoffe von Kaffee oder Tee, Vergilbungen, Stockflecken und viele synthetische Farbstoffe aus Kosmetika oder Schreibwaren aufhellen. Heute werden Sauerstoffbleichen bevorzugt. Diese enthalten verschiedene Peroxide, aus denen sich in Wasser als Zwischenprodukt zunächst Wasserstoffperoxid bildet. Daraus entsteht anschließend „Aktivsauerstoff". Das ist eine Umschreibung für verschiedene, sehr reaktionsfähige Teilchen (Radikale), die dann das eigentliche Bleichen durchführen. **Die Radikale oxidieren Farbstoffe und ver**nichten **Mikroorganismen und unangenehme Geruchsstoffe,** indem sie deren Elektronen an sich reißen. Deshalb riecht Wäsche, die mit Oxi-Bleichmittel gewaschen wird, frischer als welche, für die nur Color- oder Feinwaschmittel genommen wurde.

WORIN SIND OXIDATIONS-BLEICHMITTEL ENTHALTEN?

Kaum ein Haushalt kommt, wie bereits erwähnt, heute noch ohne Bleichmittel aus. Besonders deutlich wird das, wenn man sich bewusst macht, worin diese überall enthalten sind:

- Pulverförmige Voll- oder Universalwaschmittel, Oxi-Fleckensalze und die meisten Maschinenspülmittel enthalten als Oxidationsbleichmittel Natriumpercarbonat (früher Natriumperborat).
- Oxidationsbleichen sind auch in einigen Kraft- und WC-Reinigern sowie in Gebissreinigertabletten enthalten.
- Außerdem gibt es zahlreiche spezielle Flüssigbleichen und Vorwaschsprays, die stabile Wasserstoffperoxide enthalten.

HINWEIS

Wasserstoffperoxid und Aktivsauerstoff entwickeln sich auch aus Wasser und den UV-Strahlen der Sonne. Sie kennen alle den Effekt: Im Freien getrocknete Wäsche riecht frischer und mancher Fleck geht dank Sonne und mehrmaligem Anfeuchten mit Wasser weg. Nun wissen Sie auch, warum!

SO WENDEN SIE OXIDATIONS-BLEICHEN RICHTIG AN

Die meisten Sauerstoffbleichen arbeiten im **alkalischen Bereich** besser als bei neutralem pH-Wert. Deshalb ist die Bleichwirkung bei Zugabe des Bleichmittels zu einem neutralen Fein- oder Wollwaschmittel immer geringer, als wenn Sie mit einem alkalischen bleichmittelhaltigen Vollwaschmittel waschen oder extra Bleiche zum alkalischen Colorwaschmittel dosieren. Zur Behandlung von Wolle und Seide gibt es milde Flüssigbleichen. Noch wichtiger ist der **Einfluss der Temperatur.** Wasserstoffperoxid entwickelt erst bei 60 °C eine gute Bleichwirkung. Um auch bei niedrigen Temperaturen eine gute Wirkung zu erreichen, werden den Waschmitteln und Fleckensalzen verschiedene Bleichaktivatoren zugesetzt. Richtig gut funktioniert das erst ab 40 °C Waschtemperatur. Bei 30 °C oder wenn Flecken von Teppichen oder Polstermöbeln entfernt werden sollen, lässt sich die Bleichwirkung durch Föhnen oder Bedampfen punktuell verstärken. Bei Maschinenspülmitteln sind statt Bleichaktivatoren andere Substanzen enthalten. Es handelt sich um sogenannte Bleichkatalysatoren, die aber bei Wäsche Faserschäden hinterlassen würden. **Behandeln Sie Ihre Wäsche deshalb nie mit Maschinenspülmitteln!** Seit einiger Zeit gibt es Oxidationsbleichen, die bereits bei Zimmertemperatur gut wirksam sind. Sie enthalten als Bleichmittel PAP, das heißt Phthalimidoperoxohexansäure, und werden als sogenannte **Hygienebleichen** vor allem im Ökohandel angeboten. Leider sind diese Produkte sehr teuer!

DIE ÄLTESTE OXIDATIONS-BLEICHE: HYPOCHLORIT

Ja, es gibt immer noch das älteste chemische Oxidationsbleichmittel, nämlich die Hypochloritbleiche (umgangssprachlich „Chlorbleiche"). Sie wird allerdings, wie jede Chlorchemie, ökologisch schlecht eingestuft, wirkt aber stärker bleichend als Sauerstoffbleiche! Hypochloritbleiche sollte allerdings nicht nur aus ökologischen Gründen die Ausnahme bleiben, denn die gute Bleichwirkung hat auch Nachteile: Es kommt durch sie rasch zu Faserschäden und bei farbigen Stoffen und Materialien sofort zu unerwünschten Farbaufhellungen. Deshalb wird in der Pflegekennzeichnung für Textilien zwischen Sauerstoff- und Chlorbleiche unterschieden:

△ Alle Bleichmittel einsetzbar

◬ Nur Sauerstoffbleiche möglich

⧄ Keine Bleichung möglich

SCHÄDEN DURCH OXIDATIONSBLEICHE

Nur wer weiß, wie Oxidationsbleichen richtig eingesetzt werden, kann **Schäden vermeiden, die oft schlimmer sind als ein kleiner Fleck.**

- Farbige Wäsche und Kleidung kann nur mit wenigen Ausnahmen, nämlich im Fall von Synthetikstoffen und indanthrengefärbten Teilen, zur gezielten Fleckenentfernung punktuell mit Bleichmitteln behandelt werden. Das Ergebnis wird in jedem Fall gleichmäßiger, wenn Sie sie mit Colorwaschmittel plus Bleichmittelzusatz waschen. Ich mache immer wieder gute Erfahrungen mit mehrstündigem Einweichen in einer bleichmittelhaltigen Waschmittellösung. **Für Farbiges bevorzuge ich Flüssigbleiche,** da schlecht aufgelöstes Fleckensalz zu Bleichflecken führen

kann. Alternativ lösen Sie das Fleckensalz vorher in Wasser auf.

- **Schwermetall-Ionen** (zum Beispiel Eisen, Nickel, Chrom oder Mangan) aus Metallen oder Rostflecken bewirken, dass aus dem Bleichmittel punktuell extrem schnell viel Sauerstoff freigesetzt wird. Dadurch können selbst Baumwollfasern an diesen Stellen oxidativ zerstört und brüchig werden. Bleichen Sie Wäschestücke mit Metallknöpfen, Metallfäden, Nieten oder Metallreißverschlüssen deshalb nicht zu oft und entfernen Sie vor dem Waschen alle Rostflecken.

- Bei zu starkem Bleichen kann es durch die **Oxidation der optischen Aufheller** zu ganz hartnäckigen gelben bis grünen Flecken und Verfärbungen kommen. Optische Aufheller sind in vielen weißen Fasern eingearbeitet oder ziehen beim Waschen mit Universalwaschmitteln auf die Fasern auf. Lassen Sie deshalb beim punktuellen Bleichen das Bleichmittel nie eintrocknen, es nicht länger als 15 Minuten einwirken und legen Sie die behandelte Wäsche auf keinen Fall zur Verstärkung der Bleichwirkung in die Sonne. Falls doch ein Unglück passiert, können Sie versuchen, die Gelbfärbung durch eine Reduktionsbleiche rückgängig zu machen.

REDUKTIONSBLEICHEN

In den meisten Fällen sind Oxidationsbleichen die Anwendungsfavoriten, weil sie geruchslos sind und problemlos in der Waschmaschine eingesetzt werden können. Bei einigen Verfärbungen und Fleckenproblemen bringen allerdings reduzierend wirkende Bleichmittel eindeutig bessere Ergebnisse. Das sind Schwefelverbindungen, die Sauerstoff entziehen können, wie zum Beispiel Natriumdithionit. Daraus entwickelt sich in Wasser reizendes Schwefeldioxid, weshalb die Räume immer gut gelüftet und die Lösungen gut abgedeckt sein sollten. Reduzierende Bleichen sind in Haushaltsentfärbern, Dessous-Weißmachern, Fleckenpasten oder Tintenkillern enthalten. Übrigens: Auch Vitamin C, also Ascorbinsäure und Zitronensaft, der Vitamin C enthält, haben eine **milde reduzierende Bleichkraft.**

WANN EIGNEN SICH REDUKTIONSBLEICHEN?

Die Anwendungsgebiete der Reduktionsbleichen unterscheiden sich leicht von denen der Oxidationsbleiche.

- Reduktionsbleichen sind **ideal bei verfärbter Wäsche,** da die heutigen Textilfarbstoffe oxidationsstabil sind. Das liegt daran, dass zum Waschen bei niedrigen Temperaturen vermehrt Sauerstoffbleichen zur Fleckenentfernung und Verbesserung der Hygiene eingesetzt werden. So wird trotz Bleichmittel die Originalfarbe des Textils geschont. Wenn es nun zu Abfärbungen von Textilfarben auf andere Wäschestücke kommt, sind die oxidierenden Bleichmittel deshalb wenig wirksam und reduzierende Bleichmittel oft die einzige Möglichkeit, Ausblutungen und Abfärbungen zu beseitigen.

- Einige Reduktionsbleichen sind auch für Wolle und Seide geeignet.

- Reduktionsbleichen werden gerne vor dem haushaltsüblichen **Neueinfärben mit Textilfarben** eingesetzt. Dadurch erhalten Sie eher den gewünschten neuen Farbton.

- Viele Flecken, bei denen Oxidationsbleiche schlapp macht, lassen sich durch Reduktionsbleiche entfernen. Dazu zählen zum Beispiel viele synthetische Farbstoffe aus Haarfarben, Druckerfarben oder auch Kerzenwachs und Rostflecken.

- Nach der Verarbeitung von Obst oder Gemüse sind die **Hände oft unangenehm verfärbt.** Entfernen Sie diese Pflanzenfarbstoffe auf der Haut nie mit Oxidationsbleichen, da diese die Eiweißstruktur der Haut schädigen. Greifen Sie in dem Fall lieber zu reduzierenden Bleichmitteln wie Zitronensaft oder verreiben Sie zwischen den feuchten Händen etwas Vitamin C-Pulver oder Handwaschpaste mit Reduktionsmittel. Kurz einwirken lassen und dann abspülen.

Soda

Bei Soda handelt es sich um eine traditionelle Reinigungshilfe im Haushalt. Es besteht aus **Natriumcarbonat** und ist mit Natron, dem Natriumhydrogencarbonat, eng verwandt. Allerdings ist Soda viel alkalischer (pH-Wert 11,5) als Natron (pH-Wert 8,5). **Verwechseln Sie deshalb nie Soda und Natron!** Die Bekämpfung von Fettschmutz ist bis heute der Hauptanwendungsbereich für Soda.

WAS LEISTET SODA?

- Soda ist ein wunderbarer **Fettschmutzlöser.** So kann zum Beispiel stark verschmutzte Baumwollwäsche in einer Sodalösung (1–2 EL auf 10 l Wasser) eingeweicht oder mit Sodazusatz gewaschen werden. Die Fasern und der Schmutz quellen in der alkalischen Lösung besser auf als in Wasser und Fette werden gespalten (verseift).

- Zum Reinigen von stark verschmutzten Flächen wie die Abdeckung von Küchenschränken oder Dunstabzüge geben Sie auf 5 l warmes Wasser die normale Dosierung eines Allzweckreinigers und 1–2 EL Soda. Mit dieser Lösung die Flächen gut feucht abwischen, einwirken lassen und bei starken Ablagerungen mit einem Padschwamm oder einer Edelstahlspirale nacharbeiten. Diese Sodalösung kann selbst **verharzte Fette** langsam aufspalten. Dabei mehrmals mit klarem Wasser gut nachwischen.

- **Pilze und Bakterien** werden durch den alkalischen pH-Wert von Soda abgetötet. Spülen Sie Ihre Porzellanvasen daher ab und zu mit einer Sodalösung aus, denn ein sauberes Gefäß ist die wichtigste Voraussetzung für eine lange Haltbarkeit von Schnittblumen. Bei Glasvasen sollten Sie das Soda nur ganz kurz einwirken lassen, weil Glas alkaliempfindlich ist.

Angebrannte Pfannen, Töpfe und Auflaufformen (Edelstahl, Porzellan) können Sie in einer Lösung aus 1 EL Soda und 1 l Wasser einweichen. Die Rückstände gehen am nächsten Morgen wie von selbst weg. Durch dieses schonende Verfahren vermeiden Sie ein Verkratzen der Oberfläche. Auch angebrannte emaillierte Kuchenbleche werden so wieder sauber.

- Bei schlecht riechenden oder schlecht ablaufenden Ausgüssen lässt man für ein bis zwei Stunden eine heiße Sodalösung (2–3 EL Soda auf 2 l heißes Wasser) einwirken. Dadurch werden die Fettablagerungen entfernt, unangenehm riechende saure Geruchsstoffe neutralisiert und Bakterien abgetötet.
- Mit einer Sodalösung können Sie im Außenbereich auch Steinplatten und Holzteile von **Grünalgen befreien,** allerdings werden dadurch gerbstoffhaltige Hölzer etwas dunkler.

HINWEIS
Sprudelndes Sodawasser enthält übrigens kein Soda. Der etwas unglücklich gewählte Name kommt noch aus einer Zeit, als das in dem Wasser enthaltene Kohlendioxid aus Soda gewonnen wurde.

VORSICHT BEIM UMGANG MIT SODA

- Nicht alle Materialien vertragen Soda. Folgende Materialien können durch Soda angegriffen werden: Aluminium, Dispersionsfarben, Glas, Lacke, Linoleum, Seide, Viskose und Wolle.
- Natursteine wie Marmor oder Granit können durch Soda nachdunkeln.
- Soda kann heute in jedem Super- oder Drogeriemarkt gekauft werden. Es ist ein weißes Pulver, das wasseranziehend ist und an der Luft hart und klumpig wird. Deshalb müssen Sie es in ein fest schließendes Kunststoffgefäß umfüllen und mit Warnhinweisen beschriften.
- Soda kann stauben. **Atmen Sie diesen alkalischen Staub nicht ein.**
- Arbeiten Sie mit Haushaltshandschuhen, da Soda stark die Haut entfettet.
- Geben Sie zu einer Sodalösung niemals Säure; es kann zu einer heftigen Reaktion kommen.

Säuren

Säuren beseitigen im Haushalt mineralische Verschmutzungen wie Kalk oder Urinstein. Allerdings gibt es auch viele Materialien, die säureempfindlich sind: Kalksteine wie Marmor oder Travertin, kalkhaltige Steine wie Terrazzo, Zement und Beton, Metalloberflächen, manche emaillierten Flächen sowie Baumwolle und Viskose. Säuren werden in **anorganische und organische Säuren** eingeteilt, wobei im Haushalt die organischen Säuren wie Essig oder Zitronensäure im Vordergrund stehen. Nur die anorganische Amidosulfonsäure wird heute vermehrt sowohl in sauren Reinigungsmitteln wie auch in Schnellentkalkern eingesetzt, da sie ein sehr wirkungsvoller Kalkentferner ist. Lange Zeit stand die organische Essigsäure als preiswerter und leicht zugänglicher Kalkentferner im Vordergrund, allerdings wirkt diese ge-

genüber Metallen stärker korrosiv als die anderen Säuren.

PUTZEN MIT ESSIG – NICHT IMMER SO GUT WIE SEIN RUF!

In unzähligen Haushaltsratgebern und in der ökologischen Fachliteratur wird Essig als umweltfreundliches Reinigungsmittel fast für den ganzen Haushalt empfohlen und sein stechender Geruch wird als Zeichen großer Sauberkeit akzeptiert, oft sogar geliebt. Nach einer Untersuchung der EU riecht Sauberkeit in Deutschland nach Essig. Andere Länder bevorzugen andere Duftrichtungen, zum Beispiel Lavendel in Frankreich oder Chlorbleiche in Südeuropa. Warum ist Essig aber bei uns im Haushalt so beliebt?

- Einfacher Essig und Essigessenz können in jedem Supermarkt preiswert gekauft werden, während Alternativen wie zum Beispiel pulverförmige Zitronensäure oder Amidosulfonsäure nicht überall erhältlich sind.
- Essig ist als Flüssigkeit sofort einsatzbereit. Haushaltsessig enthält meist zwischen 5–8 % Säure, während Essigessenz bis zu 25 % Säure enthalten darf.

17

- Verwenden Sie Essigsäure nur, wenn sie für die **Kalkentfernung bei Geräten ausdrücklich erlaubt** ist und verdünnen Sie Essigessenz auf die angegebene Konzentration. Nehmen Sie keinen Gärungsessig – er bildet Rückstände, die den Geschmack beeinflussen oder Kunststoff verfärben können.
- Essiggeruch überdeckt manche unangenehme Gerüche, teilweise werden die Geruchsstoffe auch chemisch gebunden. Das Trimethylamin von „überreifem" Fisch kann durch die flüchtige Säure neutralisiert werden.

NACHTEILE VON ESSIGSÄURE

- Essigsäure ist eine **flüchtige Verbindung,** deshalb kommt es zu dem stechenden Geruch. Für den Umgang mit flüchtigen Verbindungen gibt es einen MAK-Wert, das heißt eine maximale Arbeitsplatzkonzentration. Dieser Wert liegt für Essigsäure nur bei 10 ppm (parts per million = 0,0001 %) und wird in essigliebenden Haushalten bei unzureichender Lüftung locker überschritten. Dadurch kommt es zu **Reizerscheinungen der Atemwege oder die Bindehaut der Augen reagiert mit Rötungen.**
- Die populäre Schimmelbekämpfung mit Essig ist kritisch zu betrachten, denn nur sehr hohe Essigsäurekonzentrationen sind auch effektiv! Zudem können sich aus der Säure mit dem mineralischen Untergrund der befallenen Stellen Salze bilden. Die Säure wird dann neutralisiert und rasch wirkungslos und die gebildeten organischen Salze können dem Schimmelpilz sogar als Energielieferant dienen. Das **Schimmelwachstum wird dadurch also angeregt.** Bessere Alternative: 70%iger Spiritus oder Isopropanol, eventuell ergänzt durch 3%iges Wasserstoffperoxid.

- Essigsäure wirkt auf kupferhaltigen Verbindungen wie Messing oder Bronze **korrosiv.** Die Schäden auf der Oberfläche können nicht rückgängig gemacht werden, da sich ein Kupfersalz, nämlich Grünspan, bildet. Das Abreiben der Kupfergegenstände mit Salz und Essig – ein altes Hausmittel, das leider auch noch in modernen Büchern steht – bringt die Gegenstände zunächst zum Glänzen. Aber das kristalline Salz poliert nicht, sondern verkratzt die Oberfläche und der Essig beschleunigt die weitere Korrosion.

- **Vermeiden Sie Essig auf verchromten Armaturen,** da das Grundmaterial meist aus Messing ist und nur eine dünne Nickel- und Chromschutzschicht hat. Die Hersteller warnen ausdrücklich vor der Verwendung von essigsäurehaltigen Reinigungsmitteln. Wer seine rasch korrodierte Armatur reklamiert, hat meist wenig Erfolg, da die Hersteller in ihren Laboren die mit ungeeigneten Säuren behandelten Teile sicher erkennen.
- Essigsäure hat wenig Reinigungskraft, denn die Säure kann keinen Schmutz emulgieren. Essigwasser kann also keinen Fettschmutz entfernen. Wenn im Bad die typische Kombination aus Kalk-, Fett- und Seifenschmutz entfernt werden soll, dann ist Essig alleine machtlos. Essig reicht für die Kalkentfernung im Toilettenbecken aus, aber für Waschbecken und die Dusche brau-

chen Sie sauer eingestellte Reinigungsmittel, die zusätzlich auch Tenside enthalten. Diese Reiniger werden heute fast immer mit anderen Säuren hergestellt.
- Als flüchtige Verbindung kann Essigsäure beim Entkalken von Heißgeräten wie zum Beispiel Kaffeemaschinen Waschmaschinen und Wasserkochern auch **Dichtungsringe, Siebe oder Aluminiumteile angreifen, selbst wenn diese nicht direkt mit Säure benetzt werden.** Vor dem Entkalken eines teuren Haushaltsgeräts empfiehlt es sich immer, beim Hersteller nachzufragen. Durch Entkalken mit Essig können Sie sonst wegen falscher Pflege die Gewährleistung verlieren.

EINE ALTERNATIVE ZUR ESSIGSÄURE: ZITRONENSÄURE

Zitronensäure ist eine geruchlose organische Säure, die Sie beim Gebrauch nicht belastet, da sie keine flüchtige Verbindung ist und die Schleimhäute nicht reizt. Wodurch zeichnet sie sich noch aus?

- Sie kann durch ihre saure Wirkung gut Kalkablagerungen auflösen. Der Kalk wird aber nicht nur durch die saure Wirkung, sondern auch durch Bildung eines Komplexes beseitigt. Vereinfacht ausgedrückt: Die Zitronensäure vertreibt nicht nur die Kohlensäure aus dem Kalk (deshalb sprudelt es), sondern sie umklammert mit mehreren Armen die Ca-Ionen im Kalk und entfernt ihn dadurch besonders gut. Wie bei Essig braucht die Kalkauflösung einige Zeit, weshalb zitronensäurehaltigen Kalkentfernern gerne noch andere, schneller wirkende Substanzen wie Amidosulfonsäure oder Maleinsäure zugemischt werden, die beide nicht als umweltbelastend eingestuft werden.

- **Zitronensäure ist weniger korrosiv als Essigsäure** und wird deshalb für Armaturen, Wasserkocher und andere Haushaltsgeräte empfohlen. Wenden Sie sie aber trotzdem nur an, wenn es der Hersteller ausdrücklich erlaubt, denn sie hat einen Nachteil: Das aus dem Kalk gebildete Calcium-Zitrat kann unter Umständen in der Hitze einen Niederschlag bilden, der feinste Düsen und Leitungen verstopfen kann. Eine empfehlenswerte Konzentration ist eine 5%ige Säure, das heißt Sie müssen 25 g Säure in 500 ml Wasser lösen.

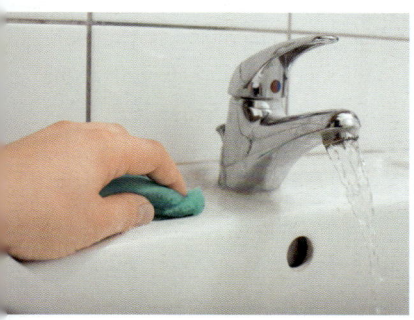

- Zitronensäure ist wie Essig biologisch leicht abbaubar, außerdem muss auch nicht alle Säure in der Kläranlage durch Mikroorganismen abgebaut werden, da sie teilweise als schwerlösliches Salz in den Klärschlamm gelangt.
- Die Kalkentfernung mit Zitronensäure ist allerdings etwas teurer, da Sie zu Beseitigung von 1 g Kalk nur 1,2 g Essigsäure, aber 3,8 g Zitronensäure benötigen. Lassen Sie die Säure immer lange genug einwirken. Auch wenn nichts mehr sprudelt, kann noch eine Reaktion stattfinden.
- Relativ neu am Markt sind Entkalker mit Milchsäure, Weinsäure, Maleinsäure und Apfelsäure. Diese Säuren werden gerne in Bio-Kalkentfernern eingesetzt, wobei die Bezeichnung „bio" in dem Fall nicht aussagekräftig ist, weil alle organischen Säuren auf biologischem Wege hergestellt und

biologisch gut abgebaut werden. Sie sind wie Zitronensäure weniger korrosiv und nicht leicht flüchtig.

HINWEIS

An diesem Punkt muss ich Kritik an der EU-Detergentien-Verordnung äußern. Auf der Verpackung reicht bei den Inhaltsstoffen der Hinweis „enthält Säuren" aus. Nur bei den vorgeschriebenen genauen Produktdeklarationen im Internet muss die genau enthaltene Säure aufgeführt werden. Aber wer schaut schon vor jedem Kauf eines Bad- oder Sanitärreinigers ins Internet? Ich denke, hier sollten wir als Verbraucher mehr Klarheit fordern.

Lösemittel

Wasser ist das beste Lösemittel im Haushalt – für wasserlöslichen oder durch Tenside emulgierbaren Schmutz! Nur kämpfen wir im Haushalt auch gegen fettlöslichen Schmutz wie Wachs, Harz, Teer, Lack oder viele Klebstoffe. Hierfür steht dem Privathaushalt eine **beschränkte Auswahl an organischen Lösemitteln zur Verfügung.** Die Auswahl ist deshalb eingeschränkt, da diese Substanzen leicht flüchtig sind und deshalb vom Menschen eingeatmet und als lipophile Substanz im

ganzen Organismus, besonders in fettreichen Organen und dem Nervengewebe, gespeichert werden können. Die bedenklichen aromatischen und schwer abbaubaren chlorierten Lösungsmittel dürfen deshalb nicht eingesetzt werden. Für den Umgang mit Lösemitteln in Privathaushalten gilt folgendes:

- Bevorzugen Sie als haushaltsübliche Lösemittel Alkohol (Spiritus), Isopropanol und Aceton, da sie sowohl wasser- als auch fettlöslich sind. Aber Vorsicht – gerade Aceton kann einigen Materialien, zum Beispiel Acetatseide oder Acryl, schaden.
- Setzen Sie die rein lipophilen Lösemittel (Benzine, Terpentinersatz, Universalverdünnung) nur sparsam ein und achten Sie auf eine ausreichende Belüftung. Beachten Sie alle deklarierten Warnhinweise.
- Ich empfehle immer nach steigender Fettlösekraft zu arbeiten. Beginnen Sie mit Spiritus oder Waschbenzin, erst dann greifen Sie zur Universalverdünnung, Terpentinersatz, Pinselreiniger oder Nagellackentferner. Übrigens – Nagellackentferner und Aceton sind nicht identisch. Im Gegenteil, Nagellackentferner sollte zur Schonung der Fingernägel acetonfrei sein!
- Hilfreich sind auch konfektionierte Fleckenwasser, die ein Lösemittelgemisch enthalten.
- Schon seit Jahren werden **Orangenöle** als universelles Lösemittel favorisiert und in vielen ökologisch orientierten Haushalten regelmäßig dem Putzwasser zugesetzt. Sie riechen ja so gut und werden gleichzeitig aus natürlichen Orangen gewonnen! Tatsächlich sind Orangenöle Terpene (Naturstoffe in der Tier- und Pflanzenwelt) mit durchaus guten Löse- und in Wasser emulgierenden Eigenschaften! Allerdings bestehen auch andere Terpentinöle aus natürli-

chen Terpenen – und sind wegen ihrer allergenen Wirkung aus fast allen Haushalten verschwunden. Auch Orangen- und andere Zitrusschalenöle enthalten Verbindungen mit **sensibilisierender Wirkung,** vor allem, wenn sie an der Luft oxidiert werden. Gehen Sie deshalb extrem sparsam mit diesen Ölen um; **Allergikerhaushalte sollten diese Produkte am besten meiden.**

Reinigungsmittel mit Enzymen und Mikroorganismen

Kaum ein Waschmittel reinigt heute ohne Enzyme und auch beim maschinellen Spülen kommen sie zum Einsatz. **Enzyme sind Eiweißverbindungen, die verschiedene Stoffe in kleinste Bauteile zerlegen.** Sie können verharzte Fette, verkrustete Kohlehydrate oder geronnenes Eiweiß abbauen und so die Reinigung erleichtern. Enzyme lassen sich Zeit bei der Arbeit, können aber gerade bei hartnäckigem Küchenschmutz oder der Fleckenentfernung auf Teppichen Wunder wirken! Da nicht gescheuert, sondern nur gewartet werden muss, handelt es sich dabei um eine sehr schonende Reinigung, deshalb erhalten diese Reiniger immer mehr Einzug in Privathaushalte. Die Enzymreiniger gibt es im Internet zu kaufen. Außerdem gibt es fett-, stärke- und eiweißabbauende Enzyme in kleinen Mengen auch im Ökofachhandel zu kaufen. Dort werden sie als Zusatz zum Wasch-

mittelbaukastensystem angeboten. Beachten Sie bei Anwendung von Enzymreinigern unbedingt immer die Anleitungen, die Materialverträglichkeit und die Vorsichtsmaßnahmen! So kann zum Beispiel die Haut durch eiweißabbauende Enzyme angegriffen werden, wenn mit ungeschützten Händen gearbeitet wird.

Immer populärer werden Reiniger mit untergemischten Mikroorganismen, die vor allem zur **Beseitigung unangenehmer Gerüche** wie Katzenurin mit Erfolg eingesetzt werden. Geruchlose aerobe Mikroorganismen, die Sauerstoff zur Vermehrung brauchen, bauen die Geruchsstoffe ab, andere können sogar Sauerstoff abspalten und so zusätzlich Geruchsstoffe oxidieren. Gleichzeitig vermehren sich die aufgebrachten Mikroorganismen so stark, dass die zunächst vorhandenen, den Gestank liefernden anaereoben Keime, die sich ohne Sauerstoff vermehren, ihr Wachstum einstellen. Es wird also nicht nur der Geruch beseitigt, sondern auch dessen Ursache.

Was sind Bio-Reinigungsprodukte?

Immer mehr Menschen kaufen inzwischen Bio-Lebensmittel, da seit Einführung des Bio-Siegels EU-weit gesetzliche Mindeststandards festgelegt sind. Noch nicht ganz so verbreitet ist der Griff zu Bio-Waschmitteln oder Öko-Reinigern, denn für diese Produkte gibt es noch keine klaren Vorgaben. Leider stehen auch kaum Produkte mit einem allgemein anerkannten Umweltzeichen wie dem „Blauen Engel" oder der „EU-Blume" in Super- oder Drogeriemarktregalen. Diese finden sich in den Abteilungen für professionelle Gebäudereiniger oder im Internethandel!

LASSEN SIE SICH VON DER AUSSAGE „BIO" NICHT IN DIE IRRE FÜHREN

Manche Hersteller von Reinigungsmitteln suggerieren durch dieses Wort eine besondere biologische Wirkung oder Umweltverträglichkeit, obwohl sich die Produkte kaum von den herkömmlichen Konkurrenzprodukten unterscheiden. Deshalb setzt sich in der allgemeinen Rechtsprechung und beim Umweltbundesamt immer mehr die Meinung durch, dass isolierte Aussagen wie „Bio", „umweltfreundlich" oder „umweltverträglich" irreführend sind. **Der Hersteller muss diese Auslobung begründen!** Achten Sie daher kritisch auf zusätzliche aufklärende Hinweise. Allerdings finden Sie diese selten direkt auf der Packung; mehr Informationen erhalten Sie im Geschäft oder im Internet, eventuell liegen auch Prospekte aus.

Für alle Reinigungsmittel gelten die gleichen gesetzlichen Vorschriften (wie die EU-Detergentienverordnung und das Wasch- und Reinigungsmittelgesetz) hinsichtlich Verpackung, Deklaration und Warnhinweisen.

AUSSAGEN OHNE „MEHRWERT"

- **„Biologisch voll abbaubar":** Jedes Tensid unterliegt heute der Detergentienverordnung von 2005. Danach dürfen grundsätzlich nur noch solche Reinigungsmittel für den Privatgebrauch in Verkehr gebracht werden, die vollständig **biologisch abbaubare Tenside** enthalten.
- „Enthält Bioalkohol": Sowohl Bio-Reiniger als auch herkömmliche Reinigungsmittel verwenden biologisch hergestellten Alkohol, gewonnen aus pflanzlichen Produkten durch die alkoholische Gärung.

- „Reinigt biologisch": Sobald Enzyme enthalten sind, wird immer biologisch gereinigt.
- „Ohne Tierversuche": Die in den Reinigungsmitteln vorhandenen Wirkstoffe wurden bereits früher mit Tieren auf toxikologische Unbedenklichkeit geprüft, denn sie mussten so getestet werden. Auch heute müssen noch vereinzelt aus rechtlichen Gründen bei neuen Wirkstoffen Tierversuche durchgeführt werden, wenn die Alternativmethoden nicht anerkannt werden. Nach dem deutschen Tierschutzgesetz von 1998 sind aber **Tierversuche zur Entwicklung neuer Endprodukte verboten.**
- „Mit Ökozertifizierung": Nicht jedes Blümchen auf einer Flasche ist eine echte „EU-Blume" und **viele Umweltlogos sind nur ein firmeninternes Zeichen.**

WAS BIETEN GUTE BIO-REINIGER?

- Es werden dafür überwiegend nachwachsende Rohstoffe eingesetzt, die nicht aus Monokulturen und möglichst aus Bioanbau stammen. Beliebte, gut wirksame und sehr gut abbaubare

Tenside sind FAS, also Fettalkoholsulfate, gewonnen aus natürlichen Pflanzenölen. Ergänzt werden sie durch hautschonende APG, Alkylpoyglucoside, die aus Stärke und Pflanzenfetten gewonnen werden. Allerdings arbeiten heute fast alle konventionellen Produkte ebenfalls mit diesen Tensiden.
- Ihre Rohstoffe stammen aus Fair Trade-Projekten.
- Tenside aus Mineralöl werden abgelehnt. Allerdings ist nach Meinung des Umweltbundesamtes noch nicht restlos geklärt, ob zum Beispiel Tenside aus Palmöl (häufig verbunden mit Rodungen im Regenwald) wirklich eine günstigere Umweltbilanz aufweisen als solche aus Erdöl.
- Wegen der Abwasserbelastung verzichten sie auf belastende Stoffe wie Phosphate, Phosphonate, Bleichmittel auf Chlorbasis, Phenole und chlororganische Zutaten wie Paradichlorbenzol, EDTA und NTA. Das machen inzwischen aber auch viele herkömmliche Produkte.
- Viele Hersteller setzen Enzyme ein, aber einige Hersteller verzichten auf Enzyme, die von gentechnisch verän-

derten Mikroorganismen produziert wurden.
- Flüssige Bioreiniger enthalten Konservierungsmittel, aber nur in ganz geringen Mengen. Sie sind für die Haltbarkeit der flüssigen Produkte einfach notwendig! Kaufen Sie deshalb lieber Konzentrate.
- Sie verzichten auf unnötige Farbstoffe.
- Anthroposophische Hersteller arbeiten mit verwirbeltem Wasser und rhythmisierten Zusätzen. Für die Wirksamkeit gibt es aber keine naturwissenschaftlich abgesicherten Beweise.

MEIN SPEZIELLER TIPP

Auch wenn der große Unterschied zu herkömmlichen Produkten hinsichtlich Umweltbelastung, Nachhaltigkeit oder Klimaschutz manchmal nicht mehr erkennbar ist: Die meisten Öko-Hersteller haben gut wirksame und korrekte Produkte mit einem echten ideellen Zusatznutzen. Immer mehr Produzenten achten zusätzlich auf die Sozialverträglichkeit der Produkte, das heißt, sie beachten nicht nur die Auswirkungen auf Anwender und Umwelt, sondern respektieren auch die menschlichen und sozialen Ansprüche aller an der Produktion Beteiligten.

Wie gefährlich sind Reinigungsmittel?

„Alle Dinge sin Gift und nichts ist ohn Gift. Allein die Dosis macht, dass ein Ding kein Gift ist." Das sagte schon Paracelsus (1493–1541). Wasch-, Spül- und Reinigungsmittel sollen zwar wirksam, aber sicher für den Verbraucher sein. Wirksame Inhaltsstoffe können allerdings auch gefährliche Eigenschaften aufweisen! Deshalb gibt es Vorschriften zur Verpackung und Deklaration auf den Produkten; der Verbraucher soll mögliche Gefahren sofort erkennen können. Eine erkannte Gefahr wird aber nur dann zu einer abgewendeten Gefahr, wenn die Informationen klar und einprägsam sind und vom Verbraucher gelesen werden!

Wodurch droht Gefahr?

Bei Auswertung der Unfall- und Vergiftungsstatistik sieht man, dass Kinder von ein bis vier Jahren und geistig Verwirrte am meisten gefährdet sind. Die größten Gefahren gehen von stark sauren, stark alkalischen und selbst angemischten Reinigungsmitteln aus. Deshalb dürfen Reinigungsmittel durch ihre Aufmachung nie mit Lebensmitteln verwechselbar sein. Gefahren drohen zum Beispiel:

- durch Hautkontakt, denn alle Reinigungsmittel belasten bei längerem Einwirken die Haut, sonst wären sie bei den zu reinigenden Oberflächen auch nicht wirksam. Arbeiten Sie zur Vermeidung von Kontaktekzemen mit Schutzhandschuhen oder Hautschutzcremes und vergessen Sie nicht die Hautpflege nach der Arbeit.
- durch Kontakt mit Schleimhäuten, zum Beispiel bei Augenkontakt oder Verschlucken.
- durch Einatmen von zum Beispiel Lösungsmitteldämpfen oder Reinigungsmittelsprays.

WIE GEFÄHRLICH SIND DIE EINZELNEN REINIGUNGSMITTEL?

- Tenside: Sie sind wenig giftig, selbst beim Verschlucken braucht es große Mengen bis zum Eintritt von Vergiftungserscheinungen. Bei längerem Kontakt mit der Haut kommt es allerdings zu Hautreizungen, da sie den Lipidmantel der Haut angreifen und wichtige Eiweißschutzstoffe ausspülen. Wenn die schützende Fettschicht fehlt, wird die Haut rissig und spröde und Keime und andere Schadstoffe können in tiefere Hautschichten eindringen. Ionische Tenside hinterlassen mehr Hautreizungen, da sie sich besonders gut an die Eiweiße anlagern können und so deren Funktionen verändern. Wer empfindliche Haut hat, sollte deshalb besser zu Produkten mit nichtionischen oder amphoteren Tensiden greifen. Die genaue Zusammensetzung ist bei den Inhaltsstoffen deklariert.
- Alkalien wie Soda: Sie verätzen die Oberhaut und darunter liegende Schichten werden beschädigt.
- Säuren: Sie wirken adstringierend und die Haut versucht dadurch einen Schutzwall aufzubauen.

HINWEIS
Auch Essigessenz verursacht häufig Verletzungen, kommt bislang allerdings als „Lebensmittel" ohne jeden Warnhinweis in den Handel. Dabei gehört es in den Putzmittelschrank, nicht in den Vorratsschrank!

- Bleichmittel: Das am häufigsten eingesetzte Bleichmittel Percarbonat spaltet erst bei höherer Temperatur hautreizenden Sauerstoff ab. Zusätzlich wirkt es aber durch den alkalischen pH-Wert hautschädlich. Wasserstoffperoxid wird ab einer Konzentration von 5 % als hautreizend eingestuft. **Eine große Gefahr geht von hypochlorithaltigen Reinigungsmitteln aus.** Dabei handelt es sich um stark alkalische, bereits bei Zimmertemperatur stark oxidierende Lösungen, die zusammen mit sauren Reinigungsmitteln ätzende Chlordämpfe abgeben. Beim Arbeiten mit diesen Reinigern ist Hautschutz, Schutzbrille und reichlich Frischluft notwendig.

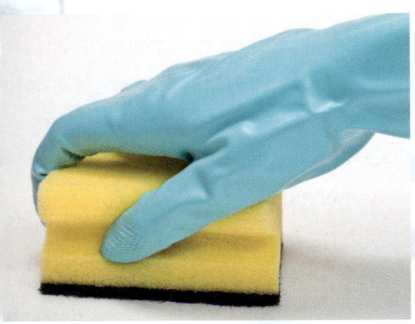

- Antimikrobielle, das heißt biozide Wirkstoffe: Die wässrigen Lösungen von Reinigungsmitteln können rasch durch Mikroorganismen verderben, deshalb werden den Reinigungsmitteln **geringe Mengen Konservierungsmittel** zugesetzt. Gegen diesen Einsatz ist nichts zu sagen, denn wer will schon beim Putzen Mikroorganismen über den Raum verteilen? Werden diese Konservierungsmittel aber bei der Herstellung in höherer Konzentration untergemischt, dann besteht ein fließender Übergang zu Reinigungsmitteln mit antimikrobieller Wirkung. Hier ist eine Verminderung der Keimzahl durch biozide Stoffe beim Putzen beabsichtigt. Dadurch werden diese Mittel aber zu einer potentiellen Gefahr für Mensch und Umwelt, denn sie können sich in der Umwelt anreichern. Für ein gutes Reinigungsergebnis sind sie nicht notwendig! Nur **bei bestimmten Erkrankungen kann eine Desinfektion notwendig sein,** aber dann nur gezielt, mit den dafür zugelassenen Mitteln und unter Einhaltung von Zeit und Konzentration.
- Duftstoffe: Sie werden schon seit Jahrhunderten gezielt eingesetzt und haben viele positive Wirkungen. Allerdings sind **Düfte auch sehr komplexe Stoffgemische, über deren Risiken noch viel zu wenig bekannt ist.** Immer wieder warnt das Umweltbundesamt vor zu vielen Duftstoffen, denn dadurch

werden zusätzlich und völlig unnötig zahlreiche Chemikalien im Raum verteilt. Auch wenn Duftstoffe natürlichen Ursprungs sind, ist das aus wissenschaftlicher Sicht nicht unbedingt ein Vorteil, denn bei künstlich hergestellten Duftstoffen sind die Inhaltsstoffe und ihre Wirkung eher überprüfbar. Natürliche und künstliche Duftstoffe sind nach Nickel das häufigste Kontaktallergen. Noch ist nicht bewiesen, ob die Duftstoffe nicht schon beim Einatmen zu allergischen Reaktionen führen, aber die Hinweise mehren sich, weil zum Beispiel bei Asthmatikern durch Duftstoffe Bronchialkrämpfe ausgelöst werden können.

HINWEIS
Sauberkeit kann man nicht riechen!

Die richtigen Reinigungsutensilien

Nach den chemischen Reinigungsmitteln wird es nun höchste Zeit, dass ich mich um die „mechanischen Saubermacher" kümmere. Vergessen Sie die Werbesprüche „sauber wie von selbst" – die Mechanik ist sowohl beim Waschen als auch beim Reinigen ein ganz wichtiger Reinigungsfaktor.

MEIN SPEZIELLER TIPP

Alle Stäube können wegen ihrer großen Oberfläche viele Schadstoffe aus Einrichtungsgegenständen und Reinigungsmitteln binden. Deshalb ist das regelmäßige Entfernen des Staubes ein wichtiger Beitrag zur Verminderung der Allergen- und Schadstoffbelastungen. Ich empfehle folgendes Schema: Entfernen Sie mit einem modernen Einmalwedel zuerst Staub und Spinnweben an schwer zugänglichen Stellen wie Zimmerdecken, Deckenlampen und Wänden und an empfindlichen Stellen wie Bildschirmoberflächen, dem „Kabelsalat", Bilderrahmen, Büchern und Nippes. Danach reiben Sie alle Flächen systematisch mit einem nebelfeuchten Mikrofasertuch oder – bei gegenüber Mikrofasern kratzempfindlichen Flächen – einem feuchten Fensterleder oder einem Viskosevliestuch ab. Dieses feuchte Abstauben ist immer viel wirkungsvoller als die Trockenmethode und es wird weniger Staub aufgewirbelt.

Von Wedeln, Lappen, Schwämmen und Pads

Laut Definition ist Schmutz Materie am falschen Platz zur falschen Zeit! Ständig erfolgreich auf der Suche nach falschen Plätzen ist dabei offensichtlich der Staub. Beginnen wir deshalb beim täglichen Kampf gegen den Schmutz beim Staub. Er kommt scheinbar aus dem Nichts, aber bei der Analyse können wir die Übeltäter enttarnen. Staub wird nämlich von uns selbst durch Abrieb produziert, aber auch von außen ins Innere geweht oder eingeschleppt.

TRADITIONELLE STAUBTÜCHER

Sie bestehen aus aufgerauter weicher Baumwolle, sind preiswert und waschbar. Die große Tuchoberfläche kann viel Staub binden, bei Feinstaub ist die Leistung allerdings nicht so ganz überzeugend. Außerdem arbeiten die Tücher nicht ganz fusselfrei. Manche Tücher sind im Neuzustand ölimprägniert, damit weniger Staub aufgewirbelt wird. Auf Glas oder Kunststoff können diese Öle aber Rückstände hinterlassen. Verwenden Sie die Tücher nur trocken!

STAUBANZIEHENDE EINMALSTAUBTÜCHER

Sie bestehen aus synthetischen Spezialfasern, die viel **leistungsfähiger sind als Baumwolltücher,** da durch sie weniger Staub aufgewirbelt wird. Die verstärkte Staubanziehung erfolgt hier durch eine **elektrostatische Aufladung** beim trockenen Abreiben der Flächen. Dafür erhalten die Tücher eingearbeitete Mikrotaschen, in denen der Schmutz besser festgehalten wird, so hinterlassen die Tücher keine Rückstände. Ein großer Nachteil ist die geringe Größe der Tücher, der Preis und die Entsorgung über den Restmüll.

STAUBWEDEL

Der traditionelle **Straußenwedel** wird immer noch gerne eingesetzt. Durch den natürlichen Fettgehalt seiner Federn wird viel Staub gebunden. Die Federn laden sich nicht elektrostatisch auf und sind deshalb ideal für ganz empfindliche elektronische Geräte. Da die Federn allerdings auch zur Verbreitung von Kleidermotten beitragen können, sollten Sie das Teil ab und zu von Hand mit einem Wollwaschmittel waschen, klar spülen und nach dem Trocknen mit einem Föhn aufplustern.

Sehr empfehlenswert für ein trockenes, schnelles und hygienisches Abstauben selbst der kleinsten Ecken sind die neuen kleinen **Einmalwedel aus Synthetikvliesstreifen und Synthetikwatte.** Sie heißen zum Beispiel Staubmagnet, Staubexpress oder Staubfangprofi und machen ihrem Namen alle Ehre. Sie können dank ihrer extrem großen Oberfläche und elektrostatischer Aufladung viel Staub aufnehmen und festhalten. Da die Teile nicht billig sind und über den Restmüll entsorgt werden, sollten Sie diese flinken Helfer nur für schwierig abzustaubende Dinge verwenden.

MEIN SPEZIELLER TIPP

Ist es eigentlich nicht egal, mit welchem Lappen man wischt oder reinigt? Meine Antwort ist „nein", denn das richtige Tuch ist vergleichbar mit dem richtigen Werkzeug und erleichtert die Arbeit! Wenn ich allerdings vor den großen Regalen mit den vielen bunten Putzlappen stehe, fällt auch mir die Wahl schwer. So mancher teure Wunderlappen entpuppt sich als unhandlich oder ein lieb gewonnenes Teil verschwindet bereits nach kurzer Zeit wieder vom Markt. Ein gutes Wischtuch kann bereits durch einfaches Wischen aufliegenden und leicht haftenden Schmutz entfernen – und das streifenfrei. Voraussetzung ist sauberes Putzwasser und ein sauberer, flach gefalteter Lappen, abgestimmt auf die Oberfläche und den Schmutz. Ein gutes Reinigungstuch hat eine korrekte Textilkennzeichnung, Empfehlungen für die Anwendung und Warnhinweise hinsichtlich Materialverträglichkeit. Es ist bei mindestens 60 °C waschbar und kostet kein Vermögen!

MIKROFASERTÜCHER

Sie sind aus Polyester oder Polyamid und ideal für ein staubbindendes Wischen mit gleichzeitig mechanischer Reinigungswirkung, da die Fasern hart und kantig sind. Aber wodurch zeichnen sie sich aus?

- Mikrofasern sind extrem feine Fasern. 10 000 m einer Faser wiegen unter 1 g. Deshalb können sie viel Schmutz binden und auch die **feinsten Poren der Oberflächen** erreichen.
- Sie entfernen fett- und wasserlöslichen Schmutz.
- Die Synthetikfasern laden sich elektrostatisch auf und wirken dadurch zusätzlich schmutzanziehend.
- Sie hinterlassen keine Fusseln.
- Die volle Leistung bringen die Tücher **angefeuchtet mit wenig Wasser.** Bei Verwendung von Reinigungsmitteln wird ihre Wirkung vermindert, denn die Tuchoberfläche bindet dann statt Schmutz die Reinigungsmittel und die elektrostatische Aufladung wird geringer.
- **Glatte bis leicht strukturierte Tücher** empfehlen sich für leichten Schmutz auf harten **glatten Flächen** wie Glas,

lackierten Möbeln, Kunststoff, Edelstahl oder poliertem Stein. Stärker strukturierte Tücher sind für rauere Oberflächen geeignet und entfernen auch stärker anhaftenden Schmutz wie Seifenränder oder Kalkschleier.

Aber auch die **Nachteile der Mikrofasertücher** darf ich natürlich nicht verschweigen:

- Die Schmutzaufnahme ist begrenzt, denn die Oberfläche setzt sich rasch zu. Der Schmutz ist aber im Wischwasser ohne Reinigungsmittel nicht auswaschbar. Deshalb sind die Tücher bereits nach kurzem Gebrauch reif für die Waschmaschine.
- Sie können nicht viel Feuchtigkeit aufnehmen. Auch die perforierten Tücher sind keine guten „Sauger".
- Viele Flächen sind nicht mikrofasertauglich! Dabei ist Mikrofaser nicht gleich Mikrofaser, denn es gibt, je nach Faserstruktur, **stark abrasive und sanft reinigende Tücher.** Durch Fühlen ist leider keine Zuordnung möglich. Solange sich die Hersteller nicht auf eine

allgemeine Klassifizierung der abrasiven Wirkung einigen können (vergleichbar mit dem Farbkonzept bei Padschwämmen), empfehle ich Ihnen Mikrofasertücher nicht bei weichen Edelmetallen wie Silber oder Kupfer, bei Aluminium, Acrylglas oder Hochglanzlacken einzusetzen. Vorsicht auch bei allen High-Tech-Beschichtungen wie „hydrophoben easy clean"-Ausstattungen, bei Bildschirmen oder Brillen.

- Bei geölten oder gewachsten Flächen verringern Mikrofasern die aufgetragene Pflegeschicht! Außerdem entfetten Mikrofasern auch die Hände. Tragen Sie deshalb Handschuhe!

Beachten Sie unbedingt die Empfehlungen der Hersteller. Allerdings beobachte ich einen **nicht immer gerechtfertigten Trend zu „nicht mit Mikrofasern reinigen".** Und bei Reklamationen werden ganz leicht Sie und Ihr Mikrofasertuch als Übeltäter beschuldigt ...

HINWEIS
Verzichten Sie bei Mikrofasertüchern auf eine antimikrobielle Ausstattung wie Silberionen oder Triclosan. Wischlappen werden bei einer 60 °C-Wäsche sowieso ausreichend desinfiziert. Außerdem mahnt auch ein müffelnder Lappen, dass Zeit zum Wechseln ist!

FENSTERLEDER
Fensterleder waren vor dem Siegeszug der Mikrofasertücher das beliebteste Handwerkszeug für eine anspruchsvolle und schonende Reinigung. Heute besinnt man sich für Hochglanzmöbel und andere empfindliche Flächen wieder auf sie. Die heutigen Leder bestehen überwiegend aus Schafsleder, das immer noch nach altem Handwerksbrauch „sämisch", also mit

Tranen (Öle von Fischen), gegerbt wird. Dadurch werden die Eiweißzellen des Leders mit Fetten gefüllt und das Leder kann, ähnlich wie die Mikrofasern, wasser- und fettlöslichen Schmutz entfernen.

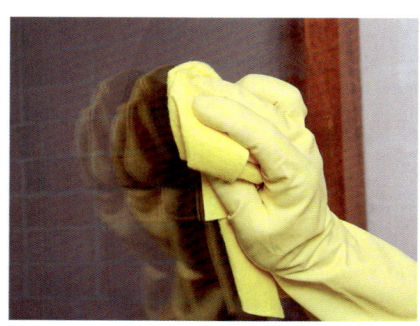

Vor der ersten Verwendung müssen Sie das Leder sehr gründlich in warmem Wasser klar auswaschen. Reinigen Sie die Leder nach Gebrauch ohne Reinigungsmittel in kaltem oder warmem, aber nicht in heißem Wasser. Bei starker Verschmutzung können Sie Fensterleder auch bei 30 °C mit Wollwaschmittel im Feinwäscheprogramm waschen. Ausgebreitet trocknen lassen, allerdings nicht an der Heizung oder in der prallen Sonne. Hartes Leder wird im Wasser wieder weich.

VLIESTÜCHER AUS VISKOSE
Diese Tücher sind die Aufsteiger in Sachen Wischlappen und bestehen aus kratzfreien, extrem saugfähigen und nicht fusselnden Fasern, die sanft über die Flächen gleiten. Ihre Vorteile:

- Sie können sie als **preiswerten Ersatz für Fensterleder** selbst für die empfindlichsten Flächen verwenden.
- Mit Viskosevlies können Sie trocken, feucht oder nass reinigen, Fein- und Grobschmutz entfernen und mit oder ohne Reinigungsmitteln arbeiten.
- Die Tücher sind angenehm für die Hände, lassen sich leicht auspressen und der Schmutz ist im Wischwasser gut auswaschbar.

- Allerdings ist Viskose empfindlich gegenüber Laugen und Säuren, dafür sind sie weniger geeignet.

DIE KLASSIKER: BAUMWOLLLAPPEN
Baumwolle ist gegenüber vielen Chemikalien und Lösemitteln außerordentlich stabil. Die klassischen Scheuertücher sind grobe, wenig gezwirnte Lappen, die allerdings fusseln können. Aber gerade **Grobschmutz** wird durch sie sehr gut gebunden! Diese Tücher sind gut geeignet als sogenannte Einwaschtücher zum Anfeuchten des Schmutzes bei der Fensterreinigung und immer noch die klassischen Bodenwischtücher unter den Schrubbern.

Mit einem groben Baumwolllappen können Sie auch ohne vorher zu saugen oder zu moppen ordentlich wischen, da viel Schmutz in die Fasern eingeschlossen wird. Die klassischen Poliertücher bestehen aus stark gezwirnter Baumwolle oder Leinen. Feuchten Sie die Tücher vor der Politur ganz wenig an.

PADSCHWÄMME
Dabei handelt es sich um Kunststoff- oder Viskoseschwämme mit aufgeklebten Pads, also groben Kunststoffvliesen aus Polyester oder Polyamid. Diese Pads fusseln oder rosten nicht und es gibt sie in unterschiedlichen Härtegraden, wobei Sie **bereits an der Farbe die Härte der Scheuerauflage** erkennen können. Machen Sie die Schwämme am besten immer nass, denn feuchte Pads reinigen schonender als trockene!

- Eine weiße oder blaue Auflage bedeutet kratzfrei, hier wirkt nur das Nylonvlies wie eine superstarke Mikrofaser. Es sind die typischen Badputzschwämme oder Geschirrschwämme und Sie können damit mühelos viele Beläge, Kalkschleier und Abriebspuren entfernen.

Die grünen Pads sind die typischen Topfschwämme. In sie sind Aluminiumoxidkörner als Schleifmittel eingearbeitet, sodass Sie damit grobe Verkrustungen entfernen können. Vorsicht bei Steingut, Edelstahl oder Email – hier können Kratzer entstehen.

- **Schwarze Pads** enthalten Siliciumcarbide als Schleifkörner, sie sind stark abrasiv. Verwenden Sie diese **Kratzschwämme** nur für unempfindliche Flächen wie rohes Holz oder grobe Steine.
- Mein Favorit sind die im Handel als **Edelstahlputzschwämme** oder Polischschwämme angebotenen Schwämmchen. In die Kunststoffauflage sind feinste Quarzmehle eingearbeitet. Sie wirken wie eine sanfte Scheuermilch (nur einfacher anzuwenden, da nichts abgewaschen werden muss!) und sind auch für empfindliche Oberflächen wie Chrom, Messing, Kunststoffe oder Teflon geeignet – sofern Sie nicht zu viel Druck ausüben.

MEIN SPEZIELLER TIPP

Verlassen Sie sich nicht auf die Angaben auf der Verpackung, sondern machen Sie immer eine kleine Vorprobe und kontrollieren Sie die bearbeiteten Teile im schräg einfallenden Licht auf Kratzer.

ACHTEN SIE AUF DIE SAUBERKEIT DER SCHWÄMME

Das Innere von Schwämmen ist ein bevorzugter Aufenthaltsort von Mikroorganismen. Deshalb müssen Sie sie nach jedem Gebrauch sauber ausspülen und luftig lagern, damit sie rasch abtrocknen. Legen Sie sie nie auf die Heizung, denn dann kommt es zu einer Keimexplosion. **Waschen Sie die Schwämme** regelmäßig in der Waschmaschine, und zwar in einem kleinen **Waschnetz** bei 60 °C mit einem bleichmittelhaltigen Waschmittel.

- Die Reinigung von Schwämmen und Tüchern in der Spülmaschine ist nicht effektiv, da dabei das Schmutzwasser nicht aus dem Schwamm herausgepresst wird. Es kann während der Trockenphase zu einer starken Keimvermehrung kommen.
- Der populäre Tipp, schmutzige Schwämme für eine Desinfektion nass in der Mikrowelle zu erhitzen, ist gefährlich, da sich zum Beispiel Polyetherschwämme rasch entzünden. Zudem müssten die Schwämme zuvor sehr sauber ausgewaschen werden, da Schmutz in der Mikrowelle nicht entfernt wird. Außerdem ist die Entkeimung nicht zuverlässig, da hier nicht alle Bereiche gleichmäßig erhitzt werden. Selbst wenn die Keime abgetötet werden, bleiben einige Sporen im Schwamm übrig – und die könnten sich nach dem Hitzeschock in der Abkühlphase umso schneller vermehren.

Haushaltsbürsten

Richtig ausgewählt und eingesetzt sind Bürsten wunderbare Haushaltshelfer! Traditionell werden die Bürstenkörper aus Hartholz gefertigt, heute überwiegt Kunststoff. Achten Sie immer auf einen ergonomisch gut geformten Griff, der auch bei feuchten Händen nicht glitschig wird.

DIE BORSTEN DER BÜRSTEN

Bürsten gibt es mit den unterschiedlichsten Borsten, die für verschiedene Zwecke unterschiedlich gut geeignet sind.

- Naturborsten: Diese haben keinen gleichmäßigen Haardurchmesser und können deshalb feinen und groben Schmutz sehr gut aufnehmen und zwischen den Borsten festhalten.
- Kunststoffborsten: Sie werden in vielen Härtegraden aus Polyethen, Polypropen oder Polyester hergestellt. Beliebt ist eine Kombination verschiedener Borstenstärken, zum Beispiel in der Mitte hart und am Rand etwas weicher, um den Schmutz im Randbereich besser zu erfassen. Typisch für Kunststoffborsten ist der gleichmäßige Durchmesser. Trotzdem können sie den Schmutz binden, da sich die Borsten durch die Reibung elektrostatisch positiv aufladen und den von Natur aus negativ geladenen Schmutz anziehen.
- Kautschukborsten: Diese sind angefeuchtet ideal, um Fusseln oder Haare zu entfernen.

TIPPS ZUM UMGANG MIT DEN BÜRSTEN

- Bürsten entfernen nur lose aufliegenden oder auf den Flächen haftenden Schmutz, bei eingedrungenem Schmutz versagt jede Borste.
- Bürsten kommt von Borste – also lassen Sie die Borsten auch wirken! Bürsten Sie nur mit so viel Druck, dass **nur die Borstenspitze senkrecht über die**

Fläche geführt wird. Bei gespreizten Borsten ist die Wirkung vermindert und der gebundene Schmutz fällt wieder heraus.

- Die Borsten müssen **weicher als die Oberfläche** sein – es sein denn, Sie wollen Oberflächen aufrauen.
- Borsten werden durch Anfeuchten schonender, denn das Wasser puffert die Mechanik etwas ab. Gleichzeitig quellen die Borsten und der Schmutz auf und der Schmutz haftet besser in der Bürste. Achten Sie darauf, dass die Bürste aus hygienischen Gründen rasch wieder trocknet.

NÜTZLICHE BÜRSTEN

Es gibt heute für wirklich jeden Zweck eine spezielle Bürste. Hier eine kleine Auswahl:

- Die klassische Spülbürste mit leicht gebogenem Stil und rundem Kopf ist eine der wichtigsten Bürsten, denn sie hilft, Töpfe und Spülbecken sauber zu halten. Wählen Sie aus **hygienischen Gründen eine Kunststoffbürste,** am besten mit austauschbarem Kopf.
- Gläser- oder Flaschenbürsten haben weichere Borsten und einen weichen elastischen Stiel. Mit ganz kleinen Flaschenbürsten können Sie auch verschmutzte Waschbeckenüberläufe oder Waschmaschineneinspülfächer säubern. Für Isolierkannen mit Glaszylinder wählen Sie sanfte Schaumstoffbürsten.

- Unerlässlich für ein sauberes stilles Örtchen ist eine Toilettenbürste mit einer kleinen Unterrandbürste. Achten Sie aus hygienischen Gründen auf einen ausreichend **luftigen Bürstenständer** und schütteln Sie die Bürste vor dem „Einparken" kräftig aus, damit sich nicht zu viel Wasser ansammelt.
- Die klassischen Wurzelbürsten haben an Bedeutung verloren, sind aber immer noch echte Allroundtalente zum Säubern von Gemüse oder Kartoffeln, zum Abschrubben von Gartenmöbeln und Fliesen oder zum Einbürsten von Fleckenschaum auf Teppichböden.

- Eine hochwertige **Kleiderbürste** ist kein Luxus, denn sie entfernt auch scharfkantigen Schmutz und **schont dadurch den Stoff.** Nehmen Sie am besten eine aus schonenden Naturborsten wie Rosshaar oder pflanzlichen Arenga-Fasern. **Kaschmir** darf nur mit einer besonders weichen **Ziegenhaarbürste** bearbeitet werden. Bürsten Sie immer mit sanftem Druck in Richtung des Flors, so entstehen keine Streifen.
- Metallbürsten mit Draht- oder nicht rostenden Messingborsten sind ideal für grobe Reinigungsarbeiten wie die Grillreinigung oder Algenentfernung auf Steinen. Wählen Sie dafür am besten Bürsten mit harten Holzgriffen, denn Kunststoffgriffe geben nach, die Kraftübertragung wird dadurch vermindert.

Der Schmutzradierer – ein Tausendsassa

In Deutschlands Haushalten wird wieder radiert – nicht auf Papier, sondern auf schmutzigen Flächen, Glas, Keramik oder Kunststoff. Schmutzradierer bestehen aus einem bekannten Grundmaterial, nämlich aus **Melaminharzen.** Diese sind fast so hart wie Glas und chemisch sehr stabil, deshalb werden sie als Überzug für Resopal oder Laminat verwendet. Aufgeschäumt dient das Harz als gute, stabile, schwerentflammbare Wärme- und Schallschutzisolierung. Durch Zufall entdeckte man den tollen Dreck-weg-Effekt dieser Schaumstoffe. Das Geheimnis liegt in der Härte des Harzes. Seine harten Mikrostrukturen reiben wie ein extrem feines Schmirgelpapier die Schmutzpartikel von der Oberfläche, allerdings ist der Radierer viel elastischer und erreicht so auch die feinsten Oberflächenstrukturen.

SO GEHT DER DRECK WEG

Der Schmutzradierer kann nur aufliegenden Schmutz entfernen und ist mit seiner **abrasiven Wirkung zwischen silikathaltigem Scheuerpulver und Scheuermilch mit Schlämmkreiden** einzustufen. Er ist sehr effektiv für starken Schmutz auf unempfindlichen Flächen. So arbeiten Sie mit ihm:

Sie können mit ihm rasch und bequem Striche von Buntstiften, Kugelschreibern, Wachsmalstiften und Textmarkern entfernen, aber auch Schuhabriebe, Fettkrusten, Kaugummireste, Klebestreifenreste oder Kleberückstände. Aber erfolgreich und ohne Spuren zu hinterlassen funktioniert dies nur auf wirklich harten Flächen wie Keramik, Fliesen, Glas, Glaskeramik, harten Metallen, Laminat und Schichtstoffen.

Gute Erfolge erzielen Sie auch auf oberflächlich verfleckten groben Textilien wie Stoffschuhen, Stofftaschen oder Rolladengurten.

Arbeiten Sie mit kleinen Stückchen vom Schmutzradierer und feuchten Sie diese immer an. **Radieren Sie nur mit leichtem Druck** und verwenden Sie zusätzlich keine Reinigungsmittel. Der Radierer kann verwendet werden, bis nichts mehr von ihm übrig ist.

Flächen mit Nahrungsmittelkontakt müssen Sie gründlich nachspülen. Durch Nachwischen können Sie auch die grauweißen Radierrückstände entfernen. **Hurra, alles ist weg – auch der Glanz!** Damit ihnen das erspart bleibt, radieren Sie nie über **hochglanzlackierte, polierte oder bemalte Flächen** beziehungsweise über Acrylglas. Dunkle Oberflächen reagieren besonders empfindlich auf die Radierspuren. Leider verleitet die gute Wirkung des „weichen Materials" zu einer unbesorgten Anwendung! Sie merken bei dem angefeuchteten Radierer nicht sofort, ob sich mit dem Fleck auch Teile der Oberfläche verabschieden. Machen Sie deshalb einen Test und überprüfen Sie die Probefläche nach dem Trocknen in schräg einfallendem Licht. Auch Finger sind ein guter Indikator für aufgeraute Flächen.

Statt Bodenschrubber – Breitwischgeräte mit Wischmopp

Diese Geräte bringen im Privathaushalt bei größeren zu wischenden Flächen eine echte Arbeitserleichterung. Sie können damit ergonomischer arbeiten als mit einem Schrubber, denn statt der ruckartigen Vor- und Rück-Schrubber-Bewegungen üben Sie mit ihnen in aufrechter Haltung aus der Schulter heraus einen lockeren „Achterschlag" aus. Am besten gehen Sie beim Wischen rückwärts – durch das Arbeiten in Schlangenlinien wird der Schmutz perfekt mitgezogen. Wischgeräte bestehen aus einem langen Stiel mit einem Drahtrahmen oder einer Kunststoffplatte, die als Halterung für die Mopps dienen – wobei Sie mit einer Kunststoffplatte mehr Druck ausüben können als mit dem Drahtgestell. Ein Drehgelenk und der sehr flache Aufbau ermöglichen die Reinigung schwieriger Ecken und unter Möbeln.

MEIN SPEZIELLER TIPP
Da ein Mopp nie so viel Grobschmutz aufnehmen kann wie ein grober Wischlappen, empfehle ich vor jedem Wischen zu kehren oder zu saugen und die Flusen von den Stuhlbeinen zu entfernen.

DER RICHTIGE MOPP FÜR JEDEN ZWECK

Die meisten Mopps bestehen aus Mikrofasern und können Fliesen, Natursteine und alle versiegelten Fußböden reinigen. Ein **Schlingenmopp** gleitet leicht und schnell über den Boden, kann sich aber leicht verhaken. Ein **Fransenmopp** bindet mehr Schmutz, der sich beim Waschen auch wieder leichter auswaschen lässt. Am wenigsten Schmutz binden flache Bezüge aus vliesähnlichem Material.

Für Feinsteinzeug empfiehlt sich ein **Igel- oder Schrubbmopp,** der mit einer Kombination aus feinen und grob scheuernden Mikrofasern diese schwer zu reinigenden porösen Böden säubert. Für geölte oder gewachste Flächen brauchen Sie einen Baumwoll- oder Viskosemopp, damit durch die Mikrofasern nicht zu viel Pflege abgetragen wird. Diese Mopps lassen sich leichter auspressen, verschleißen aber schneller und beim Waschen in der Waschmaschine entstehen mehr Flusen.

TROCKEN, NASS ODER FEUCHT?

Das hängt weniger vom Mopp als von der Bodenart und vom Schmutz ab. Trocken können Sie damit statt mit dem Staubsauger schnell zwischendurch Staubflaum binden. Nebelfeucht, das entspricht einem geschleuderten oder mit wenig Flüssigkeit besprühten Mopp, wird loser Feinstaub und leicht festsitzender Schmutz auf modernen nässeempfindlichen Böden wie Parkett, Laminat oder Kork entfernt. Festsitzenden hartnäckiger Schmutz müssen Sie dabei vorher punktuell entfernen, da Sie den Schmutz nicht mit Wasser aufweichen können. Feucht bis nass können Sie alle nassfesten Stein- und Kunststoffböden wischen.

Staubsauger

Ein guter Staubsauger
muss nicht nur ein guter
Staubschlucker sein, son-
dern das Verschluckte
auch gut bei sich behalten!
Schon seit vielen Jahre
ergeben die Tests: **Bei
Staubsaugern lohnt sich
Qualität!** Bisher lagen die
Beutelstaubsauger immer
vorne, jetzt scheinen einige teure beutellose Geräte
zumindest gleichzuziehen.
Die schlechtesten Ergeb-
nisse erzielten beutellose
Billigmodelle.
Achten Sie beim Kauf auf
den Lärmpegel, denn zwi-
schen 71 und 79 dB liegen
erhebliche Unterschiede.

DER HAUPTFILTER IM STAUBSAU-GER: DER STAUBSAUGERBEUTEL

Der Hauptfilter ist bei herkömmlichen
Geräten ein Staubsaugerbeutel. Die neu-
este Generation der **Mikrovliesbeutel**
kann sogar Milbenkot, Pollen und Bakterien im Beutel zurückhalten. So ein High-
tech-Beutel besteht aus einem fünflagi-
gen speziellen Vlies mit aufwendigen
inneren Strukturen. Je größer der Beutel
ist, desto mehr Luft kann durchströmen.
Außerdem setzt sich eine größere Oberfläche nicht so schnell mit Staub zu. Trotzdem müssen die Beutel rechtzeitig und
regelmäßig gewechselt werden, denn
ihr Inhalt ist ein optimaler Nährboden
für Pilze und Milben. **Länger als zwei bis
drei Monate sollte kein Beutel verwendet
werden.**

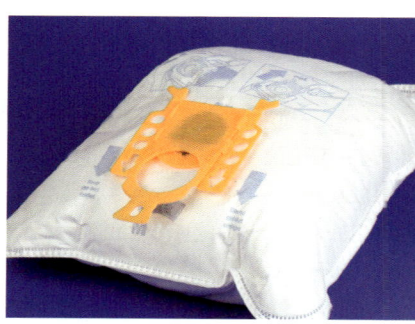

Natürlich nimmt im Laufe der Zeit die
Saugleistung parallel zur Beutelfüllung
ab, aber bei guten Geräten beginnt ein
merklicher Abfall erst bei 75 % Füllung
– und selbst das kann über die elektronische Steuerung ausgeglichen werden.
Wir vermuten oft, dass die Füllanzeige
defekt ist, aber sie reagiert nur auf
Mischstaub (Staub, Fussel, Haare, Krümel …) optimal. Bei zu viel Feinstaub
verstopfen die Poren und es kommt zu
schnell die Meldung „voll", während bei
grobem Staub die Meldung zu spät
erscheint und der Beutel bereits prall
gefüllt ist.
Die Preise pro Beutel reichen von 50 Cent
für einfache Papier- bis zu 2 € für High-

WOVON HÄNGT DIE SAUGLEISTUNG AB?

Das Wirkungsprinzip eines Staubstaubers beruht darauf, dass sein Motor mit Schaufel-
rädern Luft aus dem Gehäuse treibt. Dadurch entsteht im Schlauch und an der Düse ein
Unterdruck. Mit der nachströmenden Raumluft wird dann der lose Schmutz mitgerissen.
Die Saugleistung hängt dabei nicht von der Leistungsaufnahme, also der Wattzahl des
Motors ab, sondern zunächst von der sogenannten **Luftleistung,** das heißt, welche Luft-
menge strömt mit welchem Unterdruck in die Düse. Je höher der Wert, desto besser. Nur
gibt es für diese Laborwerte kein einheitliches standardisiertes Messverfahren, weshalb
sie von vielen Firmen nicht mehr kommuniziert werden. Einflussfaktoren auf diese
Luftleistung sind die Schlauchlänge, die Düsenöffnung, die Strömungsverhältnisse in
der Düse, auf welchem Untergrund gesaugt wird und wie voll die Filter sind. Falls Sie
doch Angaben über den erzeugten Unterdruck in den Produktinformationen finden, sind
diese **nicht geeignet, die effektiven Saugleistungen der Geräte zu vergleichen.**
Die Luftleistung ist allerdings nur ein Kriterium für die Reinigungsleistung. Entschei-
dender ist, wie viel Schmutz tatsächlich im Gerät zurückbleibt. Das wiederum ist abhängig von der **Dichte des Staubsaugers** und seinen **Filterkapazitäten.** Die Motorleistung
beeinflusst also nicht so stark die Saugleistung, sondern eher das Heißlaufen des Gerätes im Dauergebrauch und die damit verbundene Geruchsentwicklung. Für große Wohnflächen sollten Sie allerdings trotzdem nicht unbedingt zu einem 1000 W-Gerät greifen,
die bessere Wahl wären 1200–1500 W.

ech-Beutel. Sie müssen keine Angst haben, keine Beutel mehr für ein altes Gerät zu bekommen, denn es gibt Spezialfirmen mit Angeboten für und 20 000 Staubsaugermodelle.

ALTERNATIVEN ZU DEN KLASSISCHEN STAUBSAUGERN: ZYKLONSAUGER UND MODELLE MIT WASSERFILTERN

nzwischen haben sich auch beutellose Geräte mit Zyklontechnik fest auf dem Markt etabliert. Bei ihnen wird durch eine spezielle Konstruktion Luft in Rotation versetzt und der aufgenommene Staub durch die Zentrifugalkraft in den Staubauffangbehälter geschleudert. Allerdings sind die Verkaufszahlen eher rückläufig, da bei Tests die Beutelsauger meist besser abschneiden. Außerdem ist bei der Zyklontechnik das Entleeren der Staubbox mit **Staubwolken** verbunden und sollte nicht von Allergikern vorgenommen werden. Das Auswaschen des Staubbehälters und des Zentralfilters ist jedoch schnell erledigt. Gute Zyklonsauger sind teuer (ab 300 €). Bei herkömmlichen Saugern bekommen Sie bereits ab 150 € ein gutes Modell.

Wasserfilterstaubsauger (von 300–2000 €) sollen besonders Allergikern das Leben erleichtern, weil sie Allergene im Wasser binden. Aber so gut wie in der Werbung funktioniert das in der Realität nicht, da die **Allergene** viel **zu kurz** durch das Wasser geleitet werden. Zudem sind Allergene häufig **hydrophob** und werden grundsätzlich schlecht im Wasser gebunden. Ohne guten Abluftfilter erzielt kein Staubsauger mit Wasserfilter ein gutes Ergebnis. Und auch wenn das Wasser nach jedem Saugen entleert wird, können die Geräte und Filter wegen der höheren Feuchtigkeit schnell zur **Keimschleuder** werden, weshalb die Zugabe von Desinfektionsmitteln empfohlen wird.

VORMOTOR- UND ABLUFTFILTER

Der Vormotorfilter besteht aus Schaumstoff oder Vlies und sitzt zwischen Staubfilterbeutel und Motor. Er schützt den Motor vor groben Schmutzteilen, falls der Beutel einmal reißt, und sollte etwa alle zwei Jahre ausgetauscht werden.

Der Abluftfilter sitzt hinter dem Motor des Staubsaugers und besteht aus feinen Mikrofilter-Vliesen. Er soll die Partikel, die sich durch den Motorenlauf bilden, entfernen. Abluftfilter gibt es für viele Geräte in frei wählbaren Stärken, meistens liegen sie aber den Staubbeutelpackungen kostenlos bei. In Untersuchungen zeigt sich, dass für den normalen Haushalt ein **preiswerter Mikrofaserfilter** an den Geräte-Ausblasdüsen ausreicht, um die restlichen elektrostatisch geladenen Staubteilchen einzufangen, denn die Abluft ist bei guten Beuteln bereits sehr sauber. Sie sollten ihn mindestens einmal jährlich wechseln. Viele Filter werden zur Beseitigung von Gerüchen noch mit Aktivkohle ausgerüstet. Dies ist für Raucherhaushalte oder bei Haustieren empfehlenswert. Besonders leistungsfähige Abluftfilter sind die **HEPA-Filter** (High Efficiency Particulate Air-Filter), die durch ihre Zick-Zack-Faltung eine besonders große Oberfläche haben. Ein HEPA-Filter kann die Ausscheidungen von Milben, Pollen und Bakterien sowie Kondensat und Teer aus Tabakrauch zurückhalten. Noch effektiver sind ULPA- oder SULPA-Filter, die auch die meisten Viren zurückhalten.

STAUBSAUGERARTEN

Man unterscheidet – je nach Aufgabe und Einsatzgebiet – verschiedene Staubsauger-Arten:

- **Handstaubsauger:** Sie sind preiswert, ohne weitere Rüstzeit sofort einsatzbereit und haben inzwischen eine ordentliche Saugleistung und Abluftfilterung. Außerdem gibt es keinen Schlitten als Stolperfalle und sie können platzsparend aufbewahrt werden. Allerdings müssen Sie beim Saugen **das ganze Gewicht** mitschieben und ihr Fassungsvermögen und die Reichweite sind klein. Außerdem kommt man damit schlecht unter Möbel und die vielen kleinen Beutel kosten relativ viel Geld. Handstaubsauger sind somit nur für Wohnflächen unter 60 m² oder als Zweitgerät empfehlenswert.
- **Boden- oder Schlittenstaubsauger:** Die kleinsten und leichtesten Geräte sind sogenannte Kompaktstaubsauger ab 4 kg Gewicht und mit einem Beutelvolumen um die 3,5 l; die größten Geräte (bis 9 kg) haben ein Filtervolumen von 5 l. Achten Sie beim Kauf auf eine bequeme Handhabung, das heißt, er sollte rasch und einfach zusammensteckbar sein, eine lange Teleskopschiene, einen langen Schlauch, ein langes Kabel und ein gut tragbares Gewicht haben, sofern er auf verschiedenen Etagen eingesetzt wird. Die Zusatzdüsen sollten im Gerät untergebracht sein. In Haushalten mit Haustieren ist eine Anschlussmöglichkeit für eine Elektrobürste günstig.
- Bürsten- beziehungsweise **Bürstsauger:** Diese sind wie ein Handstaubsauger gebaut, allerdings ist in diese Düse auf Rollen eine **rotierende Bürsten-**

walze eingebaut, die zunächst die Fasern auflockert. So kann der Schmutz besser entfernt werden. Sie sind empfehlenswert für große freie Flächen mit Wollteppichen und kurzhaarigem Veloursboden, aber nicht für Langhaarvelours, Grobschlingen- und Handwebteppiche. Saugen Sie nicht zu oft mit dem Bürstsauger, weil das den Teppich stark beansprucht.

- **Kesselstaubsauger:** Hierbei handelt es sich um einen einfach gebauten runden Staubsauger mit großem Fassungsvermögen. Er ist etwas unhandlich und wegen seiner schlechteren Abluftreinigung eher etwas für Keller und Werkstatt.
- **Allessauger:** Bei diesen können Sie Trockenschmutz und Flüssigkeiten in einen Kessel aufsaugen, allerdings haben auch sie eine etwas schlechtere Saugleistung und Abluftfilterung. Trotzdem sind es gute Zweitgeräte für große Haushalte, für Heimwerker und Gartenbesitzer, weil sie Wasser aufsaugen können.
- **Akkusauger:** Diese Geräte dienen zum schnellen Entfernen von Krümeln, einige können auch kleine Flüssigkeitsmengen aufsaugen. Ihre Reichweite ist stark von der Leistung der verwendeten Akkus abhängig.

- **Staubsaugerroboter:** Sie drehen schon in manchen Haushalten ganz selbstständig ihre Runden. Der Schmutz wird von ihnen seitlich durch kleine Bürsten unter das Gerät gekehrt und mithilfe von Saugbürsten aufgesaugt. Der Reinigungseffekt ist allerdings bei glatten Böden besser als auf Teppichen. Die schlauen Saubermacher checken genau ab, ob sie unter Möbel passen und die aufwändige Elektronik schützt vor Treppenabstürzen. Für wen eignet sich so ein Roboter? Es gilt: Je weniger Möbel und Hindernisse im Raum, je weniger verschiedene Materialien auf dem Boden und je weniger Übergänge – desto besser verrichtet er seine Arbeit. Ideal ist ein Staubsaugerroboter für **Hausstauballergiker,** denn sein täglicher Einsatz sorgt dafür, dass beim Gehen im Raum weniger Staub aufgewirbelt wird. Trotzdem ist ab und zu ein gründliches Absaugen der „vergessenen Schmuddelecken" notwendig.

DAS SPIEL MIT DEN DÜSEN

In vielen Haushalten wird aus dem Staubsauger nicht alles herausgeholt, weil man sich mit den üblichen Standarddüsen zufrieden gibt. Oft lohnt sich aber der Kauf von Zusatzdüsen, wie besonders schonende und leichtgängige Hartbodenbürsten, Heizkörperbürsten, Möbelpinsel oder Handturbobürsten.

- **Universaldüse:** Der Bau der Düsen ist für die Reinigungswirkung und die Materialschonung enorm wichtig. Eine Düse, die viel Schiebkraft erfordert, reinigt nicht automatisch besser, sondern kostet einfach nur unnötig Kraft. Die Düsenkante soll den Teppichflor etwas öffnen und so das Aufsaugen des Schmutzes erleichtern. Ein Veloursstreifen dient als „Fadenheber". Es gibt auch umschaltbare Universaldüsen mit einem ausfahrbaren Bürstenstreifen für glatte Böden oder echte Universaldüsen, die über kleine Rollen laufen und sich dem Boden anpassen. Bei **Hightech-Düsen** erkennt eine durch Mikroprozessoren gesteuerte Elektronik die Florhöhe des Teppichs.
- Für Haushalte mit vielen Teppichen (oder Haustieren) lohnt sich die Anschaffung einer **Elektrobürste.** Die rotierende Bürstenwalze öffnet den Teppichflor, sodass der Staub besser ausgesaugt wird. Hochwertige neue Teppichböden werden oft mit gekräuselten Garnen, Wirrfasern oder Kugelgarnen hergestellt und viele Hersteller erkennen Garantieansprüche nur an, wenn ab und zu mit einer Elektrobürste gesaugt wird. Nicht alle Staubsauger kann man im Nachhinein mit einer Elektrobürste ausrüsten, es muss ein entsprechender Anschluss vorhanden sein. **Schwerer laufende Turbodüsen** können immer angeschlossen werden, da sie nur vom Luftstrom angetrieben werden.

RICHTIG STAUBSAUGEN

Staubsaugen kann jeder – aber richtig gemacht geht es einfacher und sorgt für bessere Ergebnisse.

Die richtige, die Wirbelsäule entlastende Körperhaltung, ist eine **leichte Schrittstellung.** Die Teleskopschiene ist so weit ausgefahren, dass Sie **aufrecht stehend saugen** können. Stellen Sie zu Beginn so viele Gegenstände wie möglich nach oben. Sind die Ecken und Kanten im Raum mit einer schmalen Düse abgesaugt, werden die großen Bodenflächen durch zickzackförmige Hin- und Rückbewegungen zur Tür hin gleichmäßig Stück für Stück abgesaugt. Je langsamer die Düse geführt wird, desto besser ist die Reinigungswirkung. Saugen Sie nicht nur die Teppiche, sondern auch glatte Böden, denn gegenüber dem Kehren ist der Reinigungseffekt besser und die Staubbelastung minimal. In Räumen mit vielen Möbeln ist das sogenannte **Inselsaugen** effektiv: Dabei gehen Sie immer links oder rechts herum vorwärts durch den Raum und saugen von verschiedenen Punkten aus fächerförmig die gesamte Fläche ab. Bei guten Staubsaugern können Sie immer zuerst Möbel und Wohnraumaccessoires abstauben und dann saugen, da die Abluft sehr sauber ist.

Nach dem Saugen steht die **Wartung** an. Reinigen Sie die Düsen und Bürsten mit dem Saugrohr und kontrollieren Sie, ob alle Düsen noch glatt über den Boden laufen. In Bürsten verwickelte Fäden müssen Sie aufschneiden und herausziehen, verstopfte Rohre und Schläuche mit einem langen Draht bearbeiten. Bewahren Sie die Staubsaugerschläuche ohne Knick auf; undichte Schläuche können Sie mit Gewebeklebeband provisorisch abdichten.

Dampfreiniger und Dampfsauger

Kaum ein Reinigungsgerät verursacht so kontroverse Diskussionen wie ein Dampfreiniger. Von den einen hochgelobt, von den anderen als untauglich im Keller geparkt. Hauptursache für die Enttäuschungen ist die Werbung mit zu vielen falschen Versprechen.

MEIN SPEZIELLER TIPP

Wird ein Gerät nur viermal jährlich eingesetzt, steht zu viel totes Kapital im Schrank. Hier wäre ein Leihgerät oder eine gemeinsame Anschaffung im Bekannten- oder Verwandtenkreis empfehlenswert.

DAMPFREINIGER

Bei einem Dampfreiniger wird das Wasser in einem geschlossenen Wasserkessel elektrisch erhitzt. Je höher die Temperatur, desto größer der Druck in der Dampfkammer. Bei durchschnittlich 4–7 bar Maximaldruck beträgt die Temperatur des Dampfes 150–165 °C, weshalb man von einem **Heiß- oder Trockendampf** spricht. An der Düse kühlt der Dampf ab, trotzdem hat er beim Auftreffen auf das Material eine Temperatur von etwa 90–100 °C und ist damit für viele Materialien zu heiß. Achten Sie beim Kauf auf ein geschlossenes System und eine Steuerung der Aufheizung durch einen Druckschalter. Nur dann können Sie fortlaufend mit ausreichend Druck im richtigen Temperaturbereich arbeiten. Empfehlenswert ist ein Zweikreissystem, damit während der Arbeit Wasser nachgefüllt werden kann. Bei den Geräten gibt es extrem große Preisspannen; sehr gute Geräte für Privathaushalte kosten 200–1000 €. Kleine Handgeräte (Dampfenten) gibt es bereits für unter 20 €, sie sind aber nur für kleine punktuelle Reinigungen geeignet. **Gereinigt wird durch den Dampfstrom und die hohe Temperatur.** Während warmes Wasser den Schmutz langsam von außen nach innen zum Quellen bringt, **unterkriecht der Dampf den festsitzenden Schmutz.** So erreicht er Stellen, die mit Lappen und Bürsten nur schwer zugänglich sind. Natürlich kondensiert der Dampf dort zu Wasser, aber es ist ein weiches Wasser mit einer sehr guten Reinigungskraft ganz ohne Reinigungsmittelzusatz. **Das Schmutzwasser wird mit Tüchern aufgenommen.**

Da der Dampf mit leichtem Überdruck aus der Düse austritt, werden saugfähige Materialien (Teppiche, Polster, Matratzen ...) stark durchfeuchtet und mancher Schmutz wird dadurch zunächst nach unten gespült. Beim langsamen Trocknen wandert der Schmutz aber durch die Kapillarkräfte wieder nach oben. Nachteilig ist der heiße Dampf bei eiweißhaltigen Verschmutzungen. Die Eiweiße können gerinnen und fest einbrennen. Auch andere Schmutzarten wie Fettflecken können durch die Hitze auf dem Material fixiert werden. Heißer Dampf kann, wenn er einige Sekunden einwirkt, durchaus desinfizieren und Milben abtöten, aber die Wirkung hält nicht an, da in der warmen Feuchtigkeit die überlebenden Keime wieder stärker wachsen.

DAMPFSAUGER

Diese technisch aufwändigeren Geräte sind erst seit einigen Jahren auf dem Markt. Ihr Vorteil liegt darin, dass das **kondensierte Wasser samt dem gelösten Schmutz wieder aufgesaugt wird.** Der Schmutz wird dabei in einen Wasserfilter geleitet und dort gebunden. Dampfsauger sind relativ laut, schwer und teuer (500–2000 €) und brauchen nach jeder Nutzung eine aufwändige Reinigung inklusive dem nassem Schlauch und dem Rohr, damit sie nicht zu einer Keimschleuder werden und zu müffeln anfangen. Ein Dampfreiniger schickt nur sauberen Dampf durch den Schlauch und das Dampfrohr muss deshalb nicht gereinigt werden.

Der große Vorteil von Dampfsaugern ist, dass der Dampf nur ganz kurz einwirkt und dass durch das sofortige Wiederaufsaugen eine Art Verdunstungskälte aufkommt. Der Dampf ist kälter, damit materialschonender und dringt nicht so tief in die Flächen ein. Deshalb können damit auch feuchtigkeitsunempfindliche Teppiche oder Polster, versiegeltes Parkett oder gute Laminate gereinigt werden – aber nur, **wenn die Saugleistung für das Schmutzwasser groß genug ist.**

Allerdings hat dieser Vorteil auch einen großen Nachteil. Im Vergleich zu einem herkömmlichen Dampfreiniger ist die **Reinigungswirkung viel geringer.** Achten Sie deshalb beim Kauf eines Dampfsaugers darauf, dass neben dem Dampfsaugen auch ein Dampfreinigen möglich ist.

TIPPS UND HINWEISE ZUM ARBEITEN MIT DAMPFREINIGERN UND -SAUGERN

- Beide Gerätetypen sind schwerer und unhandlicher als ein Staubsauger – unbedingt vorher ausprobieren!
- Richtiges Dampfreinigen braucht Zeit und dauert viel länger als Staubsaugen.
- Die guten Geräte sind sicher gebaut, aber man sollte trotzdem konzentriert arbeiten und das Gerät bei Unterbrechungen unbedingt sichern oder ganz abschalten, damit sich niemand verbrennt oder eventuell weiterhin Dampf entweicht und zu Materialschäden führt.
- Ein ganz wichtiger Aspekt darf nicht vergessen werden: Ein optimales, streifenfreies Ergebnis auf großen Flächen erhalten Sie erst, wenn vor der ersten Anwendung alle Reinigungsmittelreste gründlich entfernt sind. Wird das versäumt, bildet sich aus **Dampf, Reinigungsmittelresten und Schmutz ein Geschmier.** Wer immer sehr sparsam mit Reinigungsmitteln umgeht, hat hier Vorteile – er bekommt von Anfang an gute Ergebnisse.

- Optimal geeignet für eine Dampfbehandlung sind **harte glatte Materialien** wie Glas, Spiegel, Keramik, Stein, Metalle oder temperaturstabile Kunststoffe. Auch kleine verborgene Schmutzecken wie Beckenüberläufe oder Heizkörperaufhängungen können Sie damit rasch säubern.

- Leichte Kalkschleier und Ränder an Armaturen können entfernt werden, aber keine dicken Kalkbeläge oder Kalkverkrustungen.
- Beim Fensterputzen bekommen Sie sehr gute Ergebnisse – sofern wieder zuerst alle Reinigungsmittel entfernt werden und dann nur noch mit Dampf gereinigt wird. Das direkte Arbeiten mit der Fensterabziehdüse erfordert viel Übung, sehr gute Ergebnisse liefert aber auch ein gründliches Abdampfen des Fensters und das anschließende Trocknen mit einem Abzieher. Dampfgereinigte Scheiben bleiben viel länger sauber! Dampfen Sie möglichst wenig über die Dichtungen.
- Spiegel reiben Sie nach der Dampfbehandlung im Randbereich rasch trocken.
- Zementfugen werden durch das Abdampfen gut gereinigt, aber Vorsicht bei Silikonfugen.
- Küchenarbeitsplatten werden gerne mit Handspülmittel gewischt. Diese Reinigungsmittel bauen wegen ihrer schlechten Löslichkeit in lauwarmem Wasser rasch Schichten auf. Deshalb entstehen nach dem Einsatz eines Dampfreinigers hier häufig unschöne Schlieren.
- In den Sicherheitshinweisen steht bei den meisten Dampfreinigern, dass das Gerät nicht zur Reinigung von Elektrogeräten (Backofen, Kühlschrank, Dunstabzug oder Mikrowelle) verwendet werden darf, denn der eindringende Dampf kann die elektrische Sicherheit mindern und einen Kurzschluss auslösen. Sie können also den Filter des Dunstabzugs mit Dampf reinigen, aber aus Sicherheitsgründen nicht das Geräteinnere!

MEIN SPEZIELLER TIPP

Holzmöbel, Leder, geölte oder gewachste Flächen, Schaumstoffe, Polster, Wollteppiche, Parkett und Laminat sollten Sie nicht direkt mit dem Dampfreiniger bearbeiten. Auch ein Dampfsauger kann nur sehr vorsichtig eingesetzt werden. Ich empfehle Ihnen, diese empfindlichen Gegenstände nicht direkt, sondern nur mit bedampften warmen Tüchern zu bearbeiten. Spannen Sie dafür ein saugfähiges Tuch vor die Düsen und bedampfen Sie dieses kräftig; das Tuch hat eine wunderbare Reinigungskraft. Sehr gern werden Dampfreiniger für stark verschmutzte Teppichböden empfohlen, aber das halten nur wenige Beläge aus. Die Teppichböden müssen wasser- und hitzestabil sein, die Farbe darf nicht ausbluten, die eindringende Feuchtigkeit weder den Klebstoff noch den Untergrund beschädigen und der Teppich darf auf keinem saugenden Untergrund verlegt sein. Zudem ist eine Dampfreinigung lange nicht so gründlich wie eine Sprühextraktion.

Zuschauer fragen –
Frau Frank antwortet

DIE TOILETTE WIRD NICHT MEHR SAUBER

In unserer vermieteten Wohnung hat sich in der Toilette ein dicker dunkler kalkähnlicher Belag gebildet, der selbst mit Essigessenz nicht entfernbar ist. Was raten Sie mir, die Toilette ist erst 2 Jahre alt.

HERR WALTER H.

Frau Frank weiß …

Extrem dicke Kalkkrusten können durch Säuren oft nicht gut entfernt werden. Die Säure wird durch den Kalk neutralisiert und kann nicht tief eindringen. Kratzen Sie die Beläge zuerst mit einem Kunststoffspachtel oder einem Bims- bzw. Lavastein vorsichtig an und lassen Sie die Säure erst dann einwirken. Häufig handelt es sich bei den dicken Belägen in Toiletten auch um Urinstein. Er besteht aus schwer löslichen Phosphaten, Oxalaten und Sulfaten und bildet sich aus Wasser und stehendem Urin, vor allem, wenn bakterieller Harnstoffabbau im Urin den pH-Wert verändert. Auf dem Urinstein siedeln sich dann noch mehr Bakterien an, die Krusten wachsen und können sogar Abwasserrohre verstopfen! Auch an Kalkbelägen lagert er sich verstärkt ab. Deshalb Urin immer nachspülen und auch nachts nicht in der Toilette stehen lassen. Urinstein lässt sich nur mit starken WC-Reinigern und stärker sauren Reinigungsmittel wie Zementschleierentfernern (die enthalten Phosphorsäure und/oder Salzsäure) entfernen. Lieber einmal 50 ml starke Säure einsetzen als literweise schwache organische Säuren verschleudern. Bitte beachten Sie die Sicherheitsratschläge!

WIE REINIGE ICH EINEN TERRACOTTABODEN?

Wir haben Zuhause wunderschöne Terracottaböden. Kann ich diese mit einem Dampfreiniger bearbeiten oder schadet ihnen das?

HERR GUNTER E.

Frau Frank rät …

Verzichten Sie bitte unbedingt auf den Einsatz des Dampfreinigers! Terracotta ist ein poröser saugfähiger Belag, der durch Imprägnierungen und Pflegemittel wie Wachse, Öle oder Steinseifen geschützt (eingepflegt) wird. Heißer Dampf löst die Pflegeschicht teilweise an, der Boden würde fleckig und wäre nicht mehr ausreichend geschützt.

WOHER KOMMEN SCHLIEREN AUF DEM BODEN?

Egal, ob ich den Granitboden im Flur, der Küche und im Bad wische oder den neuen Laminat in den Schlafräumen – die Böden sind voller Schlieren. Ich habe schon die verschiedensten Produkte ausprobiert, aber es wird immer schlimmer.

FRAU LEONIE F.

Frau Frank rät …

Bitte verzichten Sie zunächst auf alle Reinigungsmittel und wischen Sie nur mit sauberem Wasser und einem sauberen Mikrofaser-Mopp oder -Tuch. Die häufigste Ursache für Schlieren sind Reste von Reinigungs- und Pflegemitteln, die nach dem Wischen auf den Flächen bleiben und verstärkt Staub und Schmutz binden. Wischen Sie außerdem nur über „kühle" Flächen. Deshalb die Fußbodenheizung abschalten und die nicht direkt von der Sonne beschienenen Flächen bearbeiten und nur mit kaltem bis lauwarmem Wasser wischen, damit der dünne Wasserfilm nicht zu schnell abtrocknet.

Wischen Sie immer in Verlegerichtung eines Musters oder der Holzmaserung und entfernen Sie vorher den Grobschmutz durch Saugen oder Moppen und haftenden Schmutz mit einem Schwamm oder Schmutzradierer.

Falls Sie später wieder ein Reinigungsmittel brauchen, nehmen Sie einen Alkoholreiniger oder ersatzweise einige Spritzer Glasreiniger im Wischwasser.

Laminat braucht keine Pflege und Granit kann mit sogenannten Edelsteinseifen oder einer Wischpflege nur mit wasserlöslichen Polymeren leicht eingepflegt werden.

WIE WIRD UNSERE HOLZTERRASSE WIEDER SAUBER?

Wir haben eine Holzterrasse aus Robinie, die nach dem langen harten Winter nicht mehr besonders schön aussieht. Können wir die mit einem Hochdruckreiniger bearbeiten?

FAMILIE M.

Frau Frank empfiehlt ...

Ich rate Ihnen, für den Holzboden den Hochdruckreiniger nur mit einem Terrassenreiniger und nicht direkt mit einer Spritzstrahldüse zu betreiben. Beim Terrassenreiniger treibt der Wasserstrahl einen Propeller mit zwei Düsen im Reinigungsgehäuse an, zusätzlich können Sie den Abstand zum Boden variabel einstellen.

WIE ENTFERNE ICH KLEBERRESTE VON TEPPICHETIKETTEN AUF KORK- UND LAMINAT-BÖDEN?

Wir haben neue Teppiche gekauft, deren Etiketten jetzt Kleberreste auf unseren Fußböden (Kork und Laminat) hinterlassen haben. Wie kriege ich diese Klebespuren wieder weg?

FRAU W.

Frau Frank empfiehlt ...

Reste von Haftklebern gehen mit Spiritus oder Waschbenzin und einem groben Tuch oder einer Kunststoffspachtel gut ab. Beide Lösemittel können bei Laminat keinen Schaden hinterlassen, beim Kork kommt es auf die Oberflächenbearbeitung an. Bei lackierten Oberflächen wird nichts passieren, bei gewachsten oder geölten Oberflächen kann das Waschbenzin den Schutz etwas anlösen. Dann bitte neu einpflegen. Natürlich gehen Kleberreste mit stärkeren Lösemitteln (Universalverdünnung, Terpentinersatz, Pinselreiniger, Nagellackentferner, Aceton) besser weg, aber das setzt eine sehr sorg-

fältige Vorprobe voraus, damit der Schaden nicht größer wird! Schonend und empfehlenswert sind auch Etikettenlöser aus dem Schreibwarenhandel.

FRAU FRANKS EXKLUSIVTIPP: Schimmelentfernung in den Fugen

Bei leichtem Schimmel in Zement- und Silikonfugen helfen 70%iger Brennspiritus (Haushaltsalkohol mit destilliertem Wasser verdünnt), alkoholische Desinfektionsmittel oder eine 5%ige Wasserstoffperoxidlösung aus der Apotheke.

Bei starkem Schimmelbefall (aber wirklich nur dann!) nehmen Sie einen hypochlorithaltiger Reiniger wie Javellwasser. Beachten Sie beim Abtupfen mit Hypochlorit unbedingt die Sicherheitsvorschriften!

Bei anhaltendem Schwarzkopf-Schimmel auf Silikonfugen müssen Sie die Fuge mit einem Messer ganz herausschneiden, den Untergrund mit Aceton entfetten und dann eine neue Fuge mit fungizidhaltigem Silikon spritzen.

Das Problem bei starkem Schimmel ist immer, dass der Pilz bereits hinter die Fliesen gewandert sein kann und sich dadurch irgendwann die Fliesen lockern. Die Kalkentfernung von Fliesen erfolgt am besten mit Säuren (zum Beispiel einer 5–8%igen Zitronensäurelösung, schneller wirkt Amidosulfonsäure) oder einem sauren Badreiniger. Die säureempfindlichen Zementfugen nässen Sie dabei zunächst mit einem Schwamm ein, erst dann reiben Sie die Fliesen mit einem nicht kratzenden weißen oder blauen Pad-Schwamm und der Säure kreisförmig ab. Die Säure nicht lange einwirken lassen, sondern rasch abspülen.

Damit Sie sich ...

zu Hause wohlfühlen

Falls Sie sich über die Überschrift wundern – ja, ich möchte, dass Sie sich wohlfühlen. Haben Sie sich eigentlich schon Mal gefragt, welche Bedeutung ein Haushalt eigentlich hat?

Ein privater Haushalt befriedigt nämlich die sozialen, emotionalen und materiellen Bedürfnisse seiner Bewohner. Er dient als Schutzraum und intimer Rückzugsbereich zur psychischen und physischen Regeneration.

Außerdem schaffen sich die Mitglieder der Familie im Haushalt eine eigene Alltagskultur, die allerdings von Traditionen und Modeerscheinungen geprägt wird.

Deshalb habe ich in dieses Kapitel einige Themen gepackt, die mir für Ihr Wohlgefühl wichtig sind, auch wenn Sie hier keine Fleckweg-Tipps oder Pflegehinweise finden. Ich liebe es, solche Themen zu bearbeiten – kommen sie doch meinen naturwissenschaftlichen Interessen sehr entgegen.

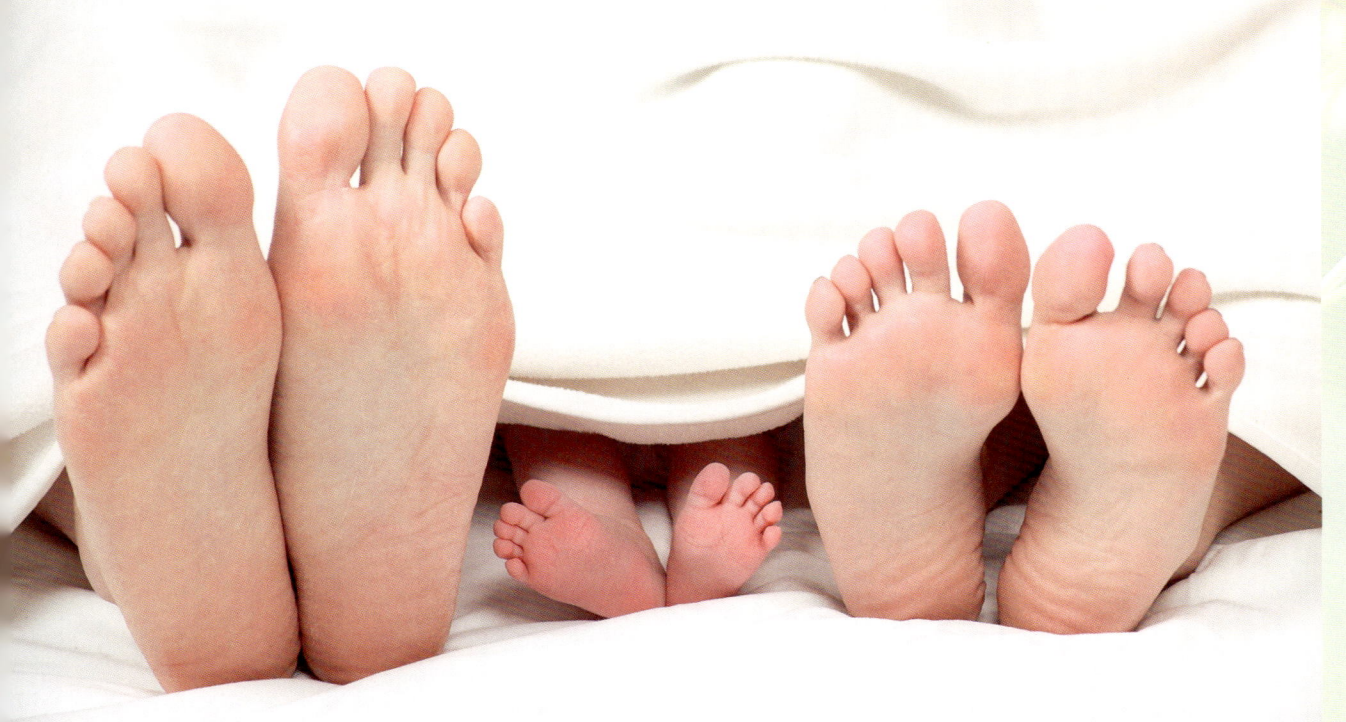

Richtig Lüften –
im Sommer und im Winter!

Endlich wieder frei durchatmen! Lüften ist notwendig und sorgt im wahrsten Sinne des Wortes für „frischen Wind" in Ihren Wohnräumen. Aber wie lüftet man richtig – so, dass zwar ein Luftaustausch stattfindet, aber nicht unnötig Energie verloren geht? Das erfahren Sie hier.

Warum ist Lüften notwendig?

Dass man lüften muss, weiß jeder. Aber warum? Die Gründe dafür sind vielfältig! Lüften dient:

- der Verbesserung der **Wohnhygiene:** In jeder Wohnung sammeln sich Schadstoffe, Mikroorganismen und Allergene an. Sie werden durchs Lüften im wahrsten Sinne des Wortes ausgelüftet beziehungsweise durch sauerstoffreiche Frischluft abgebaut.
- der **Verminderung des CO_2-Gehalts** in der Luft: CO_2 bildet sich im menschlichen Organismus beim Abbau der Nährstoffe und wird durch die Atmung ständig ausgeschieden. Der CO_2-Gehalt in guter Raumluft sollte nicht über 0,1 % liegen. Allein zur Absenkung des CO_2-Gehaltes werden pro Person in 24 Stunden rund 700 m³ Luft verbraucht.
- dem **Absenken der relativen Luftfeuchtigkeit** auf unter 60 %: Jeder Bewohner verursacht pro Tag durch Duschen, Kochen, Waschen, Wäsche trocknen oder Atmen rund 2,5–3,5 l Wasserdampf – und der muss rasch abgeführt werden. Höhere Luftfeuchtigkeit führt zu einer **Kondensatbildung** – und zwar umso mehr, je niedriger die Temperatur ist, da das Fassungsvermögen der Luft für Wasserdampf temperaturabhängig ist. Die Kondensation beginnt an den kälteren Stellen wie zum Beispiel an Fensterscheiben oder Wänden und führt dort zu Schimmelbildung. Das Kondenswasser wirkt dabei wie destilliertes Wasser, es kann Nährstoffe aus den Farben oder dem Tapetenkleister herauslösen und so Nahrung für Schimmelsporen liefern. Auch Milben gedeihen bei höherer Luftfeuchtigkeit besser.
- der **Energieersparnis:** Trockene Luft wird schneller erwärmt; außerdem wird durch feuchte Wände die Wärmedämmung reduziert.

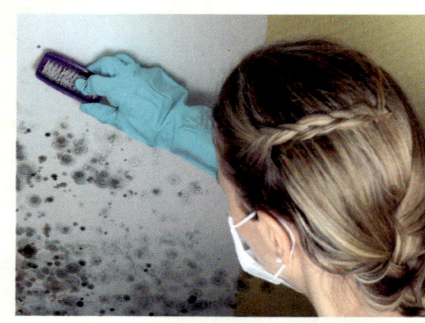

Richtig lüften

Also, gelüftet werden muss. Aber wie?

IN DER KALTEN JAHRESZEIT

Solange es draußen kühler ist als in den Wohn- und Kellerräumen ist es ganz einfach: Fenster auf und frische Luft rein. Dabei sollten Sie allerdings sparsam mit der teuer erwärmten Luft umgehen. Es gilt:

- Beim richtigen Lüften wird **die Luft schnell ausgetauscht, aber Möbel und Wände kühlen nicht aus!** Deshalb sollten Sie im Winter stoßlüften. Dafür öffnen Sie morgens und abends die Fenster für 5–8 Minuten weit und stellen den Heizungsthermostat auf 0. Vormittags und nachmittags nochmals die Zimmer, in denen sich Personen aufgehalten haben, für 2–4 Minuten lüften.
- **Je kälter die Außentemperatur, desto kürzer können Sie lüften!** 1 m³ Luft kann bei 20 °C rund 23 g Wasser (= 100 % relative Luftfeuchtigkeit) aufnehmen, bei -10 °C sind es nur noch 2 g. Deshalb kann kalte Luft, wenn sie im Haus erwärmt wird, viel Wasser aufnehmen und die Raumfeuchte rasch absenken.
- Je dichter die Fenster, je besser gedämmt das Haus und je kühler die Zimmertemperatur, desto mehr muss gelüftet werden. Ebenso erhöhen Menschen, Tiere, Pflanzen und alle Verbrennungen (Kerzen, Kamine …) den Frischluftbedarf.
- **Vermeiden Sie die Dauerkippstellung** von Fenstern, denn durch sie kommt es an den ständig unterkühlten Bauteilen zu Kondensationen.
- Lüften Sie nur, wenn die Zimmer auch benutzt werden. Bei nicht belegten Räumen genügt die **„Selbstlüftung"** durch Fugen zur Lufterneuerung, sofern das Gebäude nicht stark gedämmt ist.

VERMEIDEN VON FEUCHTIGKEITSSCHÄDEN

Lassen Sie die Temperatur in bewohnten Räumen nicht unter 20 °C und im Schlafzimmer nicht unter 15 °C absinken.

- Bei Abwesenheit sollte die Temperatur nicht unter 15 °C absinken. Wer tagsüber nicht da ist und die Heizung ausschaltet, kommt am Abend in eine ausgekühlte Wohnung. Wird nun kräftig aufgeheizt, erwärmt sich zunächst nur die Raumluft, die dann an den kalten Wänden kondensiert.

- Überwachen Sie die Räume mit einem **Hygrometer** und achten Sie auf eine relative Luftfeuchtigkeit von unter 60 %. Kontrollieren Sie mit der Hand **im Winter die kühlsten Ecken im Raum auf Feuchtigkeit.**

- Stellen Sie große Möbelstücke immer nur mit 2–3 cm Abstand an eine Außenwand.

- Halten Sie die Innentüren zwischen unterschiedlich beheizten Räumen tags und nachts geschlossen. Bei geöffneten Türen sollte der Temperaturunterschied zwischen den einzelnen Räumen nicht mehr als 4 °C betragen.

- **Heizen Sie nicht vom Wohnzimmer aus das Schlafzimmer mit.** Die warme und deshalb feuchtere Luft kondensiert dort an den kalten Wänden.

- Lüften Sie bei einem innen liegenden Bad ohne Fenster auf dem kürzesten Weg (durch ein anderes Zimmer), wenn die Abluftanlage schwach ist. Dabei andere Türen geschlossen halten.

- Große Mengen Wasserdampf (zum Beispiel durchs Kochen) möglichst sofort nach draußen ablüften. Auch hier verhindert ein Schließen der Zimmertüren, dass sich der Dampf in der Wohnung verteilt.

LÜFTEN IM SOMMER

Ich weiß, dass es bei diesem Thema immer wieder zu hitzigen Diskussionen kommt. Tatsache ist, dass sich das **Lüftungsverhalten ändern sollte, sobald die Außentemperatur die Temperatur im Haus tagsüber um einige Grade übersteigt,** denn die Luftfeuchtigkeit kann durchs Lüften nur dann gesenkt werden, wenn die einströmende Luft kälter ist als die Raumluft.

Kommt schwüle, 30 °C warme Außenluft mit 90 % Luftfeuchtigkeit in den Raum, sind darin 27,3 g Wasserdampf pro Kubikmeter Luft enthalten. Im kühleren Innenraum kann dieses Wasser nicht mehr gehalten werden, es kommt beim Auftreffen auf kühlere Gegenstände oder Wände zur Kondensation, der sogenannten **Sommerkondensation.** Schimmel ist heute auch ein Sommerthema, da gut gedämmte Häuser mit perfekten Sonnenschutzanlagen im Sommer angenehm kühl bleiben. Verschieben Sie deshalb das kräftige Lüften auf die kühleren Abende oder Nächte oder lüften Sie – noch besser – frühmorgens. Tagsüber wird dann nur noch kurz und kräftig gelüftet, zum Beispiel nach dem Duschen oder nach dem Kochen. Das schnelle Auslüften können Sie durch einen Ventilator beschleunigen.

Je kühler die Innenräume, desto problematischer wird die warme Außenluft. Deshalb sollten Sie **bei großer Schwüle und Sommerhitze unbedingt die Fenster im Untergeschoss** (also die Kellerfenster) **tagsüber schließen.** Gelüftet wird nur nachts oder, wenn dies aus Sicherheitsgründen nicht möglich ist, kurz morgens und abends. Natürlich sollte im Sommer in kühlen Kellern auch nie Wäsche getrocknet werden.

Der Ratschlag, zur Kühlung des Raums feuchte Tücher aufzuhängen, kann ebenfalls unangenehme Folgen haben, wenn dadurch die Luftfeuchtigkeit erhöht wird. Selbst unser Wohlbefinden wird dadurch nicht verbessert! Der Schweiß, den wir zur Kühlung unseres Körpers abgeben, kann von der Luft wegen der vorhandenen hohen Luftfeuchtigkeit nicht aufgenommen werden. Wir schwitzen und erhalten trotzdem kaum Kühlung. Nur wenn das Tuch in einem kräftigen Luftzug (oder Ventilatorgebläse) vor dem geöffneten Fenster hängt, wird die Luft durch die Verdunstungskälte auf dem Tuch etwas abgekühlt und der Raum dadurch kühler.

Es liegt was in der Luft …
die elektrostatische Aufladung!

Sie kennen es alle: Es knistert in der Luft, die Haare stehen zu Berge, die Türklinken verteilen kleine Stromschläge und auf den HiFi-Geräten liegt plötzlich viel mehr Staub. Ursache ist eine erhöhte elektrostatische Aufladung – unangenehm, aber ungefährlich!

Wie kommt es zu elektrostatischen Aufladungen?

Jede Materie besteht aus positiven und negativen Ladungen, die so verteilt sind, dass sie sich gegenseitig aufheben. Aber durch Reibung, beim Gehen oder durch Bewegen können diese Ladungen verschoben werden. Aus einem Material wandern negative Ladungen, also Elektronen, hinaus, dieses Teil wird somit positiv; das andere Teil wird durch den Elektronenüberschuss negativ geladen. So entstehen elektrostatische Ladungen, erkennbar an ihren Anziehungskräften. **Bei Materialien mit guter elektrischer Leitfähigkeit oder bei hoher Luftfeuchtigkeit wird die Ladung rasch abgeführt.** Wir spüren nichts von diesem natürlichen Vorgang. Bei schlechter elektrischer Leitfähigkeit aber – und das ist eine typische Eigenschaft von Kunststoffen und Synthetikfasern – bleibt die Ladung erhalten. Die Hosenbeine kleben am Strumpf, der Unterrock wandert im Kleid nach oben und wenn Sie Metall anfassen, kommt es schlagartig zu unangenehmen Entladungen.

Nicht jeder Mensch ist gleich aufladbar. Es ist durchaus möglich, dass im gleichen Raum einer nichts merkt, während der andere bereits „Funken sprüht".

Was können Sie im Alltag dagegen tun?

- Bei geringer Luftfeuchtigkeit können Sie die Raumtemperatur etwas absenken und **Luftbefeuchter,** wassergefüllte Schalen und viele Pflanzen, wie Papyrus, aufstellen. Aber Vorsicht, dass Sie dadurch kein Schimmelproblem bekommen!

- Tragen Sie Hausschuhe mit Ledersohlen oder lassen Sie antistatische Laufsohlen aufbringen.
- Es gibt viele Hilfsmittel, um Aufladungen zu vermindern, zum Beispiel **Antistatiksprays** für Textilien oder Polstermöbel oder spezielle Wischpflegen für Laminate oder Kunststoffböden. Allerdings müssen diese Mittel eine gewisse Schicht aufbauen, damit der Boden ableitend wirkt. Ein streifenfreies Wischen ist so kaum möglich.
- Geben Sie Synthetikwäsche nicht in den Wäschetrockner, denn durch die Drehungen in der immer trockner wer-

denden Luft laden sich die Teile auf. Beim Waschen in der Waschmaschine ist dies nicht der Fall.

- **Weichspüler** sind für Synthetikfasern wie Polyester oder Polyamid ein sinnvolles und nützliches Antistatikmittel. Sie verhindern das Knistern oder Zusammenkleben beim Tragen. Bei Kleidung, die nur trocken gereinigt werden darf, kann die Reinigung eine Antistatik-Nachbehandlung durchführen.

- Bei Haaren können Sie durch Conditioner eine gute antistatische Wirkung erzielen.

- Auch Haustiere können unter elektrostatischer Aufladung leiden, vor allem Katzen. Streicheln Sie sie mit leicht feuchten und möglichst beringten Händen. Bürsten mit einer leicht angefeuchteten Naturbürste ist ebenfalls hilfreich.

- Achten Sie beim Kauf großflächiger synthetischer Materialien auf eine **antistatische Ausstattung.** Bei synthetischen Polsterstoffen oder Gardinen können zum Beispiel ableitende Metallfasern mit verarbeitet werden, Teppichböden können über den Klebstoff diese Eigenschaft erhalten. Hilf-

reich ist das Merkmal „für Computerräume geeignet", denn hier darf es zu keinen zusätzlichen großen Aufladungen kommen. Viele Computerprobleme gehen auf eine elektrostatische Aufladung zurück, deshalb ist der alte Tipp „alles ausschalten und Stecker ziehen" zumindest einen Versuch wert.

Weniger Elektrosmog

eder Mensch ist Tag für Tag vielen elektrischen, magnetischen und elektromagnetischen Feldern ausgesetzt, es sei denn, er hält sich von allen elektrischen Leitungen, Geräten und Sendeantennen fern. Umgangssprachlich werden diese Felder als Elektrosmog bezeichnet – und der kann Folgen haben.

Elektrische, magnetische und elektromagnetische Felder

Elektrische Felder entstehen zwischen Plus- und Minus-Ladungen, also an jeder Spannungsquelle, auch wenn kein Strom fließt. Im Haushalt treten elektrische Felder immer dann auf, wenn Geräte oder Leitungen mit dem Stromnetz verbunden sind – gleichgültig, ob das Gerät ein- oder ausgeschaltet ist.

Magnetische Felder bilden sich um jeden stromdurchflossenen Leiter. Bei Gleichstrom bilden sich magnetische Gleichfelder, bei Wechselstrom magnetische Wechselfelder. Das Feld verschwindet, sobald kein Strom mehr fließt. Magnetfelder durchdringen – anders als elektrische Felder – nahezu ungehindert die Materialien und sind nicht einfach abzuschirmen. Sobald der Wechselstrom die Stromrichtung sehr oft wechselt, können elektrische und magnetische Felder nicht mehr getrennt wahrgenommen werden, es sind **elektromagnetische Felder.**

Gesundheitliche Auswirkungen

Je mehr Energie auf den Körper trifft, desto negativer ist dies für den Organismus. Es gibt zwar für verschiedene Bereiche Grenzwerte, die so gewählt sind, dass nach dem heutigen Kenntnisstand keine gesundheitsschädlichen Risiken bestehen, allerdings kommt es auch immer wieder zu **Diskussionen über die Höhe der Grenzwerte.** Auch wenn einige Auswirkungen nur vermutet werden, verdient das Thema weder Panik noch Nachlässigkeit. Man nimmt zum Beispiel an, dass:

- elektrische Gleichfelder das **Raumklima** negativ beeinflussen, da das Aufwirbeln von Staub und Mikroorganismen gefördert wird.
- empfindliche Menschen schon auf schwache Felder mit **Nervosität** oder Schlafstörungen reagieren.
- bereits niederfrequente Felder Einfluss auf die **Sinnes-, Nerven- und Muskelzellen** haben, denn die Reizleitung im Organismus erfolgt über kleinste Spannungsänderungen an den Membranen.
- **Kinder sensibler regieren** und bereits vereinzelt durch langfristig einwirkende niederfrequente Magnetfelder ein höheres Leukämierisiko haben.
- bei hochfrequenten elektromagnetischen Feldern **lokale Überhitzungen** beobachtet werden, die von Kleinkindern und empfindlichen Personen nicht so schnell kompensiert werden können. Es besteht der Verdacht, dass es hierdurch zu mehr Herzinfarkten oder Trübungen der Augenlinsen kommt.

Immer mehr Wissenschaftler fordern deshalb eine **verbesserte Vorsorgeregelung.** Einzelne Geräte und Anlagen sollen niedrigere Grenzwerte bekommen oder Empfehlungen für größere Abstände, damit die Gesamtbelastung für den Menschen nicht überschritten wird. Auch das Bundesamt für Strahlenschutz (BfS) empfiehlt solche Vorsorgemaßnahmen angesichts der noch bestehenden wissenschaftlichen Unsicherheit.

Wie können Sie die Belastung durch Elektrosmog vermindern?

Elektrosmog lässt sich durch gezielte Maßnahmen vermindern. Achten Sie auf strahlungsarme Geräte, halten Sie Abstand und schalten Sie unnötige Belastungen konsequent ab!

ACHTEN SIE AUF STRAHLUNGSARME GERÄTE!

- Durch saubere Elektroinstallationen gibt es die Möglichkeiten, die Felder zu reduzieren. Sie können zum Beispiel verdrillte Kabel bevorzugen und alle dauerhaft betriebenen Geräte mit abgeschirmten Kabeln anschließen. Vorsichtige verwenden für Verlängerungskabel unter dem Bett grundsätzlich abgeschirmte Kabel.
- Verwenden Sie immer **kurze, dreipolige Kabel** und achten Sie auf geerdete Geräte.
- **Energiesparende Geräte** sind meist strahlungsärmer als Stromfresser.

- Die meisten Haushaltsgeräte weisen in 50 cm Abstand nur noch geringe Feldstärken auf. Beim Föhn und Trockenrasierer sind Sie wegen den geringen Abständen allerdings höheren Magnetfeldern ausgesetzt.

- Benutzen Sie nur funktionierende **Geräte mit intaktem Gerätegehäuse,** damit die Felder besser gebündelt werden.
- Geräte mit umgewandelter 230 V-Netzspannung auf Niederspannung, zum Beispiel Niedervoltleuchten oder Elektronikgeräte mit Trafos, können **am Transformator hohe Magnetfelder** bilden.
- Verzichten Sie auf Lampen mit Dimmer oder mit Sensorschaltungen über Berührung.
- Achten Sie beim **Induktionskochen** auf gute Topfböden, damit weniger Streustrahlung entsteht. Stimmen Sie den Topfboden auf die Plattengröße ab, platzieren Sie ihn mittig und verwenden Sie keine Metallkochlöffel. Berühren Sie auch nicht längere Zeit den Topf. Durch das Einhalten eines Mindestabstandes von 10 cm zum Herd wird die Belastung stark reduziert.
- **Mikrowellengeräte** brauchen ein unverletztes Metallabschirmnetz in der Türe. Reinigen Sie immer wieder die Türdichtung, damit das Gerät dicht schließt und keine Leckstrahlung auftritt. Achten Sie darauf, dass Kinder mindestens 2 m Abstand einhalten.
- Verwenden Sie für langes Arbeiten am PC einen Bildschirm mit TCO-Norm. Bevorzugen Sie Flachbildschirme und eine kabelgebundene Maus.
- Die Zeiten der **schnurgebundenen Telefone** sind vorbei, obwohl schnurlose DECT-Telefone viel mehr Strahlung verursachen. Aber es gibt auch strahlungsarme Modelle.
- Kaufen Sie ein **Handy** mit niedrigem SAR-Wert! Dieser Wert gibt Auskunft über die Energieabsorptionsrate. 2011 lagen die SAR-Werte bei marktüblichen Handys zwischen 0,20 W/kg und 1,92 W/kg, wobei Werte unter 0,6 empfehlenswert sind.

• Tragen Sie das Handy nicht unnötig am Körper. Ob die Handyschutztaschen effektiv sind, wird bezweifelt. Strahlungsarm telefonieren Sie mit einem Headset und wenn Sie während des Gesprächs nicht den Ort wechseln, da die Suche zur nächsten Basisstation vermehrt Strahlen sendet. Für längere Telefonate verwenden Sie besser ein stationäres Telefon.

ABSTAND HALTEN!

Die Feldstärke nimmt mit zunehmendem Geräteabstand rasch ab. Der notwendige Abstand hängt vom Typ, Alter und Zustand des Geräts ab. Grundsätzlich gilt:

• Hauptverteilerkasten, Sicherungen und Stromzähler sollten möglichst weit weg von bewohnten Zimmern sein, also im Keller oder der Garage.

• Im Bereich von Steigleitungen, also den Haupt-Elektroleitungen, werden hohe Feldstärken beobachtet. In einem Mehrfamilienhaus sind also auch dann Feldstärken vorhanden, wenn der eigene Zähler stillsteht.

• In Geräten wie Wasch- oder Spülmaschinen, Herden oder Heizlüftern fließen hohe Stromstärken mit entsprechend starken Magnetfeldern. Achten Sie hier auf mindestens 50 cm Abstand.

• Vermeiden Sie **Radiowecker am Kopfende** und stellen Sie diese nur mit 1,5 m Abstand auf. Zwar sind die Messwerte gering, aber das Feld wirkt sehr lange auf den Organismus ein.

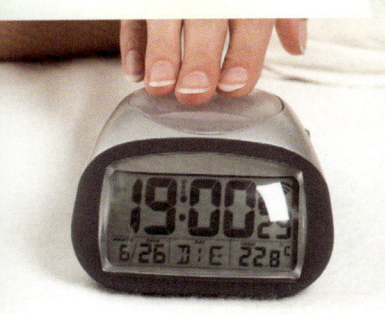

• Problematisch sind Nachtspeicherheizungen, da hier gerade während der Nachtstunden ein besonders hoher Speicherstrom fließt. Achten Sie hier auf einen möglichst großen Abstand zu den Betten und den Kinderzimmern.

• Halten Sie 1 m Abstand zu Halogen- und Leuchtstofflampen und 2 m zu **Fernsehgeräten und Energiesparlampen** ein.

• Wer mit einem Säugling zuhause an einem Bildschirmarbeitsplatz arbeitet, sollte darauf achten, dass der **Mindestabstand zwischen dem PC und Kinderbett** 1,5 m beträgt.

ALLE UNNÖTIGEN BELASTUNGEN KONSEQUENT ABSCHALTEN!

• Lassen Sie Netzfreischalter in einzelne Stromkreise in Ihrem Haushalt einbauen. Sie schalten immer dann den Stromkreis vollständig aus, wenn keine elektrischen Geräte in Betrieb sind. Empfehlenswert bei elektrisch verstellbaren Lattenrosten.

• Schalten Sie grundsätzlich immer **alle Geräte vom Stromzufluss ab,** denn gerade bei der Unterhaltungselektronik können auch im Aus-Zustand noch Fel-

der auftreten. Bei abschaltbaren Steckdosen verschwindet das elektrische Feld bis zur Steckdose.

• Lassen Sie aufladbare Geräte (Elektrozahnbürste, Rasierer oder Handy) nicht ständig in der Ladestation.

• Bei Heizkissen ist der Abstand zwischen Gerät und Körper sehr gering. Auch wenn die Werte unterhalb der zugelassenen Grenzwerte liegen, sollten Sie sie besser nicht regelmäßig und nicht zu lange benutzen und bei Nichtgebrauch immer den Stecker ziehen.

• Schenken Sie dem **Kinderzimmer** besondere Aufmerksamkeit. Es ist häufig eines der am stärksten belasteten Räume. Nehmen Sie zum Beispiel Trafos immer vom Netz, wenn nicht gespielt wird.

• Wasserbetten mit Elektroheizung erzeugen Magnetfelder. Falls Ihr Bett keine besonders strahlungsarme Wasserbettheizung besitzt, sollten Sie das Bett nur am Tag aufheizen und nachts den Strom ausschalten.

• Schalten Sie das Handy soft wie möglich ganz aus und verwenden Sie es nicht als Wecker!

Was tun bei einer Milbenallergie?

Dem Hausstaub ist kaum zu entkommen – und bereits jeder Siebte reagiert allergisch auf die Ausscheidungen der darin lebenden Hausstaubmilben. Im Kot der Tiere ist ein allergenes Protein enthalten. Die Kotbällchen verbinden sich mit dem Hausstaub und kommen beim Aufwirbeln des Staubs mit der Atemluft in die Atemwege. Es kommt zu Schnupfen, Husten und Atemnot. In einem Gramm Hausstaub leben bis zu 4000 Milben; sie fühlen sich dort am wohlsten, wo es feucht, dunkel und warm ist. Optimal sind für sie Temperaturen über 20 °C und Orte mit über 65 % Luftfeuchtigkeit.

Der erste Schritt: Die Bettsanierung

Absoluter Lieblingsaufenthaltsort der Milben sind Matratzen und Bettzeug, denn sie leben bevorzugt von **abgefallenen menschlichen Hautschuppen.** Der erste Schritt ist deshalb immer die Bettsanierung, denn 75 % aller Milben findet man hier. 20 % leben in Polstermöbeln, dann folgen Teppiche und Kuscheltiere.

- Wählen Sie ein **Bettgestell** ohne Bettkasten **mit guter Luftzirkulation,** damit die Feuchtigkeit besser entweichen kann. Legen Sie keinen Matratzenschoner unter die Matratze und vermeiden Sie Tagesdecken über dem Bett.
- Matratzen, die mehr als acht Jahre alt sind, sollten Sie erneuern. Welches Material Sie wählen ist zweitrangig, denn **Milben machen keinen Unterschied zwischen verschiedenen Matratzenfüllungen.** Sie halten sich vorzugsweise in den Matrazenhüllen auf, denn dort gibt es besonders viele Hautschuppen. Egal, ob neue oder gebrauchte Matratze, empfehlenswert ist immer eine rundum allergendichte Umhüllung, ein sogenanntes **Encasing.** Der Bezug soll milben- und allergendicht, aber trotzdem atmungsaktiv sein! Bei Doppelbetten beide Matratzen umhüllen.
- Die früher übliche Einstellung – keine Federn in Kissen und Decken von Allergikern – wurde nach vielen Untersuchungen revidiert. Milben durchdringen nämlich kaum die daunendichten Inletts; außerdem sind die Wärme- und Klimaverhältnisse von Daunendecken (schneller Wärmeaufbau während des Schlafes, schneller Feuchtigkeitsabbau beim Auslüften) bei Milben wenig beliebt.

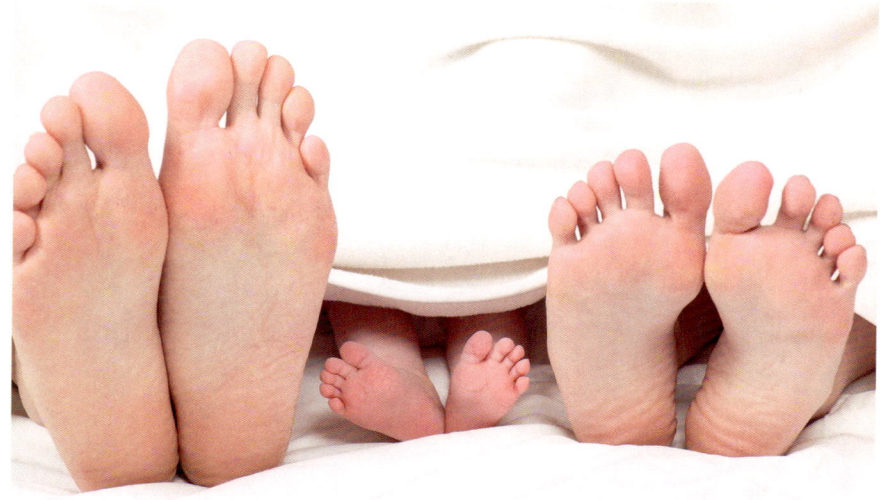

- Schütteln Sie das Bettzeug nur im Freien aus, damit sich die Allergene nicht im Raum verteilen.

- **Das Bettzeug muss alle drei bis vier Monate gewaschen werden.** Da Daunenbetten dieses häufige Waschen nicht sehr lange durchhalten, lohnen sich für sie ebenfalls Encasings. Bettzeug mit Synthetik- oder Baumwollfüllung ist waschfester und verträgt diesen Waschrhythmus.
- Encasings müssen alle drei Monate bei mindestens **60 °C gewaschen** werden, die Matratzenbezüge mindestens einmal jährlich. Die Bettwäsche wird wöchentlich gewechselt. Achten Sie bei allen Waschgängen auf **lange Programmlaufzeiten** und **gründliches Spülen,** damit die Allergene gut ausgewaschen werden.

Der zweite Schritt: Raumsanierung und Pflegeempfehlungen

Beginnen Sie hier im Schlafzimmer – oft können die anderen Räume unverändert bleiben.

Halten Sie die Luftfeuchtigkeit unter 55 %. Ventilatoren, Luftreinigungs- und Klimageräte sind schädlich, weil sie den Staub aufwirbeln. Die Raumtemperatur sollte sich bei 18 °C einpendeln, am besten wäre eine Strahlungsheizung. Fußbodenheizungen als große Strahlungsheizung sind empfehlenswert, da sie im Schlafraum nur gemäßigt betrieben werden können. Bei einer zu hohen Betriebstemperatur kann es zu Staubaufwirbelungen kommen.

- **Glatte Böden sind nur günstiger, wenn sie mindestens alle zwei Tage feucht gewischt werden.** Sobald mehr Staub auf dem Boden liegt, wird sonst beim Begehen mehr aufgewirbelt als bei einem Kurzflor-Synthetikteppichboden. Einige Ärzte raten inzwischen ausdrücklich zu Synthetikteppichboden, weil die Allergene darin gut gebunden werden.
- Putzen Sie möglichst mit einem nebelfeuchten Mikrofasertuch und Wasser. So wird die Luftfeuchtigkeit nicht erhöht, wenig Staub aufgewirbelt und dieser außerdem gut gebunden. Vermeiden Sie Polstermöbel im Schlafzimmer oder bevorzugen Sie Leder- beziehungsweise Kunstlederpolster.
- Arbeiten Sie mit einem leistungsfähigen Staubsauger mit sehr gutem **HEPA-Filter.** Verwenden Sie **dicke Vlies-Staubsaugerbeutel** und tauschen Sie diese bereits bei halber Füllung aus. Wenn möglich, überlassen Sie das Staubsaugen anderen oder arbeiten mit Atemschutz.
- Waschbare Kuscheltiere waschen Sie zweimal im Jahr bei 60 °C, die anderen müssen zur Abtötung der Milben für einige Tage in die Tiefkühltruhe. Anschließend gründlich absaugen.
- Vermeiden Sie Haustiere im Schlafzimmer.
- Ersetzen Sie voluminöse Vorhänge durch Jalousien oder pflegeleichte Gardinen und bewahren Sie Kleider und Bücher **in geschlossenen Schränken** auf. Wählen Sie glatte, feucht abwaschbare Möbel und strukturlose Tapeten oder Wandanstriche und räumen Sie alle Pflanzen einschließlich Trockenblumen aus dem Raum.

Hautschutz bei der Hausarbeit

Hände sind die wichtigsten Werkzeuge unseres Körpers. Aber im Haushaltsalltag wird die Haut durch häufiges Händewaschen, langen Kontakt mit Wasser oder Reinigungsmitteln und dem Tragen von wasserdichten Handschuhen strapaziert; ihre Barrierefunktion wird stark gestört! Es kann zu rissiger, geröteter, juckender Haut kommen – bis hin zu Ekzemen oder Kontaktallergien. Deshalb sollten Sie Ihre Hände schützen, nur wie?

Handschutz in vier Schritten

Streichelzart bleiben Ihre Hände so:

- **Schonende Handreinigung:** Waschen Sie die Hände kalt bis lauwarm, da kaltes Wasser zu weniger Fett- und Feuchtigkeitsverlusten führt. Hautschonender als alkalische Seife sind pH-neutrale Waschlotionen. Die Hände immer gut abtrocknen und **vor der Arbeit keine pflegende Handcreme auftragen.** Die modernen Inhaltsstoffe von Kosmetika wie Liposome verstärken nämlich die Aufnahme schädlicher Stoffe.

- **Vorbeugenden Hautschutz durch Hautschutzcreme:** Hautschutzcremes dienen der Prophylaxe. Es sind keine Pflegecremes, sondern stark wasserabweisende Salben, die auf der Haut einen Schutzfilm bilden und so die Hände vor Wasser, Schmutz und vielen Chemikalien schützen. Besonders bewährt haben sich gerbstoffhaltige Schutzcremes. Sie verzögern das Aufquellen der Haut und vermindern durch ihre adstringierende Wirkung das unangenehme Schwitzen unter den Haushaltshandschuhen. Legen Sie vor dem Auftragen der Schutzcreme den Schmuck ab. Unter Ringen und Armbändern staut sich nämlich Feuchtigkeit und es sammeln sich Keime, Chemikalien- und Seifenreste an. Außerdem können Sie sonst die Hautschutzsalbe nicht gleichmäßig auftragen. Eine **preiswerte Alternative ist weiße Vaseline.** Diese Paste hat allerdings den Nachteil, dass sie nicht in die Haut einzieht und Sie mit den Händen eher Schmierspuren hinterlassen.

Schutzhandschuhe: Noch überwiegen Latexhandschuhe, die sehr elastisch sind. Um den Allergengehalt zu vermindern, werden heute während der Produktion die Enzyme aus dem Naturlatex ausgewaschen. Wählen Sie immer **ungepuderte Latexhandschuhe,** denn der Puder trägt zur Verteilung der Allergene in der Raumluft bei. Auch latexfreie Handschuhe (zum Beispiel aus PVC oder Nitrilkautschuk) sollten ungepudert sein. Puder wirkt austrocknend, bildet Krümel und erzeugt in Verbindung mit Schweiß einen veränderten Haut-pH-Wert. Medizinische Einmalhandschuhe sind für die meisten Haushaltsarbeiten zu dünn. Bei allen Handschuharten gilt: Die Hände müssen vor dem Anziehen sauber und trocken sein. Bei besonders empfindlicher Haut oder bei Handschuhen ohne Innenbeschichtung können Sie zusätzlich feine Baumwollhandschuhe drunter ziehen. **Die Manschetten stülpen Sie immer nach außen um, damit nichts auf die Unterarme tropft.** Tragen Sie Handschuhe nur so lange wie nötig, da sich darin Feuchtigkeit und Wärme staut und die Haut dadurch aufquellen kann. Wechseln Sie die Handschuhe, wenn sie innen feucht geworden sind.

Handpflege: Für die regenerierende Pflege nach der Arbeit verwenden Sie eine gehaltvolle Handcreme. Eine sehr fette Creme kann an den Händen unangenehm sein, deshalb enthalten Handcremes weniger Fett und mehr Feuchthaltemittel wie Glycerin.

HINWEIS
Denken Sie daran: Trockene Hände sind nicht nur ein Schönheitsfehler, sondern lassen auch leichter Bakterien, Viren oder Allergene eindringen.

Schadstoffe im Alltag

Im Alltag haben wir ständig Kontakt zu verschiedenen synthetischen Stoffen. Die meisten sind in den auf uns einwirkenden Konzentrationen ungiftig, bei anderen handelt es sich aber durchaus um Schadstoffe. Sie sind reizend, ätzend, nervenschädigend, cancerogen, das Erbgut verändernd oder hormonell wirksam. Trotzdem müssen Sie nicht in Panik geraten, wenn irgendein neuer Problemstoff „hochgespielt" wird, sondern sich erst einmal informieren.

Wodurch nehmen wir überhaupt Schadstoffe auf?

Schadstoffe nehmen wir ganz unterschiedlich auf, nämlich durch:
- den Verzehr von Lebensmitteln
- Kosmetika
- Materialien, die mit Lebensmitteln in Berührung kommen, wie Verpackungen und Geschirr
- Materialien, die mit der Haut und den Schleimhäuten in Berührung kommen, wie Textilien, Schmuck, Zahnbürsten, Papiere und so weiter
- Reinigungs- und Pflegemittel
- Spielwaren
- Einrichtungsgegenstände

Eine mögliche Schadstoffbelastung von Lebensmitteln wird durch das Lebensmittel-Futtermittel-Gesetzbuch geregelt, die von anderen Produkten durch die Bedarfsgegenstände- und die Kosmetikverordnung.

Grundsätzlich fordert der Gesetzgeber, dass von Lebensmitteln und Bedarfsgegenständen zu keiner Zeit gesundheitli-

che Gefahren für die Verbraucher ausgehen dürfen. **Aber oft gibt es nur Richtwerte, das heißt Empfehlungen, und keine gesetzlichen Grenzwerte.** Außerdem sehen viele Hersteller keine Veranlassung, sich an die empfohlenen Richtwerte zu halten, sie orientieren sich lieber am Chemikalienrecht mit seinen mitunter höheren Grenzwerten.

Tipps zur Verminderung der Schadstoffbelastung

Sie als Verbraucher können viel dazu beitragen, um die Schadstoffbelastung im Alltag zu senken.
- **Vertrauen Sie auf Ihren Geruchssinn:** Stark riechendes Spielzeug, Bettzeug, Möbel und andere Produkte enthalten häufig ausgasende Stoffe wie Weichmacher oder Flammschutzmittel.
- Fast alle neuen Produkte gasen anfangs Chemikalien aus. **Lüften** Sie deshalb Teppiche, Matratzen und Polster nach dem Auspacken aus und halten Sie sich nicht lange in Räumen mit neuen Möbeln auf! Nach spätestens zwei Wochen sollte der Geruch verflogen sein.
- Achten Sie auf **Prüfsiegel** wie zum Beispiel das GS-Siegel (GS = Geprüfte Sicherheit). Dieses Siegel darf nur von staatlich autorisierten Prüfstellen vergeben werden. Geprüft wird, ob die europäischen Sicherheitsnormen und die Bestimmungen des Produktsicherheitsgesetzes eingehalten werden. Für einige Produkte gibt es hinsichtlich der Schadstoffbelastung strengere Prüfregeln. Das Siegel wird laufend kontrolliert und aktualisiert. Verwechseln Sie das GS-Siegel nicht mit dem CE-Zeichen. CE besagt nur, dass es entsprechend der europäischen Mindestnormen produziert wurde.

- Bevorzugen Sie Produkte mit dem **Blauen Engel** oder der **EU-Blume.** Sie enthalten weniger Schadstoffe als marktübliche Produkte.
- Viele neue Zeichen wie „Ecocert" sind meist nur ein Hinweis auf nachwachsende Rohstoffe. Das bedeutet nicht, dass diese Produkte auch schadstoffärmer sind.
- Es gibt Gütesiegel für Textilien. Ökotex 100 sollte **Mindeststandard** sein. Dieses Siegel bestätigt, dass die verwendeten Textilien frei von zahlreichen Schadstoffen sind und einen niedrigen Formaldehydgehalt haben. Weitreichender sind die Siegel „Global Organic Textile Standard" (GOTS) oder „Green Cotton". Informieren Sie sich über die jeweiligen Vergabekriterien.
- Unabhängig davon ob und wenn ja, welches Siegel das Kleidungsstück hat, sollten Sie es vor dem ersten Tragen gründlich waschen, da viele Schadstoffe gut wasserlöslich sind.

- Tragen Sie möglichst **keine Lederartikel** (Schuhe, Gürtel, Lederbekleidung) **direkt auf der Haut.** Neben Farbstoffen können nämlich auch die Gerbsalze problematisch sein. In Synthetikschuhen stecken oft Weichmacheröle oder antimikrobielle Substanzen.
- Vermeiden Sie wegen der hohen Weichmachergehalte Gegenstände aus Weich-

PVC auf nackter Haut. **Weichmacher** sind chemisch nicht fest gebunden und können leicht entweichen. Einige als cancerogen oder hormonell wirksam eingestufte Phthalate sind inzwischen in Bedarfsgegenständen verboten und viele deutsche Markenhersteller verzichten ganz auf Phthalate in PVC-Kunststoffen, doch finden sich immer wieder hohe Gehalte in Billig- oder Schnäppchenware. Leider wird der Kunststoff häufig nicht als PVC oder Vinylkunststoff deklariert, sondern immer mehr Hersteller verwenden nur den Recyclingcode, nämlich den **Code 03 für PVC.**
- Für Kleinkinder ist Second-Hand-Ware eine sinnvolle Alternative. Die gesundheitsschädlichen Substanzen sind bereits zum größten Teil entfernt.
- Kaufen Sie bei Schulartikel wie Buntstiften und Radiergummis keine Billigangebote. Sie enthalten immer wieder einen Mix an Schadstoffen.
- Erschrecken Sie nicht, dass Fingermalfarben Konservierungsmittel enthalten. In ihnen können sich Keime rasch vermehren und die Konservierung ist vorgeschrieben.
- **Schadstoffe sammeln sich gerne im Hausstaub an.** Deshalb regelmäßig lüften, saugen und möglichst feucht abstauben.
- Klimaanlagen sind ungünstig für schadstoffbelastete Räume. Die trockene Luft führt dazu, dass die Schadstoffe sich am Staub anlagern und ständig herumgewirbelt werden.
- Überhitzen Sie keine elektrischen Geräte! Schalten Sie alle elektronischen Geräte immer ab. So sparen Sie Energie und es dunsten weniger Schadstoffe aus.
- Formaldehyd (allergen und inzwischen auch als cancerogen eingestuft) wird nicht nur von Möbeln aus Pressplatten

abgegeben, sondern auch von Kiefer-Massivholz. Nach einer EU-Vorschrift dürfen Spanplatten nur 0,1 ppm ausgasen, bei Möbeln mit dem „Goldenen M" oder dem Blauen Engel liegt der Wert nur bei 0,05 ppm.
- Versuchen Sie grundsätzlich, den **Kunststoffverbrauch zu vermindern** und **vermeiden Sie den unnötigen Kontakt zwischen Kunststoffen und Lebensmitteln.**
- Erhitzen Sie so wenig wie möglich in Kunststoffen, auch nicht in der Mikrowelle. Bevorzugen Sie Glas und Porzellan und verwenden Sie die Folien nur zum Abdecken.
- Achten Sie immer auf die oberen Temperaturgrenzen bei Verwendung von Folien im Haushalt.
- Verwenden Sie im Haushalt nicht irgendeine übriggebliebene Kunststoffverpackung für Lebensmittel! Bei der Herstellung von Kunststoffen werden verschiedenste Zusätze benötigt (wie Weichmacher, UV- und Oxidationsschutz), die an das Lebensmittel abgegeben werden können. Deshalb gibt es für jeden Verwendungszweck strenge rechtliche Vorgaben. Die mit Folie kaschierten Papiere an der Wurst- oder Käsetheke sind in Ordnung und für die Frischhaltung durchaus empfehlenswert, ebenso die Wiegebeutel für Obst und Gemüse. Auch Polypropylen (PP) ist zum Beispiel generell weichmacherfrei.

- PET-Flaschen geben Stoffe an die Getränke ab. Der Übergang von Ethanal oder geringsten Mengen Antimon wird aber vom BfR (Bundesinstitut für Risikobewertung) als unbedenklich angesehen.

- **Füllen Sie Lebensmittel aus Konservendosen** – egal ob diese innen beschichtet sind oder nicht – **immer um** und erhitzen Sie nichts in den Dosen! Stellen Sie beim Einmachen die Twist-Off-Gläser nicht auf den Kopf, da in den Deckeldichtungen Weichmacher enthalten sind. Zusätzlich können aus den Deckellackierungen verschiedene Stoffe ins Lebensmittel übergehen, wenn die Lackierung nicht genau auf den Inhalt abgestimmt ist. Die gewerblichen Hersteller stimmen die Lackierung genau auf den Inhalt ab.
- Kunststoffflaschen aus Polycarbonat (PC) enthalten kleinste Mengen an Bisphenol A (BPA), das hormonelle Wirkungen und Nervenschäden verursachen kann. Der Übergang in die Getränke ist nach Meinung des BfR akzeptabel, solange nichts warm eingefüllt oder in der Mikrowelle erhitzt wird. PC ist zwar temperaturstabil bis 98 °C und wird deshalb häufig als spülmaschinengeeignet deklariert, aber es besteht der Verdacht, dass starke Reinigungsmittel, wie sie in Geschirrspülern eingesetzt werden, die Freisetzung von BPA begünstigen. **Deshalb empfehle ich nur Flaschen aus PE, das heißt Poly-**

ethen, und PP, also Polypropylen. Aus den leicht trüben, weichmacherfreien und geschmacksneutralen Kunststoffen können bei ordentlicher Herstellung keine Schadstoffe austreten.
- Waschen Sie sich nach Kontakt mit Kassenzetteln oder Parkscheinen die Hände, da diese Thermopapiere BPA enthalten können. Und BPA kann, begünstigt durch Fett und Schweiß, auch über die Haut aufgenommen werden.

- **Packen Sie fettige Lebensmittel nicht in farbige oder farbig bedruckte Papiertüten** und verlangen Sie im Geschäft, dass das Lebensmittel zunächst in ein fettdichtes Papier gepackt wird. Fett kann nämlich viele Farbstoffe anlösen.
- Silikone sind heute als Zusatzstoffe in Kosmetika, als Baustein von Beschichtungen und in Silikonbackformen weit verbreitet. Silikone werden aus Siloxanen hergestellt, die lange als absolut unbedenklich eingestuft wurden. Nun gibt es Hinweise, dass einige Siloxane negative Auswirkungen haben können. Ich empfehle **Silikonformen** vor der Verwendung **immer heiß auszuspülen, damit der Siloxangehalt gesenkt wird.** Ob Siloxane beim Backen ins Lebensmittel übergehen, wird noch geprüft.
- **Erhitzen Sie Lebensmittel grundsätzlich nicht zu stark!** Es können sich, je nach Zusammensetzung, viele verschiedene bedenkliche oder zumindest verdächtige Stoffe bilden: So bildet sich aus

Zucker und Asparaginsäure Acrylamid, PAK, das heißt polycyclische aromatische Kohlenwasserstoffe, aus fetthaltigen Lebensmitteln, HAA, also heterozyklische aromatische Amine, entstehen aus eiweißreichen Produkten und Nitrosamine aus gepökelten Lebensmitteln.
- **Die größten Fehler** werden trotz jahrelanger Aufklärung immer noch **beim Grillen** gemacht. Grillen ist durchaus eine gesunde, fettarme Zubereitungsmethode, aber nur, wenn es richtig gemacht wird – nämlich langsam und mit kontrollierter Temperatur. Bevorzugen Sie das indirekte Grillen. Das Grillgut liegt dabei neben der Glut im geschlossenen Grill und wird zusätzlich durch Heißluft bei niedrigeren Temperaturen gegart. Beim direkten Grillen liegen die Lebensmittel direkt über der Glut und garen durch Wärmestrahlung bei 180–300 °C. Die ganze Palette der Problemstoffe bildet sich, wenn Fett, Fleischsaft oder Marinade in die Holzkohle tropfen und sich die Schadstoffe auf dem Grillgut niederschlagen. Ein Indikator für den Schadstoffgehalt ist das 3,4-Benzpyren, dessen krebserregende Wirkung gut untersucht ist. Nach der Fleischverordnung darf zum Bespiel in Rauchschinken nur 1 μg/kg im essbaren Anteil enthalten sein. Die gewerblichen Produzenten können dank neuer Geräte und Technologien diese Werte gut einhalten. Beim heimischen Grillen über Holzkohle entsteht selbst bei großer Sorgfalt in der äußeren Schicht des Grillguts die zehnfache Menge an Benzpyrenen, beim falschen Grillen oder Rösten sogar das 200fache Deshalb sollten Sie alle dunklen Stellen großzügig abschneiden! Aber es gibt auch gute Nachrichten: Typische Grillkräuter wie Thymian, Salbei, Majoran und Senf sowie Salat-Beilagen enthalten viele sekundäre Pflanzen-

bis in die Lungenbläschen. Der Feinstaub bindet an seiner Oberfläche viele Schadstoffe und sorgt so für die Aufnahme in den Organismus. Durch die Hitze entweichen außerdem schlagartig sehr viele Duftstoffe. Die so entstehenden flüchtigen organischen Verbindungen (VOC) belasten die Raumluft und reizen die Atemwege. So können zum Beispiel die Riechhärchen verkleben und die Befeuchtung der Schleimhäute kann vermindert werden.

stoffe, die der schädlichen Wirkung etwas entgegenwirken können.

- **Antimikrobielle Ausstattungen** (wie Triclosan und Silber) sind trotz wiederholter Mahnungen weit verbreitet – in Bettzeug, Kühlschrankinnenräumen, Funktionstextilien, Gummistiefeln, Duschvorhängen und, und, und. Oft ist der Einsatz nicht sinnvoll und die Stoffe **fördern Resistenzen bei Mikroorganismen.**
- Wer gelegentlich ein Räucherstäbchen entzündet, muss sich als gesunder Erwachsener keine Sorgen machen, aber empfindliche Personen oder Kinder sollten darauf besser verzichten. Bei der unvollständigen, langsam vor sich hin glimmenden Verbrennung entstehen im Raum viele unerwünschte Substanzen wie Benzpyrene, Formaldehyd und Benzol. Ein Räucherstäbchen entwickelt wegen seiner vielfältigen Zusammensetzung mehr Schadstoffe als eine Zigarette, trägt aber keinen Warnhinweis auf der Verpackung. Zudem bildet sich durch das Abbrennen viel Schwebstaub (Ruß)! Die Wissenschaftler sprechen gerne von esoterischen Feinstäuben. Partikel unter 10 μm sind inhalierbar, noch kleinere Teilchen mit Durchmessern unter 2,5 μm gelangen sogar

- **Duftstoffe (auch die in natürlichen ätherischen Ölen!) sind häufig Allergene** und können in hoher Konzentration auch bei Gesunden unangenehme Gefühle und Kopfschmerzen erzeugen. Die Geruchsstoffe leiten ihre Reize in das limbische System im Gehirn; in diesem Bereich ist auch das Zentrum für Emotionen. Deshalb können Duftstoffe ganz leicht „nerven" oder „betören"!
- **Energiesparlampen enthalten**, wie Leuchtstoffröhren, **Quecksilber** (5–10 mg pro Lampe). Angeblich soll die Summe geringer sein als der Quecksilberausstoß bei der Stromerzeugung für eine Glühlampe – mit dem Unterschied, dass das Quecksilber hier im Kraftwerk zentral anfällt und entsorgt werden kann. Alle Energiesparlampen und Leuchtstoffröhren (auch die Glasscherben!) gehören deshalb in den Sondermüll. Wenn eine Lampe zerbricht, dann saugen Sie die Scherben nicht auf, sondern kehren sie mit Papier zusammen und nehmen sie anschließend mit Klebeband auf. Den Scherbenbereich feucht nachwischen und alle Reste in einem fest verschlossenen Glas oder Behälter zur Sammelstelle bringen.
- **Laserdrucker** blasen Schadstoffe wie Ozon, Benzole, Schwermetalle und Nanopartikel vom Toner in die Raumluft. Wenn viel gedruckt wird, sollten Sie die Geräte unbedingt **in einem gut belüfteten Raum aufstellen** und sie regelmäßig warten! Neue Drucker sollten einen eingebauten Filter haben, einige Drucker tragen sogar das Umweltzeichen „Blauer Engel".
- Noch ist die Datenlage über **Nanoprodukte** (also Produkte mit winzig kleinen Teilchen) völlig unzureichend. Deshalb verwenden Sie bitte keine Nano-Sprays, sondern **bevorzugen Sie Produkte mit fest im Grundmaterial verankerten Nanopartikeln ab Fabrik.**

Gute Informationsquellen

Gute, wissenschaftlich neutrale Informationen zu Schadstoffen erhalten Sie zum Beispiel beim Bundesamt für Risikobewertung BfR (http://www.bfr.bund.de/de/start.html) oder dem Umweltbundesamt (http://www.umweltbundesamt.de).

Wenn es sich nicht um Lebensmittel handelt, ist für gefährliche Produkte auch das EU-weite Warnsystem RAPEX ein gutes Instrument. Die Liste der gefährlichen oder unsicheren Produkte können Sie im Internet unter http://www.eu-info.de/leben-wohnen-eu abrufen. Wenn ein Mitgliedstaat hier ein gefährliches Produkt (beispielsweise ein Spielzeug oder ein Haushaltsgerät) entdeckt, wird das Produkt vom Markt genommen, eine Rückrufaktion für bereits verkaufte Produkte gestartet und eine Warnung ausgesprochen.

Zuschauer fragen – Frau Frank antwortet

WAS IST MIT MEINEM INLETT PASSIERT?

Letzten Mai habe ich mein zwanzig Jahre altes Daunenbett reinigen lassen und wurde angerufen, ob ich nicht auch das Inlett tauschen wolle. Der neue Stoff wäre sehr schön leicht. Als ich das Bett dann im November benutzen wollte, war der Inlettstoff hart wie eine alte „Plane" und knisterte. Ich bin enttäuscht und sehr sauer. Was kann ich da machen? Außerdem ärgert es mich, dass der Inlettstoff nicht wieder zurückgegeben wurde. Was würden Sie tun?

FRAU ISOLDE K.

Frau Frank rät ...

Da wurde Ihnen übel mitgespielt ... Die heutige Inletts oder Einschütten sind hauchdünn, leicht und ganz dicht gewebt. Bei Ihnen wurde offensichtlich ein früher übliches gewachstes oder beschichtetes Teil verwendet. Ich würde ganz energisch reklamieren!

Ich möchte Sie noch auf etwas aufmerksam machen, was ich bei meinen Recherchen in diesem Bereich „flüstern" hörte. Einige Firmen nehmen zwar den Auftrag an, haben aber gar nicht die Möglichkeit, Daunen zu waschen. Sie geben einfach ein neues einfaches Bett zurück und erklären, dass da die alten gereinigten Daunen drin wären. Das neue Bett ist dann irgendein Billigteil – und damit handelt es sich um Betrug. Die Nichtrückgabe des Inletts macht mich in Ihrem Fall stutzig. Reklamieren Sie und bitten Sie um eine Änderung des Bezugs. Vergleichen Sie vorher Ihren Bezug mit neuen qualitativ guten Daunendecken und fragen Sie ganz genau nach, wo und in welcher Maschine die Daunen/Federn gereinigt werden. Es geht um die Federnreinigung, nicht um Bettenreinigung! Lassen Sie sich nicht abwimmeln.

Bei Misserfolg wenden Sie sich an die Verbraucherberatung. Dort erhalten Sie auch Auskunft über eine Schiedsstelle (zumindest gibt es für viele chemische Reinigungen Schiedsstellen, die sehr gut arbeiten).

FRAU FRANKS EXKLUSIVTIPP: Wie sorge ich für ein duftendes Zuhause?

Jeder kommt gerne in ein frisch oder blumig duftendes Zuhause und viele sorgen gerne mit Raumdüften für einen angenehmen Geruch – oft allerdings in der irrigen Annahme, dass hier nur synthetische Duftstoffe eventuell schädlich sein könnten. Das ist so aber nicht ganz richtig. Denn auch wenn Duftstoffe natürlichen Ursprungs sind, ist das aus wissenschaftlicher Sicht nicht unbedingt ein Vorteil. Bei künstlich hergestellten Duftstoffen sind die einzelnen Inhaltsstoffe und ihre Wirkung eher überprüfbar. Immerhin sind Duftstoffe nach Nickel das häufigste Kontaktallergen.

Wenn Sie Ihre Räume ab und zu beduften wollen, bringen Sie die Düfte am besten kalt über Raumparfüms, Duftsteine oder Potpourris aus Früchten und Blüten aus. Verzichten Sie auf Duftlampen und Räucherstäbchen, deren Art der Beduftung zu intensiv ist. 10 Tropfen in einem 20 m^3 großen Raum verteilt belasteten die Luft mit über 10 mg Duftstoffen pro m^3 Luft. Dabei wird der Richtwert zum Beispiel für Terpene (eine häufig in Wohnräumen anzutreffende organische Verbindung) um das 400 fache überschritten! Duftkerzen belasteten die Raumluft dagegen nur mit 0,3 mg/m^3.

HILFE, MEINE HOSE MÜFFELT

Ich habe mir letzte Woche eine Baumwoll-Stretch-Hose gekauft, die aber leider stinkt! Sie hat einen modrigen Geruch,
als hätte sie mehrere Monate in einem feuchten Kellerraum
gelegen. Die Hose hängt seit 7 Tagen ständig im Freien, der
Geruch bleibt. Da ich sie aber gerne behalten würde, habe ich
folgende Fragen: Sind Giftstoffe im Gewebe? Und was kann
ich dagegen tun?

FRAU MARIA H.

Frau Franks Tipp ...

Ich vermute, der modrige Geruch kommt von einer ungünsti-
gen Lagerung. Modriger Geruch kann nämlich ein Zeichen von
Mikroorganismenwachstum sein, eventuell verursacht durch
einen nicht ordentlich klimatisierten Transportcontainer.
Schadstoffe stinken eher stechend nach Chemie oder Teer, aber
nicht modrig. Leider wird der modrige Geruch vom Stretch-
anteil der Hose gut gebunden, weil Elastane Gerüche besser
binden als zum Beispiel Polyester oder Baumwolle. Hat die
Hose zumindest ein Ökotex 100 Zertifikat?
Ich rate Ihnen, da Sie die Hose behalten wollen, sie zunächst
bei 40 °C (!) und unter Zusatz einer sauerstoffabspaltenden
und deshalb desinfizierenden Flüssigbleiche zu waschen. Ich
selbst würde ausnahmsweise zusätzlich ins letzte Spülwasser
eine Hygienespülung geben. Dann müsste der Spuk vorbei
sein!
Tragen Sie die Hose die ersten Male nur mit Strumpfhosen!

WIE ERKENNE ICH, WIE DIE DAUNEN GERUPFT WURDEN?

Sehr geehrtes Buffet-Team, im Fernsehen habe ich gesehen,
das Gänse lebend gerupft werden. Solche Tierquälerei möchte
ich nicht unterstützen. Wie kann ich beim Kauf von Daunen
erkennen, ob es sich um lebend gerupfte Gänse handelt?

FRAU URSULA S.

Frau Frank weiß ...

Ja, die Bilder sind schrecklich und sehr prägend ... Aber in der
EU ist Lebendrupf schon seit Jahren verboten und wird streng
kontrolliert! Mir versicherte ein Daunenfachmann, dass selbst

in Ostasien kein Lebendrupf mehr durchgeführt wird.
Natürlich wird es immer wieder Missbrauch geben, aber die
letzten Jahre ist kein Skandal mehr aufgedeckt worden und
das, obwohl die Presse und die Tierschutzverbände sorgfältig
den Markt beobachten.

WIE REINIGE ICH EIN DINKEL-KOPFKISSEN?

Wir haben Kopfkissen mit Dinkelfüllung (beschichtete Spelzen
oder so was) gekauft. Wie oft muss ich diese wie behandeln,
damit sie einigermaßen hygienisch bleiben? Der Bezug sieht
schon nicht mehr so gut aus ...

FRAU URSULA A. AUS ???

Frau Frank empfiehlt ...

Solche Kissen sollten täglich an der frischen Luft ausgelüftet
und bei Kälte wieder rechtzeitig zum Abtrocknen hereingeholt
werden. Dinkelspelz darf auch in die Sonne gelegt werden, bei
latexierten Spelzen würde ich aber darauf verzichten, da UV-
Strahlen Latex altern lassen.
Hat Ihr Kissen einen dickeren, abnehmbaren extra Steppbezug
aus Baumwolle? Den können Sie einfach waschen, dann bleibt
die Füllung länger sauber. Kissen mit latexierten Spelzen sind
normalerweise bis 40/60 °C waschbar!
Sie können natürlich auch die Kissenhülle waschen und selbst
neu füllen. Nur gibt es wenig Anbieter für beschichteten Dinkelspelz, ohne Latex ist das Angebot größer. Die Latexierung
hat aber viele Vorteile: Die Spelzen sind formstabiler, haltbarer
und rascheln weniger. Latexierte Füllungen sind staubfrei und
dadurch besonders für Menschen mit Hausstauballergien
geeignet.

Schmutzige Wäsche?

Ich lasse sie nicht hängen ...

Wenn wir der Werbung glauben, dürfte die Wäschepflege keine Probleme machen! Wir haben für pflegeleichte Textilien, leistungsfähige, mitdenkende und sparsame Waschmaschinen, Wäschetrockner mit Schonprogrammen, ausgefeilte Bügelsysteme, „selbsttätige" Waschmittel und die Nachbehandlungsmittel wie Weichspüler und Hygienespüler schmeicheln den Fasern.

Aber aus vielen Anfragen weiß ich, dass Waschprobleme auch in modernen Haushalten ein Dauerbrenner sind! Meist sind es nur kleine Fehler – und schon ist es passiert: Die Wäsche ist fleckig, verfärbt, vergraut, verfilzt oder stark verknittert und teure Materialien schrumpfen, leiern aus oder verlieren ihre Funktionalität.

Zum Thema Waschen gibt es also Fragen über Fragen, zum Beispiel: Waschen mit oder ohne Bleiche? Welche Schleuderzahl? Warum geht der Fleck nicht weg? Wie viel Waschmittel? Welche Waschtemperatur? Waschpulver oder Flüssigwaschmittel? Mit Weichspüler oder ohne? Wie viel Wäsche darf in die Maschine? Welches Waschmittel ist geeignet? Brauche ich einen Enthärter? Welche Teile kann ich zusammen waschen? Und wie pflege ich die Maschine?

Im folgenden Kapitel beantworte ich Ihnen viele dieser Fragen. Und wer mich kennt, der weiß, dass ich versuchen werde, alles zu erklären und zu begründen.

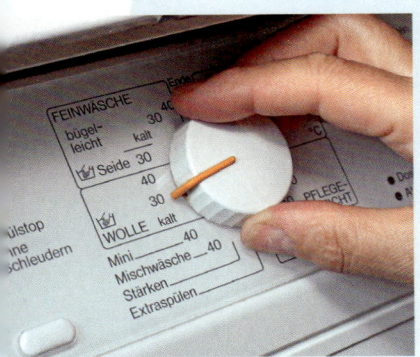

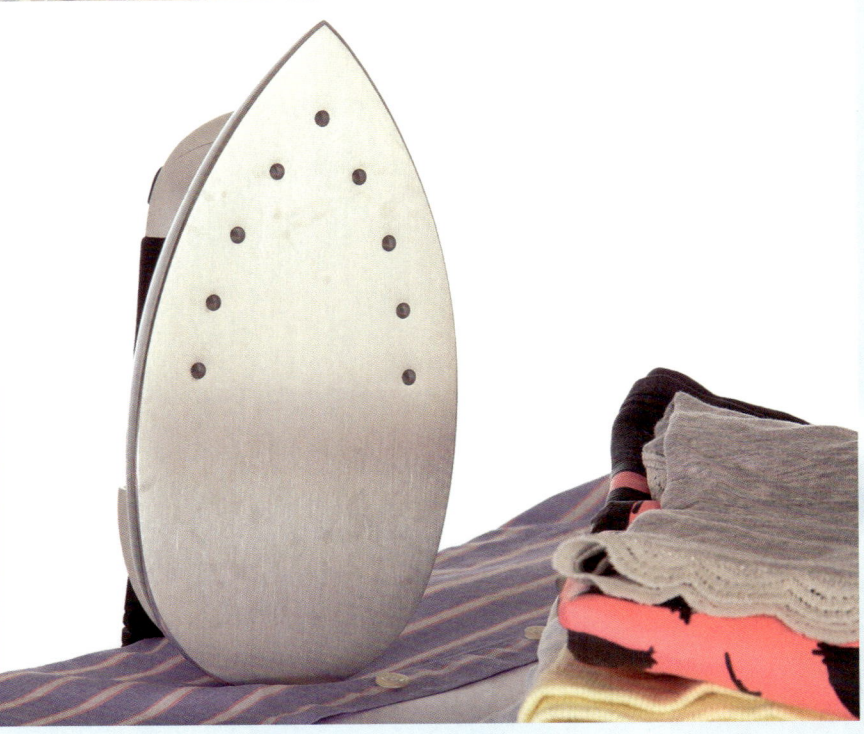

Wäschewaschen mit der Waschmaschine

Wäschewaschen ist eine Art mathematische Gleichung mit drei Variablen, nämlich der Wäscheart, dem Waschprogramm und dem eingesetzten Waschmittel. Für ein gutes Waschergebnis dürfen dies keine Unbekannten sein! Die Kunst des richtigen Waschens besteht darin, diese drei Faktoren optimal aufeinander abzustimmen. Nur dann erhalten Sie saubere, aber schonend gewaschene Wäsche – wobei heute natürlich ein geringer Energie- und Wasserverbrauch ebenfalls mit in die Gleichung einfließen sollten.

Worin unterscheiden sich die Waschprogramme?

Die Wäsche liegt in einer gelochten Trommel mit innen liegenden Wäschemitnahmerippen. Beim Waschen wird die Trommel im Waschlaugenbehälter abwechselnd zu beiden Seiten gedreht, das verhindert das Zusammenklumpen der Wäsche! Durch die Drehbewegungen wird die Wäsche außerdem von der Waschflotte, das heißt dem Wasser samt Waschmittel, durchflutet.

Ältere Waschmaschinen haben meist nur wenige Grundprogramme, bieten aber durch Zusatzfunktionen (Kurz, Intensiv, Spar, halbe Ladung, Wasser plus, Extraspülen …) ausreichend Variationsmöglichkeiten. Moderne (und teure) Maschinen zeichnen sich durch eine Vielzahl von Programmen aus. Bei diesen Sonderprogrammen stellt die Steuerung selbstständig den optimalen Wasserstand, den Wasch-, Spül- und Schleuder-Rhythmus und die Temperatur ein. Das ist durchaus komfortabel, kann aber Einfluss auf die die Reparaturanfälligkeit der Maschinen haben.

Waschtemperatur

Die Waschmaschinenhersteller passen sich bei den Grundprogrammen an die Temperaturangaben in den Pflegeetiketten (30 °C, 40 °C, 60 °C) an. Aber bei neuen teuren Maschinen mit Menüsteuerung können Sie inzwischen die Temperatur selbst vorgeben.

Bei den Spezialprogrammen sind die hinterlegten Temperaturen wegen der Produkthaftung extrem „vorsichtig" programmiert. So werden in neuen Maschinen Jeans in Jeansprogrammen nur noch bei 30 °C gewaschen! Dabei galten Jeans früher als robuste Alltagshosen …

NIEDERTEMPERATURWASCHEN – KLAPPT DAS IN DER PRAXIS?

Ab 2014 brauchen **alle neuen Waschmaschinen** nach der Ökodesign-Richtlinie **ein 15 °C oder 20 °C -Programm.** Nur die Senkung der Waschtemperatur kann noch Einspareffekte bringen. Aber beim Waschen wird – wie beim Spülen oder Putzen – das Reinigungsergebnis durch die Faktoren Temperatur, Chemie, Zeit und Mechanik bestimmt. Sinkt die Temperatur auf unter 30 °C (Niedrigtemperaturwaschen), dann müssen die Chemie, die Zeit und die Mechanik angehoben werden.

Es gibt inzwischen gute Waschmittel für den Niedrigtemperaturbereich, aber die wenigsten Haushalte haben bisher in ihrer Maschine ein 15–20 °C Programm mit langer Laufzeit, viel Mechanik und

guter Spülung. Die Alternative bei älteren Maschinen wäre das kalte Wollwaschprogramm, aber das Ergebnis würde Sie vermutlich nicht zufrieden stellen. Außerdem gilt: Auch ein Kaltwaschprogramm ist nur für leicht verschmutzte Teile geeignet und Flecken brauchen eine Vorbehandlung. **Lassen Sie sich nicht verleiten, mehr zu waschen.** Viele Teile können nach kurzem Tragen auch ausgelüftet werden, denn jedes Waschen belastet die Umwelt und verbraucht Ressourcen!

Waschmechanik

Ein wichtiger Unterschied liegt in der Waschmechanik, denn je nach Waschprogramm kann der **Anteil der Mechanik durchaus bis zu 70 % des Wascherfolges beeinflussen.** Mit ihrer Hilfe kann die Waschlauge besser auf den Schmutz einwirken, ihn besser emulgieren oder auflösen. Sie wird beeinflusst über:

- **die Füllmenge:** Je mehr Wäsche in die Maschine gefüllt wird, desto mehr Reibung herrscht – und desto stärker strapaziert und verschlissen wird die Wäsche. Achten Sie deshalb auf die empfohlenen Füllmengen im Pflegeleicht- oder Feinwäscheprogramm.
- **die Fallhöhe,** bei der sich die Wäsche bei der Drehung von der Trommel löst: Je höher die Wäsche durch die Mitnahmerippen gehoben wird, desto stärker schlägt sie auf! Der Reinigungseffekt ist am größten, wenn die Wäsche bei

niedrigem Wasserstand auf andere Wäschestücke und nicht ins Wasser fällt. Um auch bei niedrigen Waschtemperaturen gute Waschergebnisse zu bekommen, werden für den Privathaushalt heute oft etwas größere Trommeln angeboten, gleichzeitig wird mit sehr niedrigem Wasserstand gearbeitet. Moderne Waschmaschinen waschen im Sparprogramm mit einem Flottenverhältnis (das heißt Verhältnis Wäschemenge zu Waschlauge) von 1:2,5. Das Verhältnis steigt beim Pflegeleichtprogramm an und erreicht bei Wolle oder Seide mindestens 1:6.

● **die Zahl der Umdrehungen pro Minute** während der Hauptwäsche: Viele Umdrehungen bringen ein gutes Reinigungsergebnis, aber erhöhten Wäscheabrieb. Das Normalprogramm arbeitet konstant mit ca. 50 U/min, beim Pflegeleichtprogramm wird ebenfalls mit 50 U/min gewaschen, aber es sind kleine Stillstandzeiten eingeplant. In Schonprogrammen wird bei 40 U/min mit längeren Pausen gewaschen. Beim Handwäscheprogramm dreht sich die Trommel nur 30 mal pro Minute, zwischendurch gibt es extrem lange Pausen.

Wenig Einfluss hat die Schleuderzahl beim Endschleudern: Sie beeinflusst nur die Restfeuchte vor dem Entnehmen der Wäsche, während durch das Spül- oder Zwischenschleudern das Ausspülergebnis beeinflusst wird. In den meisten Normal- und Pflegeleichtprogrammen wird zur Verbesserung des Spülergebnisses zwischengeschleudert. Je saugfähiger die Fasern, desto höher sollte die Umdrehungszahl auch beim Zwischenschleudern sein. Deshalb ist bei saugfähigen Baumwollfasern im Normalprogramm das Spülergebnis allgemein besser als bei Pflegeleichtprogrammen. Diese haben oft bereits beim Zwischenschleudern einen Schutz vor zu hohen Schleuderzahlen eingebaut. In einigen Feinwäschespezialprogrammen mit knitteranfälligen Teilen (Oberhemden, Seide, Synthetik, Gardinen...) wird nicht zwischengeschleudert, und auch in Jeansprogrammen fehlt zur Verminderung des Abriebs dieser Programmpunkt! Wolle kann ohne Zwischenschleudern nicht ausreichend gespült werden.

MEIN SPEZIELLER TIPP

Schauen Sie genau in die Betriebsanleitung, bevor Sie knitteranfällige Teile waschen, denn auch kurzes Zwischenschleudern kann für manches Seidenteil zu viel sein.

Waschdauer

Diese ist meistens an das gewählte Programm der Waschmaschine gekoppelt. Normalprogramme in besonders energiesparenden Geräten haben lange Laufzeiten, um mit wenig Wasser eine gute Waschleistung zu bekommen.

● **Die längsten Laufzeiten haben Energiesparprogramme.** Der Wasserstand ist extrem niedrig und die Aufheizzeit verkürzt. Dadurch wird die Endtemperatur gar nicht ganz erreicht. Dafür ist die Nachwaschzeit ohne Heizung stark verlängert. So sind Einsparungen bis zu 30 % möglich, die aber zu einem

höheren Wäscheverschleiß führen können.

● Bei den Programmverkürzungen wird die **verkürzte Waschzeit** durch mehr Wasser und damit einem erhöhten Energieverbrauch „erkauft".

● Für Hausstauballergiker sind **verlängerte Spezialprogramme** empfehlenswert. Hier wird die 60 °C-Waschtemperatur zur zuverlässigen Entfernung der Milben für 30–60 Minuten gehalten.

● Das **Einweichen** ist eine alte, aber sehr effiziente und energiesparende Methode für stark verschmutzte Baumwollwäsche. Die Fasern quellen auf und der Schmutz lässt sich leichter auswaschen. Immer mehr neue Waschmaschinen bieten inzwischen wieder dieses vergessene Zusatzwaschverfahren an.

● **Vorwaschprogramme** werden aus ökologischen Gründen kaum mehr genutzt. Empfehlenswert sind sie aber immer noch beim Waschen von Mopps oder Lappen, damit alle Reinigungsmittelreste zunächst ausgespült werden. Bei extrem großen Wäscheteilen wie Vorhängen oder Gardinen kann die Vorwäsche die Textilien komplett mit Wasser benetzen. Dadurch wird im anschließenden kurzen Gardinen- oder Feinwaschgang das Waschergebnis verbessert.

Wartung der Waschmaschine

Die modernen, wasser- und energiesparenden Waschmaschinen stellen heute mehr Ansprüche an die Wartung, damit sie sich nicht zur Keimschleuder entwickeln.

So pflegen Sie Ihre Waschmaschine

- Jede Waschmaschine braucht zumindest alle zwei Wochen eine **60 °C-Wäsche mit bleichmittelhaltigem Waschmittel,** nur dann bietet sie Keimen und Schimmel kein Zuhause.

- Kontrollieren Sie nach jeder Wäsche die Türmanschette – hier können sich stehendes Wasser und Flusen sammeln, auf denen die Keime gute Wachstumsbedingungen haben. Falls sich auf der Manschette bereits ein grünlich-braun schimmernder Belag entwickelt hat, sollten Sie diesen rasch mit einem hypochlorithaltigen Sanitärreiniger entfernen. Die starke Keimbesiedelung in einem wichtigen Haushaltsgerät rechtfertigt ausnahmsweise die Verwendung von solch starken Reinigern.

- Die **Keimbesiedlung** in der Maschine können Sie vermindern, wenn Sie die Maschinentüre immer offen lassen und das Waschmitteleinspülfach ebenfalls leicht herausziehen. Wenn in der Waschmaschinenanleitung steht „die Türe geschlossen halten", dann fällt das unter die allgemeinen Sicherheitsvorschriften, damit sich zum Beispiel Haustiere nicht drin verkriechen oder Kinder etwas in die Maschine stopfen können.

- **Säubern Sie das Waschmitteleinspülfach regelmäßig** mit einer kleinen Bürste und warmem Wasser und den Einspülweg mit einer Flaschenbürste. Wenn Sie Weichspüler und Wäschestärke wechselseitig verwenden, müssen Sie den Saugheber regelmäßig herausholen und abbürsten. Bei bereits entwickeltem Schwarzschimmel hilft

auch hier am schnellsten ein hypochlorithaltiger Reiniger.

- Kontrollieren Sie regelmäßig das Flusensieb und die Laugenpumpe, falls Ihre Maschine mit dieser „Klammerfalle" ausgestattet ist. Öffnen und reinigen Sie das Teil, wahrscheinlich finden Sie dann auch verloren gegangene Knöpfe wieder!

- Wenn Ihnen beim Reinigen des Flusensiebes feine **Kalksplitter** begegnen,

dann braucht Ihre Maschine eine Sonderbehandlung. Füllen Sie ein Entkalkungsmittel für Waschmaschinen oder einfach 50–70 g pulverförmige Zitronensäure ein und lassen Sie ein 60 °C-Normalprogramm ohne Wäsche durchlaufen.

- Kontrollieren Sie das Geräteinnere hin und wieder auf **Roststellen,** denn durch von außen eingebrachten Fremdrost kann sich auch auf der Edelstahltrommel Rost festsetzen. Dieser Rost hinterlässt dann auf der frisch gewaschenen Wäsche seine Spuren! Den Rost in der Trommel entfernen Sie mit einem Rostentferner für Metalle, einer abrasiven Edelstahlpflege oder getränkter Polierwatte.

- In den Wassereinlaufsieben kann sich bei hartem Wasser Kalk ablagern. Falls das Wasser zu langsam einfließt, entkalken Sie die Siebe.

Lohnt ein Warmwasser- anschluss?

Das Thema ist aktuell, da in immer mehr Haushalten Warmwasser alternativ erhitzt wird. Spülmaschinen können ohne weiteres mit einem Warmwasseran- schluss betrieben werden, dagegen brau- chen Waschmaschinen ein Vorschalt- gerät, sofern Sie keine spezielle für Warmwasser konzipierte Waschmaschine besitzen.

VORAUSSETZUNGEN FÜR EINEN LOHNENSWERTEN WARMWASSERANSCHLUSS

- Das Wasser wird am besten durch **Solarenergie** oder eine **Wärmepum- pe** erhitzt, aber auch **Gas und Öl** arbei- ten in modernen Kesseln mit hohem Wirkungsgrad **energieeffizienter als Strom.** Die Umstellung bei Erwärmung über Strom macht also keinen Sinn.

- Einsparungen sind nur zu erwarten, wenn nicht mehr als 2 l Wasser bei Geschirrspül- und 3 l bei Waschmaschi- nen entnommen werden müssen, bis handwarmes Wasser an der Wasseran- schlussstelle ankommt.

- Nehmen Sie bei neuen Geräten unbe- dingt Kontakt zum Hersteller auf, damit Sie die **Gewährleistungsansprüche nicht verlieren.** Erkundigen Sie sich auch nach der Temperaturstabilität der Zulaufschläuche. Bei Spülmaschinen sind sie meist auf 60 °C ausgelegt, bei Waschmaschinen garantieren einige nur bis 25 °C.

Wenn die Maschine vollautomatisch je nach eingestelltem Waschprogramm das Kalt- und Warmwasser für die Haupt- wäsche auf die gewünschte Temperatur ausmischt, lassen sich bis zu 50 % Strom sparen. Bei einem sehr geringen Wasser- vorlauf von 1,5 l ergeben sich sogar Ein- sparwerte von rund 70 %. Die Laufzeiten sind bei diesen (teuren) Spezialmaschi-

nen nicht verkürzt, dadurch ist die volle Reinigungsleistung gewährleistet. Waschmaschinen ohne diese Ausstattung können nicht einfach an die Warmwas- serleitung angeschlossen werden, da

- die Wäsche bei wechselnden Tempera- turen gewaschen wird.
- die Spülgänge viel Wasser verbrau- chen. Beim Waschen und Spülen mit konstant warmem Wasser wäre der Energieverbrauch erhöht.

VORSCHALTGERÄTE

Es gibt verschiedene Modelle im Handel, sie kosten aber 200−300 €. Die Installa- tion lohnt sich deshalb vor allem bei Alt- geräten mit hohem Wasserverbrauch und

für Haushalte mit viel Schmutzwäsche. Die Geräte arbeiten wie eine **Waschma- schinensteuerung,** nur holen sie sich die Wärme zunächst aus dem Warmwasser und nicht aus der elektrischen Heizung. Erst wenn das Warmwasser nicht aus- reicht, wird die Heizung zugeschaltet. Viele Waschmaschinenhersteller lehnen Vorschaltgeräte sowohl bei alten als auch bei neuen Geräten ohne weitere Begrün- dung rundherum ab. Bei vielen Anrufen hörte ich immer nur die gleiche Antwort: „Können Sie machen, aber auf eigene Verantwortung!" Hoffentlich erfolgt diese Aussage nicht nur, um den Absatz wasser- und energiesparender Neugeräte anzu- kurbeln!

MEIN SPEZIELLER TIPP

Ein Hinweis für Sparfüchse und Besitzer älterer Maschinen mit hohem Wasserverbrauch: Bauen Sie eine preiswerte Thermostat- armatur oder eine Einhebelmischarmatur in den Zulaufschlauch ein und stellen Sie jeweils die gewünschte Wasserzulauf- temperatur manuell ein. Nach 10 Minuten wird auf Kaltwasser umgestellt. Moderne Maschinen lassen sich meist nicht aus- tricksen, sie reagieren bei höherer Wassereinlauftemperatur mit Programmabbruch.

Waschmittel

Selbst erfahrene Hausfrauen und -männer stehen mitunter ratlos vor den meterlangen Waschmittel-Regalen. Die verschiedenen Waschmittelarten haben aber durchaus entscheidende Unterschiede. Sie sind nämlich auf die jeweiligen Anforderungen der modernen Textilien abgestimmt. Trotzdem brauchen Sie nicht für jede Farbe oder Faser ein extra Waschmittel. Soll ich Ihnen verraten, was in meinem „Waschsalon" die Basisprodukte sind? Ein pulverförmiges Vollwaschmittel, ein pulverförmiges Colorwaschmittel, ein flüssiges Sportwaschmittel, ein flüssiges Wollwaschmittel, Flüssigbleiche (mit Wasserstoffperoxid), Gallseife und ein parfümarmer Weichspüler.

Welches Waschmittel für welche Wäsche?

Mindestens drei Waschmittel, nämlich ein **Universalwaschmittel, ein Colorwaschmittel und ein Wollwaschmittel** für Feines, Wolliges und Seidiges sollten Sie Ihrer Wäsche gönnen. Im Folgenden erfahren Sie, welches wofür am besten geeignet ist.

VOLL- ODER UNIVERSAL-WASCHMITTEL FÜR 20–95 °C

Vollwaschmittel sind für weiße bis helle Wäsche aus pflanzlichen Fasern, Mischfasern und stabilen Synthetikfasern wie Nylon oder Perlon geeignet. Sie können damit Bettwäsche, Frottierwäsche, Küchen- und Tischwäsche, Unterwäsche, weiße Blusen und Hemden waschen. Vollwaschmittel sind auch für weiße Dessous und Synthetikgardinen geeignet, doch haben hier die pulverförmigen Gardinenwaschmittel Vorteile. Sie sind schneller löslich, entwickeln einen feinporigen Schaum und schützen so die zarten Gewebe. Die pulverförmigen Waschmittel enthalten Tenside, Wasserenthärter, Alkalien zur Fettablösung, Bleichmittel und Enzyme zur Fleckentfernung, optische Aufheller für ein strahlendes Weiß und Antigrau-Faktoren.
Die optischen Aufheller bleiben nach dem Waschen auf der Faser. Sie kompensieren den „natürlichen" Gelbstich der weißen

Wäsche, da sie einen Teil des unsichtbaren UV-Lichts der Sonne in sichtbares Licht umwandeln. So strahlt mehr Licht von der Wäsche zurück und sie erscheint „weißer als weiß". Bei Pastellfarben kann der umgekehrte Effekt eintreten, sie erscheinen mitunter blasser.

Ähnlich trickreich arbeiten Vergrauungsinhibitoren beziehungsweise Soil-Release-Substanzen, denn trotz niedriger Waschtemperaturen soll die Wäsche sauber werden. Sie verhindern zunächst, dass sich während des Waschens Schmutzpartikel aus der Waschflotte auf den Fasern festsetzen. Außerdem ziehen sie auf die Fasern auf und verhindern so beim Gebrauch der Wäsche den engen Kontakt zwischen Faser und Schmutz! **Flüssige Universalwaschmittel enthalten keine Bleichmittel.** Wenn Sie diese wegen der staubfreien Dosierung und des leichteren Ausspülens bevorzugen, sollten Sie für ein strahlendes Weiß **noch Bleichmittel zusetzen.**

COLORWASCHMITTEL FÜR 20–60 °C

Sie sind für alle bunten pflanzlichen Naturfasern und Synthetikfasern geeignet und enthalten Tenside (chemische Schmutzentferner), Enthärter, Alkalien und reichlich Enzyme. Ein **cleveres Enzym darin sind Cellulasen.** Diese verbessern die Schmutzablösung und vermindern den verwaschenen Eindruck dunkler Baumwolle, da sie die feinen abstehenden hellen Spitzen der Cellulosefasern aus dem Baumwollgarn enzymatisch abbauen. Diese weißen Spitzen sind die Ursache für den verwaschenen Eindruck dunkler Wäsche.

Bleichmittel und optische Aufheller fehlen, aber es sind Verfärbungsinhibitoren enthalten. Diese halten in der Waschflotte die während des Waschens abgegebenen Farbstoffe fest. Die so „umklammerten" Farbstoffe können sich nicht auf anderen Wäscheteilen absetzen, dadurch werden Verfärbungen vermindert.

HINWEIS
Das ist auch das Geheimnis der Farbschutztücher, die zusätzlich Verfärbungsinhibitoren in die Buntwäsche bringen. Deren Kapazität ist aber begrenzt – bitte sortieren Sie weiterhin Ihre Wäsche!

Colorwaschmittel gibt es als Pulver und Flüssigprodukt, wobei es bei den flüssigen weniger Rückstände auf dunkler Wäsche gibt. Pulverwaschmittel enthalten oft schwerer lösliche Enthärtersubstanzen (Zeolithe), während Flüssigwaschmittel mit Seifen und leicht löslichen Salzen enthärten. Die Seifen wirken nicht nur als Enthärtersubstanz, sondern auch als Tensid. Durch den höheren Tensidgehalt erreichen Sie mit **Flüssigwaschmitteln bei Synthetikfasern und bei viel Fettschmutz oft bessere Waschergebnisse.**

Colorwaschmittel enthalten keine Bleichmittel, deshalb ist eine Fleckenvorbehandlung, zum Beispiel mit Gallseife, empfehlenswert. Bei bleichfähigen Flecken auf bunten Teilen können Sie auch die halbe Menge einer Flüssigbleiche oder eines Fleckensalzes zum Colorwaschmittel dosieren.

FEINWASCHMITTEL FÜR 20–60 °C

Dieses Waschmittel muss nicht sein, ist aber für empfindliche Textilien, Viskosefasern und Funktionstextilien empfehlenswert. Es ist schnell löslich und somit schnell wirksam. Der spezielle feinporige Schaum puffert empfindliche Kleidungsstücke gegen mechanische Beanspruchungen beim Waschen ab.

Ihre Waschleistung ist allerdings gering, da sie einen neutralen pH-Wert aufweisen und keine Bleichmittel enthalten. Sie arbeiten mit vielen Enzymen, weshalb sie für Wolle und Seide oft nicht geeignet sind. **Beachten Sie unbedingt die Deklaration,** denn auch das Fläschchen im zartesten Rosa kann Proteasen, das heißt eiweißabbauende Enzyme, enthalten und Ihrer Seidenbluse schaden.

WOLL-, SEIDE- UND DAUNENWASCHMITTEL FÜR KALT–40 °C

Hierbei handelt es sich um Feinwaschmittel ohne eiweißabbauende Enzyme. Einige Produkte enthalten zusätzliche Pflegestoffe wie Lanolin oder Eiweiße für Wolle. Diese Zusätze und ihr gutes Schaumvermögen vermindern das Verfilzen der Wolle beim Aneinanderreiben.

Die Waschmitteldosierung

Nach Untersuchungen aus dem Jahr 2005 dosieren nur 30 % aller Verbraucher korrekt. Dabei ist es so einfach, denn jede Waschmittelpackung muss laut Gesetz genaue Dosierhinweise tragen. Die richtige Dosierung ist wichtig, denn die Reinigungssubstanzen müssen im Wasser eine bestimmte Konzentration erreichen, damit der Schmutz emulgiert und ausgespült werden kann. Deshalb ist zunächst nach der **Verschmutzung** zu dosieren:

- Leicht verschmutzt: kurz getragen, verschwitzt, ohne Flecken

- Mittlere Verschmutzung: Schmutz ist sichtbar, einzelne kleine Flecken
- Stark verschmutzt: der Schmutz ist deutlich sichtbar, das Textil ist fettverschmutzt oder stark verfleckt

Für ein gutes Waschergebnis genauso wichtig ist die **Wasserhärte.** Je härter das Wasser, desto geringer ist seine Waschkraft. Die verschiedenen Waschmittel arbeiten heute mit unterschiedlichen Enthärtersystemen, deshalb beachten Sie auch hierzu unbedingt die Dosieranleitungen.

Bei Maxi-Waschmaschinen müssen Sie entsprechend der Trommelgröße mehr dosieren, bei halber Beladung vermindert sich das Waschmittel nur um ein Drittel.

PROBLEME BEI UNTERDOSIERUNG

- Schlechtes Reinigungsergebnis, da die Tenside zur Umhüllung des Schmutzes nicht ausreichen.
- Vergrauung weißer Wäsche; der abgelöste Schmutz wird nicht ausgespült, sondern fällt auf die Wäsche zurück.
- Bildung von Fettläusen, das sind kleine schwarze Fettkügelchen.
- Bei hartem Wasser bilden sich graue Kalkbeläge auf der Wäsche, eine weitere Ursache für vergraute Weißwäsche.
- Die Wäsche ist nach dem Trocknen sehr hart.

PROBLEME BEI ÜBERDOSIERUNG

- Bei zu viel Schaum wird die Wäsche nicht sauber, da der Schaum die Waschmechanik dämpft.
- Das Überschäumen der Waschmaschine (zum Beispiel bei gitterartigen Stoffen und Flüssigwaschmittel) kann zu Schäden an der Maschine führen.
- Rückstände von Waschmittel in der Wäsche, da die Spülgänge nicht ausreichen.
- Kostet unnötig viel Geld.
- Belastet die Umwelt.

Wäschenachbehandlungen

Die Wäsche kommt zwar sauber aus der Waschmaschine, aber manche andere Eigenschaft wird einfach weggewaschen. So kann flauschige Wäsche durch das Waschen hart und steif werden, Synthetikfasern laden sich unangenehm elektrostatisch auf, Baumwolle verliert an Halt und Sitz oder Wetterkleidung ist nicht mehr wasserdicht. Hier können entsprechende Nachbehandlungsmittel die Funktion und das Aussehen verbessern.

Weichspüler

Gleich vorneweg: Man braucht ihn nicht unbedingt! Trotzdem benutzen heute mehr als 55 % der Haushalte Weichspüler, um die Wäsche weicher und duftender zu machen. Die wichtigste Eigenschaft für mich ist die **Verminderung der elektrostatischen Aufladung.** Grundsätzlich wird Wäsche, mit modernen Tensiden gewaschen, rauer. Verstärkt wird dieser Effekt durch die Dreh- und Schleuderbewegung der Waschmaschine. Die Wäsche wird zwar sauber, aber an der Oberfläche sind die Fasern sehr ungeordnet und der Flor ist flach gedrückt. Beim Trocknen wird dieser Zustand fixiert, sofern die Wäsche währenddessen nicht durch Wind oder im Wäschetrockner bewegt wird. Die chemische Alternative sind Weichspüler!

VORTEILE VON WEICHSPÜLERN

- Nach dem Waschen sind die Textilien elektrostatisch negativ geladen, Weichspüler enthält positiv geladene, sogenannte kationische Tenside. Wegen dieser unterschiedlichen Ladung legt sich der Weichspüler wie ein dünner Film über die Fasern. Sie verkleben nicht mehr miteinander und **der Flor wird aufgerichtet und geordnet.** Das Wäschestück wird geschmeidiger.
- Bei Textilien aus synthetischen Fasern verringert Weichspüler die elektrostatische Aufladung. Dies bedeutet gleichzeitig eine weniger rasche Wiederverschmutzung, außerdem ist der Schmutz leichter auswaschbar.
- Weichgespülte Wäsche gibt beim Schleudern das Wasser etwas besser ab, ihre Trockenzeit wird um rund 7 % verkürzt. Diese energiesparende Wirkung ist vor allem bei kurz geschleuderter pflegeleichter Wäsche messbar.
- Weichgespülte Wäsche ist etwas länger haltbar, da bei glattem und weichem Flor der Abrieb der Wäsche vermindert wird.
- Weichgespülte Wäsche ist nach dem Waschen etwas weniger zerknittert.
- Das Bügeln geht besser, weil das Bügeleisen leichter über den geglätteten Flor gleitet. So kann der Bügelaufwand um 10–15 % verringert werden.
- Es kommt zu **weniger Hautreizungen** durch kratzige Fasern, deshalb werden Weichspüler bei sehr empfindlicher Haut empfohlen.
- Weichspüler verleihen der Wäsche einen länger anhaltenden Frischeduft, da die Duftstoffe im letzten Spülbad auf die Wäsche aufgebracht werden.

NACHTEILE VON WEICHSPÜLERN

- Sie bringen zusätzlich Chemikalien ins Abwasser. Allerdings sind sie schon lange nicht mehr so schwer abbaubar wie früher. Bereits 1992 haben sich die Hersteller verpflichtet, nur noch leicht abbaubare Tenside einzusetzen. Verwenden Sie Weichspüler trotzdem nur gezielt, wenn seine Funktionen Ihnen echte Vorteile bringen.
- Weichspüler muss immer sehr sauber in die Einspülkammer eingefüllt werden. Beim Kontakt mit Waschmittel vermindert sich dessen Waschkraft.

- Weichgespülte Wäsche braucht beim nächsten Waschgang etwas mehr Waschmittel. Die anionischen Tenside reagieren mit den kationischen Tensiden – und die gebildeten Salze werden wie Schmutz behandelt. Dieser Mehrverbrauch ist aber nur bei einer **Weichspülerüberdosierung** messbar.
- Bei einer Überdosierung wird die Wäsche „schmierig". Leider sind Überdosierungen heute gar nicht so selten, da beim ständigen Niedrigtemperaturwaschen die Wäsche unangenehm riechen kann und dann mit einer Weichspülerüberdosierung versucht wird, dagegen anzugehen.
- Weichspülerfilme **vermindern die Saugfähigkeit** von Textilien. Verwenden Sie deshalb bei Frottierwaren nur die halbe Weichspülerkonzentration.

BLOSS KEINEN WEICHSPÜLER!

In manchen Fällen dürfen Sie keinen Weichspüler verwenden, nämlich bei:

- Membrantextilien: Die Wirkung der wind- und wasserdichten, aber atmungsaktiven Membranen wird durch den Weichspülerfilm vermindert.
- Mikrofasertüchern: Sie verlieren sonst viel Reinigungskraft, da Weichspüler ihre Mechanik und elektrostatische Aufladungsfähigkeit vermindern.
- Beschichteten Textilien: Der Weichspülerfilm verändert die Beschichtung.
- Locker gestrickter Wolle: Die Kleidungsstücke können sonst ausleiern.

Imprägnierungen

Winddicht, wasserdicht und atmungsaktiv, das sind heute unsere Ansprüche an Wetterkleidung. Bei neu gekauften Teilen ist das kein Problem, aber eine Wetterjacke ist Regen, Schweiß, Schmutz und scheuernden Taschen und Rucksäcken ausgesetzt. Das verringert ihre Wasserdichte. Ebenso vermindert jedes Waschen den Nässeschutz. Waschen Sie deshalb Wetterkleidung so wenig wie möglich und testen Sie immer wieder die vorhandene Imprägnierung. Besprühen Sie die Teile mit destilliertem Wasser und beobachten Sie, wie gut das Wasser abperlt. Werden größere Bereiche mit Wasser benetzt, lohnt sich eine Nachimprägnierung.

IMPRÄGNIERMITTEL

Hier gibt es verschiedene Wirkstoffe:
- **Fluorcarbonharze** sind heute immer noch die besten imprägnierenden Substanzen. Die in Verruf geratenen gesundheitsschädlichen Perfluoroctansulfonsäure (PFOS) un Perfluoroctansäure (PFOA), die sich im Körper anreichern können, sind nicht mehr enthalten. Setzen Sie Imprägnierungen trotzdem immer sparsam und überlegt ein.
- Neu und ohne Fluorchemie sind umweltfreundlichere Imprägnierungen auf **Polyurethan-Basis.**
- Essigsaure Tonerde (eine der ältesten imprägnierenden Flüssigkeiten) sowie paraffin und wachsähnliche Substanzen haben an Bedeutung verloren, da sie nicht atmungsaktiv sind.
- Silikonimprägnierungen sind eher für Leder geeignet als für Textilien.

WASCHEN UND IMPRÄGNIEREN

- Achten Sie genau auf die durch den Bekleidungshersteller empfohlenen Hinweise zu Imprägnierung, damit die Gewährleistung erhalten bleibt.
- **Nur saubere Teile imprägnieren.**
- Gewaschen wird im Feinwaschprogramm mit flüssigem Feinwaschmittel bei 30–40 °C Die speziellen, aber teuren Waschmittel der Imprägniermittelhersteller sollen die Imprägnierung theoretisch schonen, jedoch ist der tatsächliche Effekt schwierig nach zuweisen. Nehmen Sie kein Wollwaschmittel mit speziellen Pflegekomponenten, wei diese die Membranen verstopfen.
- **Sehr gut spülen,** da auch Waschmittelreste die Imprägnierung beeinträchtigen, und nie Weichspüler verwenden. Am besten reinigen Sie zuvor den Einspülkasten von allen Weichspülerresten.
- Membrantextilien dürfen nicht mit Wäscheklammern aufgehängt werden, damit die Membran nicht beschädigt wird.
- Die Imprägnierung wird besser, wenn Sie die Teile vorher bügeln. Die Fasern werden dadurch geglättet und der Film kann sich geschlossen auf das Textil legen. Manche Imprägnierungen müssen allerdings direkt auf die nassen Textilien aufgesprüht werden
- Am einfachsten ist der Auftrag aus treibmittelhaltigen Spraydosen. Besprühen Sie die geschlossenen Teile dünn und gleichmäßig, auch die Nähte, Kanten und Reißverschlüsse, damit die Feuchtigkeit nicht kriechen kann. Arbeiten Sie im Freien. Achten Sie dabei auf die Windrichtung und halten Sie möglichst den Atem an. Am besten einen Mundschutz tragen! Ein- bis zweimal wiederholen und die Teile im Freien auslüften lassen.

WEICHSPÜLER UND ALLERGIEN

Keinen Weichspüler bei Allergikern oder Neurodermitikern – diese Meinung ist weit verbreitet. Inzwischen gibt es aber ganz andere Untersuchungsergebnisse. Denn oft wird der Juckreiz auf der Haut durch weichgespülte Wäsche vermindert, da **die Reibung auf der Haut verringert wird.** Bisher wurden noch keine Weichspülertenside als Auslöser einer Allergie erkannt, allerdings können die Duftstoffe und die notwendigen Konservierungsstoffe in einem flüssigen Weichspüler allergische Reaktionen bewirken. Fast jeder Hersteller bietet inzwischen aber gering parfümierte Produkte oder Produkte mit Duftstoffen speziell für überempfindliche Personen an. Diese Weichspüler werden mit wissenschaftlichen Methoden unter Aufsicht von Dermatologen getestet.

MEIN SPEZIELLER TIPP

Essig ist nachweislich kein Weichspülerersatz! Essig im letzten Spülwasser kann nur bei Eiweißfasern wie Seide und Wolle die Faserstruktur verbessern, denn durch den sauren pH-Wert werden diese Fasern gefestigt. Während des Waschvorgangs können die Essigsäuredämpfe der Waschmaschine aber schaden.

- Manche Imprägnierung wirkt besser, wenn anschließend noch eine Wärmebehandlung im Wäschetrockner (20 Minuten im Pflegeleichtprogramm), durch Föhnen oder durch Bügeln ohne Dampf von rechts erfolgt.
- Imprägniermittel für die Waschmaschine, sogenannte Wasch-in-Produkte, werden wegen ihrer einfachen Anwendung stark beworben. Nach meinem Empfinden bleiben dabei aber **zu wenige Imprägnierstoffe auf den Textilien hängen.** Außerdem wird dabei auch die Jackeninnenseite imprägniert, was den Schweißtransport von innen nach außen beeinträchtigt. Diese Produkte sind besser für Zelte, Taschen und Hosen geeignet. Manche Firmen empfehlen Einwaschimprägnierungen nur für ungefütterte Teile.
- **Nachimprägnieren in der chemischen Reinigung** ist unter Umweltaspekten das Beste. Die Betriebe arbeiten in geschlossenen Systemen, sodass weder Imprägnier- noch Lösemittel in die Umwelt gelangen. Außerdem halten diese Imprägnierungen länger als der selbst aufgesprühte Nässeschutz.

Hygienespüler

Lange Zeit waren Hygienespüler ein Nischenprodukt, inzwischen finden wir sie in großer Auswahl in den Regalen. Offensichtlich besteht also eine Nachfrage! Sie kommen ins letzte Spülwasser und sollen durch antimikrobielle Substanzen die Keimbelastung der Wäsche vermindern. Bis auf wenige Ausnahmen ist die **Anwendung** allerdings **absolut überflüssig.** Das normale, haushaltsübliche Waschen und Trocknen ist vollkommen ausreichend, zumal auf der Unterwäsche, Oberbekleidung und Bettwäsche sowieso nur die im Haushalt bereits bekannten Keime sind.

MEIN SPEZIELLER TIPP

Wird ständig nur bei 30 °C gewaschen, kann die Waschmaschine durch Aufbau eines Biofilms zu einem Hygienerisiko werden. Dieses Problem wird aber besser durch eine regelmäßige 60 °C-Wäsche bekämpft als durch Hygienespüler.

WANN IHR EINSATZ DOCH SINNVOLL IST

In wenigen Ausnahmefällen sind Hygienespüler allerdings sinnvoll.
- Akzeptabel ist der Einsatz bei Pilzerkrankungen, falls die Wäsche nicht bei 60 °C mit einem bleichmittelhaltigen alkalischen Waschmittel waschbar ist.
- Aus waschbaren verstockten Polstern werden durch Hygienespüler mehr Pilzsporen entfernt.
- Wenn bei unangenehm riechendem Bettzeug, Oberbekleidung oder stark verschwitzter Wäsche nur eine 30 °C-Wäsche möglich ist, kann Hygienespüler den Geruch verbessern. Sinnvoller und effektiver wäre aber eine PAP-haltige Hygienebleiche, die bereits bei 20 °C durch Aktivsauerstoffentwicklung eine gute Desinfektion erreicht.

Stärken – fast vergessene Hilfsmittel für festliche Wäsche

Papierservietten oder leger gelegte, kaum gestärkte Stoffservietten haben heute den Alltag erobert. Aber bei einer Festtafel darf es ruhig mal etwas „steifer" sein – und kunstvolle Serviettenfaltungen gelingen nur mit gut gestärkten Teilen.

Die modernen Stärken haben aber noch weitere positive Eigenschaften: Sie geben oft gewaschener Tischwäsche wieder mehr Glanz, Fülle und Griffigkeit und **erhöhen die Schmutzabweisung.** Wegen der guten Löslichkeit der Stärken lassen sich aus gestärkter Tischwäsche Flecken besser auswaschen.

Allerdings werden die Stärken durch Dextrinierungen bei trockener Hitze rasch braun. Bügeln Sie deshalb gestärkte Teile nur bei geringerer Temperatur! Außerdem gehört gestärkte Wäsche nicht in den Trockner, weil die Stärke teilweise wieder abfällt und so die Feuchtigkeitssensoren im Trockner verschmutzen.

Nach dem Waschen wird getrocknet...

Der durchschnittliche Wäscheverbrauch pro Person liegt im Jahr bei 200–250 kg. Diese Wäscheberge müssen tagaus, tagein getrocknet werden. Dank der Waschvollautomaten kommt die Wäsche heute meist gut geschleudert aus der Waschmaschine. Trotzdem sollte die Wäsche rasch getrocknet werden, damit es zu keiner Vermehrung von Mikroorganismen kommt, zu keinen Verbräunungen bei Naturfasern, zu keiner starken Knitterbildung und damit aus den nassen Teilen die Farben nicht ausbluten oder ineinander laufen.

Energieeffizientes Trocknen

Spitzenreiter ist hier die Freilufttrocknung. Es folgen:

- der unbeheizte Trockenraum, abseits der Wohnräume gelegen
- der Schranktrockner im Kaltluftbetrieb
- der Gasablufttrockner
- der Kondensationstrockner mit Wärmepumpe oder der separate Trockenraum mit Wärmepumpe
- der Ablufttrockner in ungeheizten Räumen
- der Kondensationstrockner in der Wohnung
- **das Trocknen in der Wohnung**

Die energetisch schlechteste Lösung ist also das Wäschetrocknen in der Wohnung! Durch die feuchte Wäsche entsteht eine unangenehme Verdunstungskälte

nd bei dauergeöffnetem Fenster ver-
chleudern Sie eine Menge Heizenergie.
er Energieverbrauch ist deutlich höher
ls bei der Nutzung von Wäschetrock-
ern. Bei zu sparsamer Lüftung kommt es
adurch außerdem zu Gebäudeschäden.

ufttrocknen

ut und preiswert trocknet Wäsche auf
er Leine im Freien, doch gute Trocken-
lätze werden bei den Wohnungen und
äusern immer seltener.

in idealer Trockenplatz ist ein freier
bener, vielleicht sogar befestigter und
eilweise beschatteter Platz. So kann der
ei uns meist vorhandene Westwind gut
ngreifen. Außerdem sollten nicht zu
iele Blätter oder Blütenstaub über den
latz wehen.

- Dunkle Teile im Freien immer von links
  trocknen, da auch im Schatten viel UV-
  Licht einwirkt.
- Manche **optischen Aufheller** (sie ziehen beim Waschen auf die Faser auf
  und verbleiben auf der Wäsche) können sich bei starker Sonnenbestrah-
  lung leicht **grün verfärben.** Wechseln
  Sie entweder das Waschmittel oder
  trocknen Sie im Schatten. Weiße Synthetikfasern können wegen der einge-
  arbeiteten optischen Aufhellern durch
  UV-Licht einen Gelbstich erhalten.
- **Bettzeug und Polster nicht an der
  Sonne trocknen.** Die Sonne heizt die
  dicken Teile auf, aber durch den dichten
  Bezug kann die Feuchtigkeit nicht gut
  abdampfen. So kann sich Schimmel
  entwickeln und der Stoff braun werden.
- Hängen Sie Oberbekleidung wie Hemden, T-Shirts oder Hosen zum Trocknen
  auf einen Kunststoffbügel – so können
  Sie sich viel Bügelarbeit ersparen.
- Die Wäsche vor dem Aufhängen immer
  kräftig ausschlagen!

Trocknen im Wäschetrockner

Wäschetrockner haben viele Vorteile, denn sie machen unabhängig von Wind, Wetter
und Trockenraum. Die Wäsche wird rasch und damit hygienisch getrocknet und es gibt
keine Trockenstarre, das heißt es muss weniger gebügelt werden. Ablufttrockner sind
die einfachsten Trockner. Bei ihnen wird die Feuchtigkeit der Wäsche elektrisch ausge-
heizt und über einen Abluftschlauch nach außen abgeführt. Beim Kondensationstrockner bleibt die Luft innerhalb der Maschine in einem Kreislauf. Die aufgeheizte feuchtwarme Luft wird in einem Kondensator abgekühlt, dabei wird die Feuchtigkeit entzogen.

ALTERNATIVEN ZU HERKÖMMLICHEN TROCKNERN

Bei hohem Wäscheanfall lohnen sich energiesparende Alternativen zum herkömmlichen
Abluft- oder Kondensationstrockner.

- **Erdgasbeheizte Trockner:** Dabei handelt es sich Ablufttrockner, die einen Gasan-
  schluss, eine Gassteckdose und einen Abluftschlauch benötigen, aber keinen eigenen
  Kamin. Die ökologische Effizienz der Erdgaswäschetrockner rührt daher, dass Erdgas
  einen höheren Wirkungsgrad hat als elektrische Energie. So lassen sich rund 50 %
  Primärenergie einsparen, dadurch werden 50 % weniger CO_2 und weniger Stickstoff-
  und Schwefeloxide produziert. Da die gasbeheizte Luft relativ trocken ist, ist die Trocknungszeit bis zu 40 % kürzer, wodurch die Wäsche weniger verschlissen wird.
- **Kondensationstrockner mit Wärmepumpe:** Konventionelle Kondensationstrockner
  geben die Kondensationswärme vollständig in den Raum ab. Durch Einbau einer
  Wärmepumpe kann ein Teil der Abwärme erneut für den Trockenvorgang verwendet
  werden, wodurch gegenüber konventionellen Geräten etwa 40–50 % Energie einge-
  spart wird. Diese Geräte erreichen die Energieeffizienzklasse A, sind allerdings häufig
  etwas lauter, haben eine längere Trockzeit und sind trotz stetig sinkender Preise
  immer noch teurer!

WÄSCHETROCKNER ENERGIEEFFIZIENT NUTZEN

- Der Energieverbrauch hängt von der Restfeuchte der Wäsche ab, also von der Schleuderleistung. Dabei ist der Energiebedarf für eine hohe Schleuderleistung viel geringer als fürs Trocknen. Falls Ihre Waschmaschine nur 1000 U/min schafft, schleudern Sie die Wäsche zweimal.
- Verwenden Sie **außer bei der Trocknung von Daunen und Kissen sensorgesteuerte Programme.** Diese stoppen den Trockner, sobald der eingestellte Trockengrad der Wäsche erreicht ist.
- Während volle und halbvolle Waschmaschinen annähernd gleich viel Energie verbrauchen, ist der Energieverbrauch beim Trockner stärker beladungsabhängig. Weniger Wäsche verbraucht auch weniger Energie: Dennoch ist ein voller Trockner immer noch am wirtschaftlichsten, allerdings entstehen in ihm eher Knitterfalten.
- Reinigen Sie nach jeder Benutzung das Flusensieb, sonst verlängert sich die Trockenzeit.
- Reinigen Sie regelmäßig die Feuchtigkeitssensoren. Bei Belägen ist die Trockenzeit verlängert.
- Geben Sie möglichst **Textilien aus gleichem Material und mit gleicher Dicke in den Trockner,** damit die Feuchtigkeitssensoren rechtzeitig ausschalten. Bei Mischladungen werden dünne Teile oder Synthetikstoffe unnötig lange getrocknet.

- Verzichten Sie auf die Funktion „Extratrocken" und lassen Sie Teile mit nassen Bündchen oder Knopfleisten noch kurz an der Luft nachtrocknen. Zudem gehen gewirkte Teile bei der Einstellung „Extratrocken" stärker ein.
- Nutzen Sie die ganze Programm-Vielfalt Ihres Geräts aus. **Finish- oder Glätt-Programme sparen Energie,** da sie nur kurz antrocknen, glätten oder auflockern und die Teile dann an der Luft rasch vollständig trocknen.

NICHT ALLES DARF IN DEN TROCKNER

Achten Sie hier auf das Pflegeetikett – allerdings sind die Textilhersteller übervorsichtig wegen der Produkthaftung. Alles, was abfärbt oder stark fusselt, sollte nur separat in den Trockner gegeben werden, denn der Wäscheabrieb ist leicht erhöht – trotz diverser Schontrommeln.

- Trocknen Sie Synthetikteile nur im Niedrigtemperaturbereich, ab 60 °C kann es zu Fasererweichungen kommen.

- Wolle neigt zum Verfilzen und kann nur in einem speziellen, nicht rotierenden Wollkorb getrocknet werden. Schön sind kurze Wollfinishprogramme. Sie lockern trockene Wollteile und hartes trockenes Leder wunderbar auf.
- Im Allgemeinen wird bei Stretchstoffen vor dem Wäschetrockner gewarnt. Er soll für das Ausleiern mitverantwortlich sein. Dagegen sagen die Hersteller der Elastikfasern, dass bei einer ordentlichen Qualität genau das Gegenteil eintritt. 10–15 Minuten im Pflegeleichtprogramm verformen die Fasern nicht, sondern regenerieren ihre Elastizität, die durch langes Tragen verloren geht. Dafür darf die Trommel allerdings nur halb gefüllt sein und die Stretchteile dürfen nicht ganz trocken werden.
- Leinen ist eine voluminöse Faser und wird im Trockner aufgeraut. Nur einzeln ins kurze Glättprogramm geben.
- Dunkle Wäsche und Jeans immer von links trocknen.
- Gummierte und beschichtete Teile werden im Trockner beschädigt, dagegen wird ein Fleckschutz aus Teflon hier wieder aufgefrischt.
- Mikrofasertücher nehmen im Trockner zu viele Flusen auf.

Zum Schluss wird gebügelt

Sicher kennen Sie den Spruch: „Das Geheimnis des Bügelns besteht darin, es zu vermeiden." Bügeln ist keine beliebte Tätigkeit, aber es gibt auch Männer und Frauen, die ausgesprochen gerne das heiße Eisen anpacken und dabei Musik hören, fernsehen oder ganz einfach nachdenken …

Bügeleisen

Bügeleisen ist nicht gleich Bügeleisen, die Spanne reicht von einfachen Trockenbügeleisen bis hin zu Dampfbügelstationen.

TROCKENBÜGELEISEN

Sie werden nur noch wenig angeboten. Hier heizen Heizelemente die Bügelsohle auf und es wird durch Druck und Hitze geglättet. Die Geräte sind **preiswert und viel haltbarer als Bügeleisen mit Dampffunktion,** deshalb lohnt sich für manche durchaus die Anschaffung eines Trockenbügeleisens samt einer feinen Sprühflasche für destilliertes Wasser.

DAMPFBÜGELEISEN

Heute werden überwiegend Geräte zum Dampfbügeln verkauft, denn feuchte Hitze glättet besser als trockene. Durch den Dampf quellen die Fasern des Stoffes auf und lassen sich leichter glatt bügeln. Dadurch erspart man sich das früher übliche Einsprühen der Wäsche mit Wasser.

Beim einfachen Dampfbügeleisen wird das Wasser zwischen den Heizstäben an der auf mindestens 120–130 °C aufgeheizten Sohle zu Dampf. Bei zu niedriger Temperatureinstellung wird kaum noch Dampf erzeugt, es kommt zur Tropfenbildung. Deshalb gibt es für empfindliche Stoffe, die voll bedampft werden sollen, Protektor-Aufsätze.

Auf dem Markt gibt es auch sogenannte Kompaktbügelstationen, bei denen ein extra Dampfgenerator im Bügeleisen den Dampf unabhängig von der Sohlentem-

peratur erzeugt. So kann auch bei niedrigen Temperaturen mit Dampf gebügelt werden. Diese Geräte sind etwas schwer und gewöhnungsbedürftig, aber es gibt viele begeisterte Nutzerinnen und Nutzer.

DAMPFBÜGELSTATIONEN

Bei den modernen Dampfdruckbügelstationen wird das Wasser extern in einem separaten Behälter auf rund 140 °C erhitzt und der Dampf unter 3–4 bar Druck über einen Schlauch in das Bügeleisen geleitet. Je höher die Temperatur, desto mehr Druck und desto mehr Dampf! Der Dampf kühlt an der Sohle auf knapp über 100 °C ab, deshalb können auch empfindliche Stücke aus Synthetikfasern mit Dampf gebügelt werden. Bügelstationen eignen sich für Haushalte, die viel, vor allem viel Oberbeklei-

dung, bügeln müssen. Empfehlenswert sind Systeme, bei denen der Tank bei laufendem Betrieb nachgefüllt werden kann. Allerdings lassen sich die Geräte nicht so leicht wegräumen wie ein Bügeleisen.

BÜGELSYSTEME

Diese bestehen aus einer Bügelstation und einem Spezialbügelbrett. Das hat, wie jedes Bügelbrett zum Dampfbügeln, eine Bügelfläche aus Stahlgitter, zusätzliche Ausstattungsmerkmale sind eine Absaugvorrichtung, ein Gebläse und/oder eine beheizte Bügelfläche. Für diese komfortable Bügeleinrichtung sollten Sie einen festen Standort haben, denn sie ist schwer.

BEIM KAUF BEACHTEN

Wenn Sie ein Bügelgerät kaufen, schauen Sie bitte nicht nur auf die Dampffunktionen, sondern auch auf Folgendes:

- Wie liegt das Bügeleisen in der Hand? Vor allem Linkshänder sollten das sorgfältig prüfen.
- Ein Bügeleisen muss nicht schwer sein, nur Profis bevorzugen etwas mehr Gewicht.
- Das Kabel des Bügeleisens sollte nicht zu kurz und flexibel am Bügeleisen angebracht sein.
- Wie gleitet das Bügeleisen über den Stoff? Das hängt von der **Bügelsohle** ab. Die Hersteller wählen hier gerne fantasiereiche Namen für die drei Materialien Edelstahl, Aluminium oder Keramik bzw. Email. Einige Hersteller beschichten die Sohle zusätzlich mit Titan oder Teflon, was sie gleitfähiger und haltbarer machen soll. Edelstahlsohlen sind robust und leicht zu reinigen, Aluminium/Eloxal ist gut Wärme leitend, aber kratzempfindlich, und Keramikbeschichtungen gleiten gut, können aber eventuell abplatzen.
- Eisen, deren **Dampföffnungen leicht nach innen gewölbt sind, lassen sich leichter bewegen** als welche mit flachen Öffnungen. Je höher die Anzahl der Dampfdüsen, desto gleichmäßiger erfolgt die Durchfeuchtung der Wäsche, das beschleunigt die Arbeit. Eine geringere Anzahl ermöglicht jedoch einen höheren Dampfdruck, der auch feste Textilien wie Jeansstoff durchdringt.
- Bei der Anschaffung sollten Sie auch an die Folgekosten denken! Viele Bügeleisen kann man laut Hersteller mit Leitungswasser bis 17 °dH betreiben, da sie bis zu drei Kalkentfernungssysteme haben. Allerdings kalkulieren die Hersteller mit einer relativ kurzen Betriebszeit – vier Jahre bei wöchentlich zwei Stunden bügeln!

SO HABEN SIE LANGE WAS VON IHREM BÜGELEISEN

Wie bei jedem Haushaltsgerät verlängert sich auch beim Bügeleisen die Lebensdauer durch den korrekten Umgang und die richtige Pflege.

- Verkalkungen zwischen den Heizelementen verkürzen das Bügeleisenleben, deshalb lohnt es sich, mit weichem Wasser zu bügeln. Da entmineralisiertes Wasser leicht sauer reagiert, darf es in vielen Geräten nicht pur verwendet werden. Die immer wieder beklagte Tropfenbildung kann zum Beispiel durch zu saures destilliertes Wasser ausgelöst werden. **Mischen Sie Ihr Leitungswasser mit destilliertem Wasser auf eine verträgliche Wasserhärte von 5–7 °dH, so kommt es zu keiner Korrosion und zu keiner Verkalkung.**
- Wegen der Dichtungen, der verarbeiteten Innenmaterialien und der Beschichtung in der Dampfkammer **empfiehlt fast kein Hersteller** in seiner Betriebsanleitung das **Entkalken mit Säure.** Zudem können Aluminium-Bügelsohlen dadurch korrodieren.
- Stellen Sie einfache Dampfbügeleisen stets aufrecht auf die Abstellfläche. Die Bügelsohle kann durch Restwasser beschädigt werden, wenn das Bügeleisen zu lange waagerecht abgestellt wird.
- Das Restwasser nach jedem Bügeln aus dem Dampfbügeleisen entfernen und nochmals durchdampfen.
- Bewahren Sie das kalte Bügeleisen an einem trockenen Platz auf.
- Zu Beginn des Bügels immer zuerst 30 Sekunden lang Dampf durch die Düsen jagen, das reinigt die Dampfwege und verhindert das Austropfen von Kondenswasser.
- Gestärkte Wäsche noch feucht und nie zu heiß bügeln und Sprühstärke immer nur auf die Rückseite des Stoffes sprühen!
- Verschmutzte Bügeleisensohlen noch warm auf ein gut feuchtes Tuch stellen, aufweichen und eventuell vorsichtig mit einem Polish- oder Edelstahlschwamm abreiben. Bei einer Edelstahlsohle können Sie auch eine feuchte Edelstahlspirale nehmen.
- Geschmolzene Kunstfaserreste entfernen Sie mit dem Glaskeramikschaber, die Dampflöcher reinigen Sie mit einem Zahnstocher.
- Die **volle Gleitfähigkeit des Bügeleisens** können Sie wieder herstellen, wenn Sie ein Tuch von links kräftig mit Bügelhilfe besprühen und das Bügeleisen mehrmals auf der rechten Seite darüber führen.

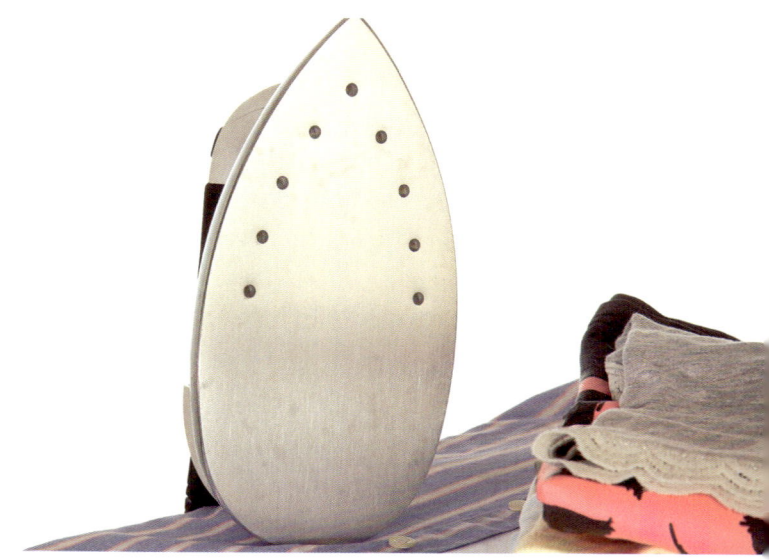

WENIGER BÜGELN LOHNT SICH

Das spart nicht nur Zeit, sondern **schont auch die Gewebe.** So geht die doch sehr lästige Pflicht leichter von der Hand:

- Achten Sie bei Baumwolle auf eine bügelfrei-Ausstattung.
- Durch Verwendung von Weichspüler gleitet das Bügeleisen leichter über den geglätteten Flor.
- Holen Sie die Wäsche sofort nach dem Programmablauf aus der Waschmaschine.
- Hängen Sie die Kleidungsstücke zum Trocknen auf Bügel.
- **Durch kurzes Antrocknen im Wäschetrockner werden die Textilien aufgelockert und geglättet. Sofort warm herausnehmen und aufhängen.**
- Die größten Probleme beim Bügeln machen erfahrungsgemäß Leinenstoffe. Lassen Sie die Teile nie ganz trocknen, da es einfacher ist, eine durch und durch feuchte Faser zu bügeln als sie nur oberflächlich mit Dampf zu befeuchten. Wenn durch die Hitze das Wasser von innen her verdampft, wird die Faser gestreckt und das Bügeleisen gleitet auf dem Dampffilm. Reines Leinen verträgt die höchste Bügeltemperatur (drei Punkt, 200–210 °C). Vorsicht bei hitzeempfindlichen Fremdfasern und Einlagen – viele Klebstoffe lösen sich bei dieser hohen Temperatur. Für sehr starke Knitterfalten empfiehlt sich Bügelhilfe zum Sprühen. Ein traditionelles Hilfsmittel für die Leinenbügelei ist **Krauseminzewasser,** da es die Fasern wieder aufrichtet. Es ermöglicht das Glattbügeln von starken Falten und Knicken, selbst aufgetrennte Nähte oder die Kanten von verlängerten Säumen werden unsichtbar.

- **Bügeln Sie nicht zu stark über Kragenkanten und die Bügelfalten in Wollhosen!**
- Beherzigen Sie außerdem Folgendes: Bügeln ist notwendig für die Aktivierung des Fleckschutzes und von manchen Imprägnierungen sowie bei Geschirrtücher mit verknitterten Kanten, denn sonst kann es durch Abrieb im Kantenbereich zu Faserschäden kommen. Schädlich ist das Bügeln bei Krawatten sowie bei Seersucker- und Crash-Stoffen.

MEIN SPEZIELLER TIPP

Sowohl aus neuen Bügelbrettbezügen wie auch aus neuen Textilien können durch Hitze und Bedampfung Schadstoffe ausgasen. Deshalb beim Bügeln auf Frischluftzufuhr achten. Sie bügeln entspannter, wenn das Bügelbrett auf Hüftknochenhöhe eingestellt ist. Praktisch ist außerdem ein Kabelhalter, der dafür sorgt, dass das Kabel nicht zwischen das Kleidungsstück und das Bügelbrett gerät.

Der Fleck muss weg!

Flecken auf Textilien sind eines der größten Probleme, deshalb halte ich hier meine „Fleckensprechstunde". Ich beginne mit einigen Grundregeln und wende mich dann den schwierigen Einzeltätern zu. Es gibt jede Menge Fleckenratgeber mit Hunderten von verschiedenen Tipps, die allerdings oft schwierig anzuwenden sind und meistens nicht unsere modernen pflegeleichten Textilien, die neuen enzymhaltigen Waschmittel und die effektiven Fleckensalze berücksichtigen.

Grundregeln der Fleckenentfernung

- Egal, wo Flecken auftauchen: Tupfen Sie sie immer schnell ab, denn alle Flecken altern! Die einzelnen Schmutzteile verbinden sich untereinander zu größeren Flecken und gehen mit dem Stoff eine chemische Wechselwirkung ein.
- Kleidung, die chemisch gereinigt werden soll, bringen Sie ohne weitere Flecken-Entfernungsversuche so rasch wie möglich zur Reinigung. Weisen Sie auf den Fleck und seine Art hin.
- Versuchen Sie gleich, den Fleck zu verdünnen. Tupfen Sie ihn bei waschbaren Stoffen mit etwas lauwarmem Wasser oder, noch besser, mit destilliertem oder CO_2-haltigem Mineralwasser ab. Nehmen Sie allerdings kein heißes Wasser, denn die Hitze kann den Fleck auf der Faser fixieren. Beachten Sie, dass **Seide** (bis auf Waschseide) **kein Wasser verträgt.**
- Bei robusten Stoffen können Sie mit etwas verdünntem Handspülmittel oder Feinwaschmittel nacharbeiten. Erschrecken Sie nicht, wenn manche Flecken wegen des veränderten pH-Wertes statt rot plötzlich blau werden. Nach einigen Minuten mit Wasser nacharbeiten.

Fleckenentfernung ohne Rand?

Viele Fleckenentfernungsversuche enden mit Rändern, vor allem, wenn die entfleckten Teile nicht gewaschen werden können.

Verzichten Sie nie auf eine Vorprobe mit dem Fleckenmittel an einer unauffälligen Stelle. Kontrollieren Sie das Ergebnis nach dem Trocknen!

- Die Flecken – bis auf Pigmentflecken (von wasserunlöslichen Farbstoffen) – nicht kräftig reiben. Die Fasern können sonst aufrauen und die Farben abgetragen werden.
- Legen Sie den Fleck auf eine saugfähige Unterlage und verschieben oder erneuern Sie die Unterlage und den Lappen im Laufe der Behandlung mehrmals.
- Legen Sie um den Fleck mit dem jeweiligen Fleckenentfernungsmittel (Wasser oder dem entsprechenden Lösemittel) einen **Feuchtigkeitsring.** Damit verhindern Sie, dass der gelöste Schmutz nach außen gespült wird und nach dem Trocknen einen Rand bildet. Erst dann den Fleck von außen nach innen betupfen, damit er nicht größer wird.
- Fleckentfernung auf bereits schmuddeligem Stoff endet meist mit hellen Sauberkeitsflecken. Falls nicht gewaschen werden kann, versuchen Sie, das mit einem feuchten Schwamm zu egalisieren.
- Je kürzer das Lösemittel einwirkt, desto weniger bildet sich ein Rand. Deshalb lohnt es sich, während und nach der Behandlung zu föhnen.

Spezielle Flecken – und was Sie dagegen machen können

Manche Flecken erfordern eine Spezialbehandlung. Welche, das erfahren Sie im Folgenden.

BLÜTENSTAUB

Viele Blüten enthalten intensiv färbender Blütenstaub, der bei falscher Behandlung kaum zu entfernen ist. Auf keinen Fall mit heißem Wasser und einem Tuch reiben! Versuchen Sie zunächst, so viel wie möglich abzuklopfen und abzusaugen, viel Staub können Sie auch mit Klebeband oder einem Schmutzradierer entfernen. Danach behandeln Sie den Fleck mit Spiritus und spülen mit viel warmem Wasser die Reste heraus. Anschließend wie üblich waschen.

MEIN SPEZIELLER TIPP
Wenn Sie Tischdekorationen mit Lilien machen, dann zwicken Sie die Staubgefäße ab oder besprühen sie mit Haarspray.

DEODORANT-FLECKEN

Deoflecken sind die Flecken-Spitzenreiter – und das, obwohl immer mehr Hersteller mit „fleckenfrei" werben. Viele denken, die Flecken und Verhärtungen mit Rändern im Achselbereich von Textilien können nur Schweißflecken sein, sehr viel häufiger werden sie aber durch Deodorants mit Aluminiumsalzen verursacht. Egal, um was es sich handelt – machen Sie vor dem Waschen zunächst eine Vorbehandlung: Weichen Sie die verfleckten Stellen bis zu 12 Stunden in 3%iger-Zitronensäurelösung ein. Dabei die betroffenen Stellen immer wieder mit der Hand bearbeiten und reiben. Die **Verhärtungen werden nur langsam angelöst.** Bringen Sie keine Metallteile mit der Säure in Kontakt. Wenn das nicht ausreicht, können Sie bei sehr hellen Stoffen einen Rostentferner für Textilien oder eine 2%ige-Oxalsäurelösung auf die Verhärtungen auftragen und einwirken lassen. Oxalsäure gibt es als Pulver in Apotheken, in höherer Konzentration ist sie allerdings gesundheitsschädlich.

BLUT

Frische Blutflecken sofort mit viel kaltem Wasser bearbeiten. Am besten spannen Sie den verfleckten Stoff über eine Schüssel und lassen langsam kaltes Wasser durchtropfen. Getrocknete Blutflecken werden auf die gleiche Art mit einer 2%igen Kochsalzlösung bearbeitet. Das Kochsalz lässt das Eiweiß etwas aufquellen, so lässt es sich besser ausspülen. Streuen Sie kein Salz auf den Blutfleck, denn konzentriertes Salz bringt das Eiweiß zum Gerinnen. Bei viel Blut können Sie das Textil in der Waschmaschine kalt 30 Minuten einweichen. Dann Abpumpen und vor den Hauptwaschgang eine Vorwäsche nur mit Wasser schalten. Erst jetzt können Sie die Teile mit höheren Temperaturen waschen. Am besten wird das Ergebnis bei Verwendung von **Waschmitteln mit Enzymen.** Die darin enthaltenen Proteasen bauen das restliche Eiweiß ab. Proteasen finden Sie in fast allen Waschmitteln außer in Woll- und Seidenwaschmitteln.
Wenn der Fleck nach dem Waschen noch zu sehen ist, dann bearbeiten Sie ihn mit einem Enzymreiniger oder eiweiß- und stärkelösenden Enzymen aus dem Baukastensystem. Weichen Sie das Teil 24 Stunden in einer enzymhaltigen Waschmittellösung ein. Eisenoxidflecken aus dem Blutfarbstoff betupfen Sie mit Oxalsäure. Diese erhalten Sie in kleinen Mengen in der Apotheke – oder Sie greifen zum Rostentferner für Textilien.

FARBIGE, OXIDIERBARE FLECKEN

Dazu zählen Obst- und Gemüseflecken, die braunen Gerbstoffe aus Kaffee und Tee, Röststoffe und viele Farbstoffe aus Kosmetika und Farbstiften. Die meisten alltäglichen Farbstoffflecken lassen sich durch Bleichmittel oxidieren. Bei waschbaren Stoffen können also ein gutes Waschmittel und ein Sauerstoff abspaltendes Bleichmittel die meisten Probleme schnell und einfach lösen.

FARBIGE, NICHT OXIDIERBARE FLECKEN

Einige synthetische Farbstoffe wie Druckerfarben, Textilfarbstoffe oder Haarfarben lassen sich durch Oxidationsbleichen nicht entfernen. Hier können reduzierend wirkende Haushaltsentfärber angewendet werden. Einfacher in der Anwendung sind reduzierend wirkende Fleckenpasten, die aber nicht überall erhältlich sind.

Die Anwendung dieser Bleichmittel ist schwierig zu steuern! Entfärber können nicht zwischen dem Farbstoff des Flecks und der Originalfarbe des Wäschestücks unterscheiden. Obwohl die Wirkung des Entfärbers kalt ganz langsam einsetzt, kann die Grundfarbe nicht immer ausreichend geschützt werden. Machen Sie unbedingt eine Vorprobe. Geben Sie dazu etwas Probestoff oder einige Fäden, die Sie aus der Nahtzugabe herauslösen, in die Entfärberlösung (1/2 TL auf 100 ml warmes Wasser). Warten Sie eine Stunde spülen Sie alles gründlich durch, lassen Sie das Teil trocknen und vergleichen Sie das Ergebnis. Erst dann benetzen Sie den Fleck mit der Lösung und behalten alles genau im Auge. Stoppen Sie den Vorgang, bevor die Ursprungsfarbe ebenfalls gebleicht wird. Nach dem Entfärben müssen die farblosen Reduktionsprodukte gründlich ausgewaschen werden.

Gebleicht werden können Baumwolle, Misch- und Synthetikfasern; einige Entfärber können sogar für Wolle und Seide eingesetzt werden.

Weiße/helle Wäsche, bei mindestens 40 °C waschbar	Waschen Sie mit bleichmittelhaltigem Universalwaschmittel und einer Dosierung für mittlere Verschmutzung. Intensive Flecken wie Löwenzahnsaft brauchen eine intensive Vorbehandlung: Dazu legen Sie den feuchten Fleck über ein Glas mit sehr heißem Wasser und tragen ein bleichmittelhaltiges Produkt (Vorwasch-Paste, Spray oder Flüssigbleiche) auf. Mit einem Glasteller oder Frischhaltefolie abdecken und die Aufhellung beobachten. Der vorbehandelte Fleck darf nicht eintrocknen. Waschen Sie ihn nach spätestens 15 Minuten mit Wasser aus. Setzen Sie den Fleck plus Bleichmittel nie zusätzlich der Sonne aus.
Weiße/helle Wäsche, bei 30 °C waschbar	Machen Sie möglichst eine Fleckenvorbehandlung mit bleichmittelhaltiger Vorwasch-Paste, Spray oder Flüssigbleiche, da bei dieser Waschtemperatur die Bleichwirkung gering ist.
Buntwäsche	Eine punktuelle Bleichung führt gern zu Bleichflecken. Waschen Sie das Textil so heiß wie möglich mit Colorwaschmittel plus einer halben (!) Dosierung Flüssigbleiche. Noch intensiver wirkt längeres Einweichen in Colorwaschmittel plus Bleichmittel. Anschließend waschen Sie die Teile mit dieser Einweichlösung. Bei sehr farbempfindlichen Stoffen empfehle ich zunächst versuchsweise eine Vorbehandlung mit Gallseife. Lassen Sie die Gallseife 1–2 Stunden einwirken.
Feinwäsche, Wolle und waschbare Seide	Feinwaschmittel plus milde Flüssigbleiche, wobei diese für Wolle und Seide geeignet sein muss.

FARBIGE, WASSERUNLÖSLICHE FLECKEN (PIGMENTFLECKEN)

Wasser- oder Dispersionsfarben lassen sich mit Wasser nur auswaschen, wenn die Flecken noch nicht eingetrocknet sind. Bei bereits eingetrockneten Farben und bei Flecken, die durch Erde, Make-up, Lippenstift oder Wimperntusche verursacht wurden, hilft weder Waschen noch Bleichen! Diese Flecken aus wasserunlöslichen Pigmenten sind zwischen den Fasern fixiert und brauchen eine Vorbehandlung.

Schnell und gut wirksam sind im Handel erhältliche Spezialfleckenentferner für Make-up, Gras und Erde. Darin sind neben Lösemitteln, Netzmitteln und schwachen Alkalien Verbindungen enthalten, die unter anderem die Farbpigmente umschließen. Sie sind vergleichbar mit Verfärbungsinhibitoren in Colorwaschmitteln.

Etwas mehr Arbeit macht folgende Methode: Bearbeiten Sie den Fleck mehrmals mit fester oder flüssiger Gallseife und einer weichen Zahnbürste. Zwischendurch immer wieder kräftig abtupfen, da die Pigmente im Schaum fein verteilt sind. Lassen Sie die Gallseife eine Stunde einwirken, nochmals bürsten und dann waschen.

FETTFLECKEN AUF WASCHBAREN TEXTILIEN

Fettflecken lassen sich bereits durch Waschen bei 40 °C mit einem Voll- oder Colorwaschmittel entfernen – sofern Sie das Waschmittel für stark verschmutzt dosieren. Auf der sicheren Seite sind Sie (auch bei niedrigen Waschtemperaturen), wenn Sie eine Vorbehandlung mit Gallseife, Handspülmittel oder einem „Küchen-Fettschmutzlöser" machen. Tragen Sie diese Mittel nicht nur auf, sondern arbeiten Sie sie kräftig mit den Fingern in die Fasern ein. Sie können die Wirkung durch Bedampfen verstärken. Bei **stark gefärbten Fettflecken** (zum Beispiel durch Kürbiskern- oder Chiliöl) wird vor dem Waschen **zuerst das Fett entfernt**. Dann nach dem Ausspülen den Pflanzenfarbstoff beim Waschen oder durch eine Vorbehandlung **bleichen.**

FETTFLECKEN AUF NICHT WASCHBARER OBERBEKLEIDUNG

Auf einen ganz frischen Fettfleck streuen Sie sofort etwas weißen Ton oder Schlämmkreide, ersatzweise feines Stärkemehl. Leicht einmassieren, einige Minuten einwirken lassen und ausbürsten oder absaugen. Eventuell wiederholen. Restflecken oder ältere Fettflecken können mit Waschbenzin oder Spiritus entfernt werden. Machen Sie unbedingt eine Vorprobe, bevor Sie mehrmals das Lösemittel auftropfen und abtupfen. Vorsicht bei Seide: Bei vielen Seidenstoffen ergibt Waschbenzin Ränder. **Fettflecken auf Seide** (mit Ausnahme von Waschseide) sind deshalb **ein typischer Fall für die chemische Reinigung.**

HARZFLECKEN

Entfernen Sie diese Flecken vor dem Waschen mit organischen Lösemitteln, da viele Harze bereits ab 40 °C aufweichen und sich dann fester in den Stoff einarbeiten. Schonend ist eine Vorbehandlung mit Spiritus, da Harze alkohollöslich sind. Nach einer sorgfältigen Vorprobe können Sie auch stärkere Lösemittel wie Universalverdünnung, Pinselreiniger oder Aceton einsetzen. Steht kein Lösemittel zur Verfügung, lohnt sich der Versuch, den frischen Harzfleck mit Kreppband zu entfernen. Dazu das Klebeband auf den klebrigen Rückstand pressen und ganz langsam abziehen. Kleine Harzflecken (auch an den Händen oder in den Haaren) können mit Speiseöl angelöst und der verbleibende Fettfleck vor dem Waschen mit Handspülmittel oder Gallseife bearbeitet werden.

KAUGUMMIFLECKEN

Da Kaugummi wasserunlöslich ist, kann er durch Waschen nicht entfernt werden. Im Gegenteil, durch die Waschtemperatur wird die Masse weicher und so auf dem Stoff fixiert.

Kühlen Sie den Fleck zuerst mit einem Kühlakku oder einem Vereisungsspray. Vereisungssprays kühlen durch rasch verdunstende Benzine, dabei kann die Kaumasse gleich etwas angelöst werden. Vorsicht: Diese Sprays können Flecken verursachen, deshalb unbedingt an eine Vorprobe denken. Der gekühlte Kaugummi lässt sich mit einem Spatel abheben und abkratzen.

Hilfreich sind auch Lösemittel wie Universalverdünnung, Nagellackentferner oder Aceton. Rauen Sie die Kaugummifläche vorsichtig etwas auf, um die Angriffsfläche zu vergrößern, dann lassen Sie das Lösemittel kurz einwirken und reiben den Fleck mit einem groben Tuch aus.

FLECKEN DURCH KERZENWACHS

Hier hält sich hartnäckig der Bügeltipp, obwohl die einfache Kühlmethode viel bessere Ergebnisse liefert, denn Bügeln fixiert die Wachse und deren Farben auf den Fasern. Legen Sie die verfleckten Teile kurz in das Tiefkühlgerät oder kühlen Sie sie mit Kühlakkus. In der Kälte wird das Wachs hart und bröcklig und lässt sich vom Untergrund abrubbeln. Da das Abheben des gefrorenen Wachses bei dicken Schichten besser funktioniert, sollten Sie nie versuchen, noch flüssige Wachsflecken abzureiben.

Die nach dem Abrubbeln noch vorhandenen Wachsreste lassen sich mit heißem Wasser aus Baumwolle entfernen. Dazu stopfen Sie den Stoff mit dem Fleck ein paar Zentimete tief in ein Glas und gießen vorsichtig Wasser auf die Mulde mit dem Fleck. Das Wachs löst sich vom Stoff und schwimmt im Wasser. Diese Extraktionsmethode klappt auch gut bei bestickten Stoffen. Bei Synthetikfasern kann das heiße Wasser den Fleck auf den Fasern fixieren. Ich empfehle hier zur Entfernung der Wachsreste ein Lösemittel wie Terpentinersatz oder Universalverdünnung.

Bügeln mit Löschpapier oder Küchentüchern liefert nur bei Baumwolle und weißen Kerzen gute Ergebnisse. Hier reicht die Einstellung Synthetik, da Wachs bereits bei unte 70 °C schmilzt. Bügeln Sie nur mit der Bügeleisenspitze, damit das Wachs nicht verläuft und wechseln Sie mehrmals die Unterlage. Den verbleibenden Restfleck bearbeiten Sie mit Gallseife, hartnäckige Flecken können Sie zusätzlich bedampfen. Danach so heiß wi möglich mit einem alkalischen Voll- oder Colorwaschmittel waschen.

Hochwertige Kleidung mit Wachsflecken bringen Sie so bald wie möglich zur Textilreinigung. Das in der Reinigung verwendete Perchlorethylen kann Wachs gut entfernen. Vorher nicht bügeln, das erschwert die Arbeit.

Sie mit Aceton, allerdings vertragen einigen Fasern (Viskose, Acetatseide…) dieses nicht. Alte Flecken können Sie in über 70 °C heißem Wasser etwas aufquellen lassen und danach mit einem Messer abrubbeln. Populär ist auch das Einweichen in Speiseöl, dann den Klebstoff vom Rand her mechanisch abzupfen. Einige Hersteller bieten für ihren Sekundenkleber auch einen geeigneten, aber teuren Fleckenentferner an.

WINDOWCOLOR-FLECKEN

Bei diesen Farben handelt es sich um eine Dispersion aus Kunstharzen und besonders feinen Pigmentstäuben. Bei frischen Flecken ist ein sofortiges Ausbürsten mit Wasser und Seife möglich. Bei angetrockneten Flecken müssen Sie geduldig rubbeln, je nach Hersteller zeigen sich auch Erfolge mit Lösemitteln. Das funktioniert aber nur, wenn noch nicht gewaschen wurde. Versuchen Sie es mit Terpentinersatz, Universalverdünnung oder dem im Handel erhältlichen zweiphasigen Spezialfleckenentfernern für Windowcolor und Dispersionsfarben.

KLEBSTOFFFLECKEN

Klebstoff ist nicht gleich Klebstoff! Schauen Sie auf die Klebstoff-Verpackung, oft stehen dort bereits Tipps zur Fleckenentfernung oder es ist eine Hotline-Nummer angegeben.

- Frische Dispersionsklebstoffe wie Holzleim oder Kleister können mit Wasser ausgespült werden. Eingetrocknete Flecken lassen sich nur noch mühsam entfernen. Bearbeiten Sie die verschmutzten Stellen mehrmals mit Gallseife, dann kräftig reiben, bürsten und zupfen. Robuste Stoffe können auch einige Stunden mit etwas Waschmittel in Wasser eingeweicht werden. Die Fasern quellen auf, der Klebstoff wird gelockert und kann besser ausgerieben werden.
- Lösemittelhaltige Alles- oder Kontaktkleber werden mit Lösemitteln wie Spiritus, Waschbenzin, Universalverdünnung, Nagellackentferner oder Aceton aufgeweicht und mit einem groben Tuch ausgerieben.
- Schmelzkleber werden gekühlt und dann abgerubbelt.
- Sekundenkleber macht die größten Probleme. Frische Flecken entfernen

FLECKEN DURCH KUGELSCHREIBER, DOKUMENTENECHTE STIFTE ODER FILZSTIFTE

Kugelschreiberstriche lassen sich mit Spiritus und einem Wattestäbchen gut entfernen. Der populäre Tipp, mit Haarspray zu arbeiten, funktioniert nur mit treibmittelhaltigem Haarspray, denn hier sind verschiedene Lösemittel enthalten, die Farbstoffe anlösen können. Allerdings müssen Sie anschließend die Haarsprayreste ausbürsten.

Viel mehr Schwierigkeiten machen dokumentenechte Stifte oder Filzstifte wegen ihrer unterschiedlichen Zusammensetzung. Ich empfehle Ihnen, hier stufenweise geduldig nach einer Lösung zu suchen. Versuchen Sie es zunächst mit Spiritus, dann punktuell Oxidationsbleiche auftragen und ausspülen. Der nächste Versuch ist mehrmaliges Behandeln mit Gallseife. Wenn nach dem heißen Waschen trotzdem noch Flecken da sind, machen Sie einen vorsichtigen Versuch mit reduzierenden Bleichmitteln (Haushaltsentfärbern).

Wenn Sie den Übeltäter kennen: Viele Hersteller stellen für ihre Produkte extra Verdünnungen her. Mit diesen Lösungen können die Flecken auch sehr gut entfernt werden. Oft lohnt sich, mit dem Hersteller direkt Kontakt aufzunehmen.

PARFÜMFLECKEN

Obwohl sich der größte Anteil des Parfüms rasch verflüchtigt, können ältere, hell gelagerte Düfte bräunlich-gelbe Flecken erzeugen. Bearbeiten Sie die Flecken zunächst mit Alkohol. Gelbe Reste entfernen Sie mit Oxidationsbleichen.

TEERFLECKEN

Kleine Teerflecken lassen sich durch kräftiges Einreiben mit Butter oder Margarine entfernen. Kurz einwirken lassen, mit Gallseife bearbeiten und bei mindestens 40 °C waschen. Größere Flecken brauchen Lösemittel wie Terpentinersatz oder Universalverdünnung. Mit Waschbenzin sind die Ergebnisse oft nicht zufriedenstellend.

RUSS ODER GRAPHIT

Solche Flecken müssen Sie ausbürsten, absaugen oder mit dem Schmutzradierer bearbeiten. Eventuelle Reste mit Gallseife bearbeiten und die Pigmente ausreiben.

ROSTFLECKEN

Rostflecken werden immer vor dem Waschen entfernt. Hierzu bieten sich folgende Methoden an: Lassen Sie auf den Fleck einige Zeit konzentrierte Zitronensäurelösung einwirken. Die Eisenoxide werden langsam komplex gelöst. Reduzierende Lösungen (Zitronensaft, Ascorbinsäure oder Haushaltsentfärber) wandeln die braunen dreiwertigen Eisensalze in zweiwertige farblose und wasserlösliche Verbindungen um. Die schnellste Wirkung hat Oxalsäure (Apotheke). Sie ist auch in handelsüblichen Rostentfernern für Textilien enthalten.

STOCKFLECKEN

Stockflecken bilden sich aus einzelnen Pilzsporen. Da Pilze fast überall vorkommen, sind auch ihre Sporen überall verbreitet. Die Sporen selbst sind genügsam, sie brauchen wenige Nährstoffe und können monatelang überleben. Wenn sie allerdings günstige Wachstumsbedingungen finden – wie eine hohe Luftfeuchtigkeit und mangelnde Belüftung – dann bilden sich die typischen runden Kolonien. Bei 25 °C und über 80 % relativer Luftfeuchtigkeit zeigen sich Braunfärbungen auf Cellulosefasern bereits nach drei bis vier Wochen.

Die befallenen Teile sofort bei möglichst 60 °C waschen. Die Myzele vieler Schimmelpilze sind nur bis ca. 50 °C lebensfähig, das heißt der Pilz wird getötet, aber nicht alle Pilzsporen. Deshalb waschen Sie am besten mit einem alkalischen bleichmittelhaltigen Vollwaschmittel. Die sauerstoffabspaltenden Bleichmittel zerstören die Sporen durch Oxidationen, gleichzeitig wird die Braunfärbung etwas aufgehellt.

Wenn Sie nur mit Feinwaschmitteln oder bis 40 °C waschen können, empfehle ich zusätzlich Flüssigbleiche und (ausnahmsweise) eine Behandlung mit einer desinfizierenden Hygienespülung.

Bei großen Flecken brauchen Sie mehr und kräftigere Bleichmittel! **Hypochlorithaltige Bleichen liefern wesentlich schneller viel bessere Ergebnisse als Sauerstoffbleichen.** Bei ganz hellen Teilen können Sie den angefeuchteten Stockfleck punktuell mit verdünnter (1:20) Hypochloritlösung bearbeiten. Bei bunten Teilen wird nur während des Waschprozesses gebleicht. Immer alle Teile unter gleichen Bedingungen und mit gleicher Bleichmittelkonzentration waschen, da es bei Naturfasern sonst zu Farbaufhellungen kommen kann. Fasergefärbte Synthetikstoffe sind farbstabiler. Geben Sie nach dem Einspülen des Waschmittels und kurzem Wasserzulauf 100 ml Hypochloritlösung (haushaltsübliche Mittel haben heute 2,8–3 %) verdünnt mit 500 ml Wasser in die Waschmaschine. Nie mit Hypochlorit alleine waschen, da das Voll- oder Colorwaschmittel die Waschlauge alkalisch macht und sich dann aus dem Hypochlorit kein schädliches Chlorgas entwickeln kann. Erhöhen Sie nicht die Konzentration, da nach meinen Erfahrungen dadurch unter Umständen der Nähfaden brüchig werden kann. Wer seine Waschmaschine schonen will, kann das Textil auch eine Stunde mit wenig Waschmittel und Chlorbleiche (50 ml auf 5 l warmes Wasser) einweichen. Mehrmals umrühren und nach dem Ausspülen in der Maschine nachwaschen.

SONNENSCHUTZMITTELFLECKEN UND -RÄNDER

Jede Sonnenschutzcreme muss heute UV-A-Lichtschutzfaktoren enthalten. Leider hinterlassen einige chemische Lichtschutzfilter **gelbe Flecken.** Lassen Sie deshalb den Sonnenschutz unbedingt 30 Minuten einziehen, bevor Sie sich anziehen. Die ölig-fettige Sonnencreme haftet nämlich auf Synthetikfasern noch intensiver als auf Ihrer Haut. **Je früher Sie waschen, desto besser,** denn durch Alterung wird die Entfernung erheblich erschwert. Waschen Sie mit Flüssigwaschmittel, da diese Produkte mehr Tenside enthalten und fetthaltigen Schmutz besser auswaschen. Die Waschmittel-Dosierung sollten Sie für stärker verschmutzte Wäsche wählen und das Textil so heiß wie möglich waschen. Bei ganz hartnäckigen Flecken hilft eine Fleckenvorbehandlung mit Flüssigwaschmittel, Handspülmittel oder einem Vor-

waschspray mit Waschbenzin. Manchmal kann aber nur noch eine chemische Reinigung helfen.
Sonnenschutzmittel gegen Mallorca-Akne können zusätzlich gelbes AGR (Alpha-Glykosil-Rutin) enthalten. Falls nach dem

Waschen noch Restflecken vorhanden sind, hilft hier langes Einweichen in 3%ige Zitronensäure und nochmaliges Waschen.

Und was tun bei Flecken unbekannter Herkunft?

Bei unempfindlichen Stoffen gehen Sie in folgender Reihenfolge vor:

Einweichen mit Wasser
Beobachten Sie genau die Ränder des Flecks.
Wenn der Rand leicht fransig erscheint,
ist der Fleck wahrscheinlich wasserlöslich.

Wasserlösliche Flecken
 Einweichen in 3%iger Zitronensäure, ausspülen!
→ Bearbeiten mit Gallseifen
→ Waschen mit enzymhaltigem Waschmittel und oxidierenden Bleichmitteln
→ Reduzierende Bleichmittel (Haushaltsentfärber oder Tintenkiller)

Wasserunlösliche Flecken
→ Alkohol (machen Sie auch einen Versuch mit einem alkoholhaltigen Fensterputzmittel)
→ Waschbenzin
→ Terpentinersatz, Universalverdünnung, Pinselreiniger ...
→ Orangenöl, Nagellackentferner, Aceton

MEIN SPEZIELLER TIPP
Bei unbekannten Flecken auf empfindlicher Oberbekleidung empfehle ich eine chemische Reinigung. Die professionellen Betriebe können mit anderen Lösemitteln und anderen Vorrichtungen für die Fleckenentfernung arbeiten.

Weitere Waschprobleme

Nicht nur Flecken machen Probleme beim Waschen. Was machen Sie zum Beispiel mit vergrauter Weißwäsche? Im Folgenden möchte ich Ihnen einige Tipps und Tricks verraten, wie Sie diesem und anderen Problemen Herr werden können.

Vergraute Weißwäsche

In immer mehr Haushalten ersetzt ein sanftes Grau das frische Weiß. Dafür gibt es mehrere Gründe, aber die eigentliche Ursache ist immer gleich: Es ist unser gut geschultes ökologisches Gewissen, denn **weiße Wäsche erfordert grundsätzlich den Einsatz von mehr Ressourcen!**

WARUM GIBT ES IMMER MEHR VERGRAUUNGEN?

Vergrauungen bestehen aus fein verteiltem Schmutz, Kalkablagerungen und Kalkseifen. Aber warum gibt es immer mehr Vergrauungen?

- Weil Weißes zusammen mit anderen Farben gewaschen wird, um die Maschine nur gut gefüllt zu starten. Die verwendeten Vollwaschmittel enthalten aber keine Verfärbungsinhibitoren, es kommt zu geringen **Farbübertragungen.**
- Weil Weißwäsche mit **Colorwaschmittel** ohne Bleichmittel und optische Aufheller gewaschen wird.

- Weil die **Waschmitteldosierung** nicht an die Verschmutzung und Wasserhärte angepasst wird. Der emulgierte Schmutz kann auf die Wäsche zurückfallen, er wird nicht ausgespült. Zusätzlich setzen sich Kalkkristalle und Kalkseifen auf der Wäsche ab, die viel Schmutz binden.
- Weil die **Waschtemperatur zu niedrig** ist. Die Bleichmittel arbeiten optimal bei 60 °C.
- Weil die neuen Waschmaschinen extrem wenig Wasser verbrauchen. Diese Wassereinsparung wird unter anderem dadurch erzielt, dass unmittelbar nach der Hauptwäsche für ein besseres Spülergebnis kurz zwischengeschleudert wird. Dabei wird die schmutzige Waschflotte durch die Schleuderbewegung in die Wäsche gepresst und ist dann bei den noch folgenden sparsamen Spülvorgängen in der gut gefüllten Maschine schwieriger zu entfernen. Deshalb vergrauen saugfähige Frottierstoffe mehr als glatte Gewebe.
- Weil bei weißen Synthetikfasern der Fettschmutz durch neutrale Feinwaschmittel nicht ausreichend entfernt wird.

SO KÖNNEN SIE VERGRAUUNGEN VERMEIDEN

- Waschen Sie **Weißes nur mit weißer Wäsche** und mit korrekt dosiertem pulverförmigem Vollwaschmittel. Es enthält Bleichmittel, optische Aufheller und Vergrauungsinhibitoren.
- Geben Sie bei starker Verschmutzung **weniger Wäsche** in die Waschmaschine, damit der **Schmutz besser ausgespült** wird.
- Wählen Sie die Wasserplus-Taste und einen zusätzlichen Spülgang.
- Weichen Sie stark verschmutzte saugfähige Weißwäsche ein und waschen Sie sie bei 60 °C.
- Waschen Sie weiße Synthetikfasern mit einem bleichmittelhaltigen alkalischen Waschmittel (pulverförmigem Universalwaschmittel oder Gardinenwaschmittel für weiße Gardinen) und vergraute Synthetikfasern nie über 40 °C! Bei höheren Temperaturen kann es, je nach Faser, zu Fasererweichungen kommen und der Schmutz wander

in die Faser hinein. Die Wäsche wird dadurch dauerhaft vergraut.

ND WIE WIRD VERGRAUTES WIEDER WEISS?

- Waschen Sie Baumwolle ausnahmsweise mit 90–95 °C!
- Versuchen Sie, Kalkablagerungen auf der Wäsche durch Waschen bei 60 °C mit Zitronensäure (100 g pro Maschinenfüllung ohne Waschmittelzugabe) zu entfernen.
- Gute Ergebnisse erzielen Sie mit hypochlorithaltigen Bleichmitteln: 100 ml pro Maschine plus Waschmittel im 60 °C-Normalprogramm! In Deutschland gibt es gegenüber diesen Bleichmitteln große Vorbehalte, in Frankreich und ganz Südeuropa ist es tägliche Praxis. Nach mehrmaligem richtigen Waschen nimmt der Grauton ganz allmählich ab.
- Bei **vergrauten Synthetikfasern** habe ich sehr gute Erfahrungen mit den neuen Dessous-Weißmachern gemacht. Sie enthalten reduzierend wirkende Bleichmittel. Wenden Sie die Produkte außerhalb der Waschmaschine in einem Plastikeimer an, da durch die Reduktionsmittel der Korrosionsschutz der Edelstahltrommel in der Waschmaschine vermindert wird. Außerdem können die Dichtungen leiden. Die schwefelhaltigen Verbindungen sind nichts für empfindliche Nasen, deshalb sollten Sie den Plastikeimer immer abdecken. Nach meinen Erfahrungen muss die Einwirkzeit auf 12–24 Stunden verlängert werden, um sichtbare Erfolge zu erzielen.

Was hilft bei müffelnder Wäsche?

Ein muffig-modriger Geruch ist immer ein Kennzeichen für verstärktes Mikrobenwachstum. Solange die Wäsche trocken gelagert wird, können sich die Keime kaum vermehren, sterben aber auch nicht ab. Deshalb bemerken Sie erst bei feuchtem Wetter oder nach kurzer Tragezeit ein unangenehmes „Müffeln". Es ist falsch, einfach mit einem Wäscheparfüm zu waschen oder mehr Weichspüler zu dosieren; packen Sie das Problem lieber umfassend an!

WAS SIND DIE URSACHEN UND WAS HILFT?

Eine Ursache kann sein, dass die **Waschmaschine stark verkeimt** ist. Es wachsen schmierige Bakterienfilme und Pilzkulturen in der Laugenwanne, der Einspülkammer und den Einspülwegen, auf der Türmanschette und dem Flusensieb. Das liegt daran, dass regelmäßige 60 °C-Wäschen mit Normalprogrammen und mit Bleichmittel zur Keimverminderung fehlen, zu wenig Waschmittel dosiert wird, viel Wasser im Türfalz stehen bleibt oder die Maschine nach dem Gebrauch zum Austrocknen nicht offen stehen bleibt. Machen Sie eine **Grundreinigung** mit einem Waschmaschinenreiniger oder einen 95 °C-Waschgang mit viel pulverförmigem Vollwaschmittel. Bei hoher Wasserhärte lohnt noch ein 60 °C-Waschgang mit 60–70 g Zitronensäurepulver. Wenn die Waschmaschine nach dem Urlaub zwei bis drei Wochen nicht benutzt wurde, machen Sie zunächst eine 60 °C-Wäsche mit bleichmittelhaltigem Waschmittel.

Prüfen Sie außerdem, ob die Waschmaschine richtig angeschlossen ist und dass kein Abwasser in die Waschmaschine zurückfließt.

Oft müffeln nur bestimmte Wäscheteile, besonders dunkle T-Shirts. Das liegt nicht, wie oft vermutet, an den Farbstoffen, sondern daran, dass diese Teile häufig nur bei 30 °C und nie mit Bleichmittel gewaschen werden. Waschen Sie diese Teile aus Baumwolle mal mit einer Waschmitteldosierung für „stark verschmutzt" so heiß wie möglich und geben Sie trotz der dunklen Farbe ab und zu etwas **Flüssigbleichmittel** dazu.

Auch Wäsche aus Synthetikfasern entwickelt unangenehme Gerüche, wenn Sie sie immer nur schonend waschen. Hierfür kann ich Sportwaschmittel mit **Geruchsabsorbern** (zinkorganische Salze) empfehlen.

Schützen Sie die Wäsche vor Feuchtigkeit! Lagern Sie die Schmutzwäsche bis zum Waschen **trocken und luftig,** damit sie nicht bereits vor dem Waschen zu stark verkeimt. Verschwitztes immer zuerst trocknen lassen, bevor es in den Wäschekorb kommt. Nehmen Sie die Wäsche nach dem Programmablauf sofort aus der Maschine und lassen Sie sie trocknen. Im Freien ausgelüftete Wäsche erst im Raum trocknen lassen, bevor sie in den Schrank kommt, und mit Dampf gebügelte Wäsche erst nach dem vollständigen Trocknen zusammenlegen.

Ein ranziger Geruch bei Wäsche ist gar nicht so selten. Hier hat sich in der Wäsche **fettiger Restschmutz** wie Hautfett, Öl oder Creme abgelagert, der allmählich oxidiert wird. Ranziger Geruch ist neben Schweißgeruch typisch für Funktionssportwäsche, da Fettschmutz aus Polyester schlechter zu entfernen ist. Die üblichen pH-neutralen Feinwaschmittel im 30 °C-Programm reichen hier auf Dauer nicht aus. Abhilfe bringt ein Sportwaschmittel oder ein flüssiges Colorwaschmittel – beides ab und zu in einer Dosierung für starke Verschmutzung.

Wäschepflege für Allergiker

Einfach nur „Wäsche waschen" ist für Allergiker und überempfindliche Menschen oft nicht ausreichend, da der Kontakt zur Wäsche intensiv und lang anhaltend ist. Oft muss häufiger und bei höherer Temperatur gewaschen und neben einer sorgfältigen Auswahl der Waschmittel auch der Programmablauf in der Waschmaschine optimiert werden. Ressourcenschonendes Waschen ist zwar für die Umwelt gut, kann aber für Allergiker und hautempfindliche Personen schädlich sein.

Nicht jede Hautrötung nach Wäschekontakt ist eine Allergie oder ein Kontaktekzem. Es können auch Scheuerstellen sein oder die Haut ist vorgeschädigt, weil zum Beispiel der Hautschutzmantel be-

schädigt und die Haut stark entfettet ist. Aber auch wenn es keine klare Ursache-Wirkungs-Zuordnung gibt, soll und darf Wäsche auf der Haut keine unangenehmen Empfindungen auslösen.

- Auf die Fasern selbst gibt es kaum allergische Reaktionen. Aber bei kratzigen Garnen wie Wolle mit vielen abstehenden Fasernspitzen kann es zu Rötungen kommen.
- Neue Kleidungsstücke sind fast immer mit Chemikalien behandelt. Waschen Sie diese deshalb vor dem ersten Tragen sehr **gründlich im Normalprogramm.** Kurze Waschprogramme für „neue Wäsche" reichen hier nicht aus.
- Dunkle und rote Baumwollwäsche blutet besonders gern aus. Waschen Sie die Teile zu Beginn so heiß wie möglich mit Colorwaschmittel, da durch den alkalischen pH-Wert des Waschmittels und die hohe Temperatur die eingesetzten Reaktivfarbstoffe besser auf der Faser stabilisiert werden.
- Lüften Sie nicht-waschbare neue Textilien einige Zeit in einem geschlossenen Raum aus.
- Eine spezifische Allergie auf Waschmittel ist selten, sofern gut gespült wurde. Aber auch Waschmittelreste schaden der Haut nicht, solange die Wäsche trocken bleibt.
- Es gilt: je mehr verschiedene Inhaltsstoffe, desto höher die Allergiegefahr. Empfehlenswert sind **Waschmittel im Baukastensystem.** Das Basiswaschmittel enthält gut verträgliche Tenside und Enthärtersubstanzen für Wasserhärten bis max. 14 °dH. Die weiteren Zusätze wie mehr Enthärter, Bleichmittel und Enzyme werden individuell den Bedürfnissen angepasst. Leider sind diese Systeme fast vom Markt verschwunden. Es gibt aber reiz- und allergenarme superkompakte Waschmittel ohne Farbstoffe, optische Aufheller, Füllstoffe und mit weniger auf der Faser verbleibenden Schmutzablösern und Duftstoffen. Diese Produkte sind teuer

und nicht überall erhältlich. Alternativ kann ich sensitive Colorwaschmittel empfehlen, die Sie dann selbst mit Bleichmittel zum Vollwaschmittel ausbauen.

- Erhöhen Sie bei größerer Wasserhärte nicht die Waschmitteldosierung, sondern verwenden Sie zusätzlich **leicht lösliche (flüssige) Wasserenthärter.**

- Immer wieder erreichen mich Anfragen wegen der häufig veränderten Duftstoffe in Waschmitteln für Allergiker. Das ist durchaus nicht schädlich, sondern kann vielmehr sogar nützlich sein, da alleine schon ein häufiger Kontakt mit dem gleichen Duftstoff zu Überempfindlichkeiten führen kann. Die Verträglichkeit wird immer wieder in Tests in Zusammenarbeit mit dem Deutschen Allergie- und Asthma-Bund überprüft.

- Alternative Waschmittel sind Waschnüsse, die durchaus ein ordentliches Waschergebnis bei **Buntwäsche** geben.

WASCH-TIPPS FÜR ALLERGIKER

- Wäsche wird durch die Faktoren Wasser, Zeit, Temperatur, Mechanik und Chemie sauber! Da bei empfindlichen Personen die Waschchemie sparsamer dosiert wird, sollte die Wäsche mit mehr Wasser etwas länger und bei höherer Temperatur gewaschen werden.

- Dosieren Sie die Waschmittel grundsätzlich knapp. Empfehlenswert sind Waschmaschinen mit Ladungsmengenerkennung, die die prozentuale Waschmitteldosierung genau anzeigen.

- Kontrollieren Sie nach dem Einspülen des Waschmittels, ob alles eingespült wurde.

- Damit das Waschmittel gut ausgespült wird, mit hohem Wasserstand arbeiten und einen Spülgang mehr durchführen.

- Hausstauballergiker sollten die Wäsche, vor allem die Bettwäsche und das Bettzeug, bei mindestens 60 °C im Normalprogramm waschen, um Hausstaubmilben effektiv abzutöten. Für Textilien, die eine solche Temperatur nicht vertragen, gibt es Waschmittelzusätze, zum Beispiel Benzylbenzoat. Auch Blütenpollen oder Hautschuppen von Haustieren werden durch hohe Waschtemperaturen besser entfernt.

- Pflegeleichtprogramme halten die Waschtemperatur nur für kurze Zeit. Sie können die Waschzeit verlängern und so das Waschergebnis verbessern, wenn Sie nach ca. 40 Minuten die Maschine für 15 Minuten abschalten. Viele Maschinen waschen nach dem Wiedereinschalten problemlos weiter.

- Allergiker können mit Regenwasser waschen, da bei einer gut gewarteten Regenwasseranlage darin fast keine Allergene enthalten sind. Im Gegenteil: Aufgrund der geringen Wasserhärte wird erheblich weniger Waschmittel benötigt als bei Trinkwasser.

- Führen Sie eine Handwäsche nur mit Handschuhen durch.

- Trocknen Sie die Wäsche nicht im Freien!

- Sehr empfehlenswert sind Kondenstrockner, da keine neuen Allergene von außen dazukommen und Tierhaare und Allergene im Flusensieb bleiben.

Saubere Gardinen

Lassen Sie die Gardinen am besten erst gar nicht zu schmutzig werden. In Wohnungen mit Rauchern, offenen Kaminen oder vielen Kerzen sollten Sie sie drei- bis viermal jährlich waschen, sonst reichen ein- bis zweimal.

- **Nehmen Sie die Gardine erst unmittelbar vor dem Waschen ab,** damit sich keine Knitterfalten bilden. Kurz im Freien ausstauben.
- Vor dem Waschen entfernen Sie alle Metallteile, da diese den Store beschädigen oder Rostflecken verursachen können. Teile aus Kunststoff können in einem Stoffbeutel mitgewaschen werden.
- Für empfindliche zarte Gardinen ein sehr großes Wäschenetz verwenden.
- Geben Sie maximal 12 m² Gardine in eine 5 kg-Trommel. Gardinen brauchen beim Waschen viel Platz.
- Weichen Sie Synthetikgardinen nicht ein, denn dadurch kann sich abgelöster lipophiler Schmutz aus der Einweichlauge über der Gardine verteilen.
- Gardinen in der Waschmaschine immer zuerst **mit Wasser einmal vorspülen,** so wird der Staub entfernt. Erst dann das Waschprogramm starten.
- Stark verschmutzten Teilen gönnen Sie nach dem Vorspülen eine Vorwäsche mit einem Viertel der Gesamtwaschmittelmenge. Nach der Vorwäsche und vor dem Start der Hauptwäsche machen Sie ein bis zwei Spülgänge. So können Sie Vergrauungen während des Waschens vermeiden, denn die entstehen durch Schmutz, der nicht ausreichend emulgiert ist und auf die Gardine zurückfällt.
- Fast alle Gardinen sind heute aus Polyester, deshalb sollten Sie weiße Gardinen mit **bleichmittelhaltigem Vollwaschmittel** und farbige mit **Colorwaschmittel** waschen. Diese entfernen Fett-, Ruß- und Nikotinablagerungen viel besser als neutrale Feinwaschmittel.
- Sehr empfehlenswert sind Gardinenwaschmittel, vor allem bei weißen Stores und Vorhängen mit Gitterstruktur, bei denen die Waschmaschine leicht überschäumen

kann. Diese Spezialwaschmittel enthalten viele Bleichmittel, Bleichaktivatoren und Vergrauungsinhibitoren. Sie sind leicht löslich und bilden einen besonders feinen Schaum, der die zarten Teile bei der Wäsche schont, und es gibt weniger Knitterfalten.

- Gewaschen wird bei 30 °C im Feinwaschprogramm. Im Pflegeleichtprogramm würden sich mehr Knitterfalten bilden. Für stark verschmutzte weiße Gardinen empfehle ich aber eine 40 °C-Wäsche, da bei dieser Temperatur die Bleichwirkung verbessert ist.
- Empfehlenswert ist eine **Nachbehandlung: Weichspüler** vermindern die Bildung von Knitterfalten und die elektrostatische Aufladung, außerdem verstauben weichgespülte Gardinen weniger rasch. Für rein weiße Gardinen ist eine **pigmenthaltige Appretur** ein echter Weißmacher! Die weißen Pigmente ziehen direkt auf die Faser auf und überdecken Vergrauungen. Gleichzeitig wird der Store etwas gestärkt und schmutzabweisend.
- Vorhänge nicht schleudern, sondern höchstens kurz anschleudern.
- Nass aufhängen, denn durch das eigene Gewicht werden Knitterfalten geglättet.

MEIN SPEZIELLER TIPP

Verwenden Sie bei weißen Gardinen keine hypochlorithaltigen Bleichmittel für Synthetikfasern. Durch die starke Oxidationswirkung auf die optischen Aufheller in den Synthetikfasern kann es zu Gelbfärbungen kommen. Für stark vergraute Gardinen lohnt eine Entgrauung mit Dessous-Weißmacher.

Waschen von „bügelfreien" Hemden und Blusen

- Geben Sie maximal 6–8 Hemden oder Blusen in ein 40 °C-Pflegeleichtprogramm mit Voll- oder Colorwaschmittel.
- Keinen Weichspüler verwenden, da dadurch das Gewebe zu weich wird, die Fäden können sich leichter verschieben.
- Wasser nur abpumpen, möglichst nicht anschleudern oder höchstens Kurzschleudern mit 400 U/min.
- Sofort aus der Maschine nehmen, etwas ausschütteln, über Bügeln aufhängen und die vorderen Kanten etwas glatt ziehen. Auch die anderen Nähte straffen, um die Kräuselung zu vermindern.
- Restfalten werden beim Tragen durch die Körperwärme geglättet.
- Verzichten Sie auf das meist völlig **unnötige Bügeln des Kragens.** Bügeln strapaziert besonders die Kragenecken! Falls Sie den Kragen unbedingt bügeln wollen, wählen Sie nicht die Einstellung Baumwolle (165–200 °C), sondern eher die Mittelstellung Wolle–Baumwolle. Denn bei vielen Hemden werden die Krageneinlagen mit dem Kragenstoff nur bei 170–180 °C verschmolzen.
- Die Teile hängend aufbewahren.

Wie kommen die kleinen Löcher in die Wäsche?

Nach dem Waschen entdecken Sie plötzlich kleine Löcher in der Wäsche. Sie entstehen bevorzugt in gewirkten Teilen wie T- oder Sweatshirts. Natürlich zeigen Textilien einen normalen Verschleiß und bei Billigstware aus Fernost akzeptieren wir das auch, aber warum tauchen bei guten neuen Teilen Risse und kleine Löcher auf? Die Forscher sind dem Lochfraß ständig auf der Spur und haben folgende Verursacher ausgemacht.

URSACHE NR. 1 – MECHANISCHE VERLETZUNGEN

- Die Wäsche hatte bereits **vor dem Waschen kleine, kaum sichtbare Beschädigungen.** Ursache kann ein starker Abrieb im Bereich des Gürtels, einer Gürtelschnalle oder eines Druckknopfes sein, aber auch kleine Unebenheiten an Arbeitsplatten-Kanten. Tauchen die Löcher am Rücken auf, sollten Sie die Stuhllehnen untersuchen. Auch scharfkantige Sicherheitsgurte können Spuren hinterlassen – und manche Katze fährt beim Schmusen unbemerkt die Krallen aus. Kontrollieren Sie auch das Innere des Wäschekorbs auf raue Stellen.

- **Kleine Löcher oder Risse werden durch den Waschvorgang vergrößert.** Kontrollieren Sie die Wäsche vor dem Waschen und bessern Sie sie gegebenenfalls aus.
- Offene Reißverschlüsse, BH-Häkchen oder -Bügel können beim Waschen und Schleudern andere Teile beschädigen. Deshalb vor Beginn des Waschvorgangs alle Reißverschlüsse schließen und problematische Stücke in ein Wäschenetz stecken.
- **Viskoseteile** sind nass sehr reißempfindlich, deshalb rate ich, diese grundsätzlich im **Wäschesack** zu waschen.
- Kontrollieren Sie mit einem Perlonstrumpf die Waschmaschinentrommel auf raue Stellen. Diese können Sie mit ganz feinem Schleifpapier glätten. Auch Fremdkörper wie Büroklammern oder kleine Steine können sich in den Trommellöchern festsetzen.

- Bei einer **überladenen Frontladerwaschmaschine** kann sich die Wäsche beim Start des Schleuderganges zwischen der Trommel und der Türmanschette verklemmen. Ist der Abstand zwischen Trommel und Türdichtung zu knapp, kann die Wäsche auch bei geringer Beladung eingeklemmt werden. Hier hilft nur eine neue Dichtung oder Sie waschen die Wäsche immer in einem großen Wäschesack.

URSACHE NR. 2 – SCHÄDEN DURCH REINIGUNGSMITTEL

- Bleichmittelhaltige **Reinigungssprays,** medizinische Kosmetika sowie Haut- oder Hand-Desinfektionsmittel enthalten sauerstoffabspaltende Zusätze, die in den Textilien kleine Löcher verursachen können.
- Alle **Oxidationsbleichmittel** können in Verbindung mit Metallionen punktuell extrem **viel Sauerstoff** freisetzen. Selbst feste Baumwolle und Leinen kann so in der Nähe von Metallknöpfen, Nieten, Reißverschlüssen oder Stickereien mit Metallfäden brüchig werden.
- Viele Waschmittel enthalten zur Entfernung von eiweißhaltigen Flecken Pro-

teasen. Diese eiweißabbauenden Enzyme greifen Eiweißfasern wie Wolle
und Seide an. Waschen Sie diese deshalb nur mit enzymfreien Wollwasch-
mitteln.

- In vielen Haushalten wird mit **sauren Reinigern** in Sprühflaschen gearbeitet. Wirkt die Säure längere Zeit auf Baumwollfasern ein, kann es zum „Säurefraß" kommen.

URSACHE NR. 3 – SCHÄDEN DURCH GEFRÄSSIGE HAUSMITBEWOHNER

- Wolle und Seide sind Eiweißfasern und deshalb eine begehrte Nahrung bei den Larven von Kleidermotten und Pelz- oder Teppichkäfern. Sie hinterlassen unregelmäßige ausgefranste Löcher, zusätzlich erkennt man bei Motten verlassene Gespinströhrchen und krümelige Eiablagerungen. Baumwolle, Leinen und Synthetikfasern bleiben verschont, ebenso Mischgewebe mit unter 40 % Naturfaseranteil.
- Cellulosefasern können von **Silberfischchen** angeknabbert werden, vor allem, wenn die Wäsche schweißnass längere Zeit liegen bleibt.
- Ein weiterer Schädling für Cellulosefasern ist der Messingkäfer, der aber nur ganz selten in alten Häusern vorkommt und durch sein prägnantes Aussehen rasch auffällt.

Schweißgeruch in der Wäsche

Wie schnell und wie stark Wäsche nach Schweiß riecht, hängt von der Art der Faser ab. Wolle und Seide binden als Eiweißfasern weniger Gerüche, auch Baumwolle braucht länger, bis Schweißgeruch wahrnehmbar ist. Synthetikfasern binden aufgrund ihrer lipophilen Struktur Geruchsstoffe wesentlich stärker. Am schnellsten „schweißeln" Polyesterfasern.

SO BEKÄMPFEN SIE SCHWEISSGERUCH

- Stark verschwitzte Wäscheteile, die nicht am gleichen Tag gewaschen werden, sollten Sie zunächst gut trocknen, bevor sie im gut belüfteten Wäschebehälter gesammelt werden.
- Eine 30 °C-Wäsche im Schonwaschgang mit Feinwaschmittel kann wenig ausrichten, vor allem, wenn der Schweiß bereits tagelang in der Wäsche war. Wählen Sie besser eine 40 °C-Wäsche und ein Waschmittel mit einem alkalischen pH-Wert. Noch besser ist ein 60 °C-Waschgang oder Sie waschen bei 40 °C mit **sauerstoffhaltigen Bleichmitteln.** Eine farbschonende Alternative sind Spezialwaschmittel mit Geruchsabsorbern, die häufig als Sportwaschmittel im Handel zu finden sind. Darin sind organische Zinkverbindungen enthalten, die in wässriger Lösung Stinkstoffe binden. Da ein Teil der Verbindungen auf die Fasern aufzieht, bleibt die Wäsche auch beim Tragen länger frisch. Die im Handel erhältlichen Produkte bringen ihre Wirkung aber nur bei Synthetikfasern.
- Empfindliche, nur bei 30 °C waschbare Wäsche mit unangenehmem Schweißgeruch braucht eine Sonderbehandlung. Ich empfehle Ihnen eine PAP-haltige Hygienebleiche, die bereits ab 20 °C und beim neutralen pH-Wert eines Feinwaschmittels desinfizierend wirkt.
- Moderne Hygienespülungen sind eine weitere Alternative.
- Egal wie Sie waschen – entnehmen Sie die Wäsche zum Trocknen sofort nach dem Programmablauf. Je weniger Keime die frische Wäsche enthält, desto mehr Frischegefühl!
- Ein einfaches altes Hilfsmittel wird leider immer vergessen: **Unterarm- oder Schweißblätter.** Es gibt sie aus saugfähiger Baumwolle zum Einnähen oder aus Vlies zum Einkleben.
- Bei nicht waschbaren Textilien lohnt sich für zwischendurch ein Versuch mit Textilerfrischern in Sprühform, denn Auslüften bringt nur bei reiner Wolle etwas. Diese enthalten Wirkstoffe, die Geruchsstoffe in käfigartige Molekülstrukturen einlagern können.

Woher kommen Flecken nach dem Waschen?

Es passiert immer wieder: Sie geben die Wäsche ohne erkennbare große Verschmutzungen in die Waschmaschine – und nach dem Waschen entdecken Sie plötzlich neue hartnäckige Flecken. Die Ursachen für diesen Fleckenspuk sind vielfältig und erfordern mitunter eine detektivische Spürnase. Die erste Maßnahme ist immer eine Kontrolle und Reinigung der Waschmaschine. Reinigen Sie das Sieb im Wasserzulaufschlauch, das Waschmitteleinspülfach und den Einspülweg, die Trommel einschließlich der Trommeldichtung und das Flusensieb.

DUNKLE FLECKEN

- Wenn Sie Flecken immer nur auf gleichen Teilen, zum Beispiel nur auf Handtüchern, entdecken, dann können **Kosmetikprodukte mit Polyquats** (Inhaltsstoff Polyquaternum X) die Ursache sein. Dies sind beliebte Filmbildner in Dusch- oder Haarschampoos, in Haar-Stylingprodukten oder Kontaktlinsenpflegemitteln. Polyquats sind zunächst farblose Verbindungen, die aber beim Waschen viel Schmutz aus der Waschflotte adsorbieren. Es entstehen Schatten oder Flecken, die meist am Rand dunkler als in der Mitte und fast nicht mehr zu entfernen sind.
- Auch Weichspüler können sich wie Polyquats verhalten, wenn sie versehentlich direkt auf die Wäsche tropfen und nicht vor dem Waschen mit klarem Wasser ausgespült werden.
- **Obstflecken** von Apfel, Birne und Banane oder **Pflanzensaftflecken** von Löwenzahn werden oft erst nach einem Waschgang sichtbar. Diese Flecken sind durch Sauerstoffbleiche entfernbar.
- Eine **poröse Waschtrommeldichtung** kann durch Reibung dunkle Spuren auf der Wäsche hinterlassen. Erneuern Sie die Dichtung und bearbeiten Sie die Flecken mit Flüssigwaschmittel oder Gallseife.

ROSTFLECKEN

- Bei Metallteilen wie Ösen, Knöpfen oder Reißverschlüssen kann durch den Gebrauch die Schutzschicht abplatzen. Darunter ist Eisen, das während des Waschens auf anderen Wäscheteilen zu Rostflecken führen kann.
- Rostende Fremdkörper (Haarklammern, Büroklammern, BH-Bügel) in der Waschmaschine hinterlassen Flecken auf der Wäsche. Hier muss die Maschine geöffnet werden, um die Fremdkörper zu entfernen.
- Durch korrodierte Leitungen oder durch Bauarbeiten können zu viele Eisensalze ins Trinkwasser gespült werden. In der alkalischen Waschflotte bilden sich dann Rostflecken. Besserung bringt die Reinigung des Hauptfilters nach der Wasseruhr.

SCHMIERFETTFLECKEN

- Ein Lagerschaden der Waschmaschinentrommel; die Flecken werden vom Lagerfett verursacht. Für einen Lagerschaden spricht, wenn die Maschine laut schleudert, beim Drehen der Trommel mit der Hand ein seltsam schabendes Geräusch zu hören ist und die Trommel beim Bewegen mit der Hand ein erhöhtes Spiel zeigt. Die Flecken mit Gallseife bearbeiten und nochmals waschen.
- Kleine dunkle schmierige Fettkügelchen sind „Fettläuse".

HELLE VERSCHIEDENFARBIGE FLECKEN AUF DUNKLER WÄSCHE

- Hellgelbe bis orangerote Flecken können durch versehentlich unverdünnt aufgebrachte **Bleichmittel** verursacht werden. Diese können zum Beispiel in peroxydhaltigen desinfizierenden Kosmetika oder Sprühreiniger enthalten sein. Sie entwickeln ihre Bleichwirkung mitunter erst bei einer höheren Waschtemperatur. Braune oder schwarze Teile bekommen plötzlich rosa oder türkisgrüne Tupfen. Auch pulverförmiges Vollwaschmittel, das direkt auf die Wäsche gelangt, kann durch bleichende Salze zu solchen Flecken führen.

GELBE FLECKEN

- Hauptursache sind oft die Lichtschutzfaktoren in Sonnenschutzmittel.
- Ganz hartnäckige gelbe Flecken gibt es, wenn Wäscheteile mit Bleichmittel oder schlecht ausgespülten Bleichmitteln der prallen Sonne ausgesetzt sind. Hier kann der optische Aufheller zu gelbgrünen Verbindungen oxidieren. Die Flecken können fast nicht mehr entfernt werden, höchstens durch längeres Einlegen in reduktive Haushaltsentfärber.

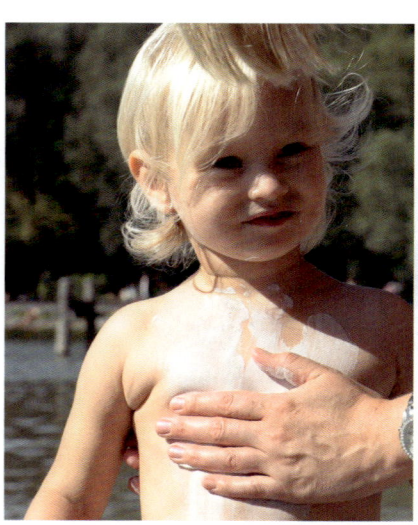

Wie pflege ich Wolle richtig?

Wolle ist eine spiralig aufgebaute Eiweißfaser. Dieses elastische Eiweiß ist bei einem pH-Wert von 5 am stabilsten, weshalb Wolle mit einem Wollwaschmittel in diesem Bereich gewaschen wird. Die Wollfaser ist von einer Schuppenschicht umgeben. Beim Schaf gehen noch alle Schuppen in die gleiche Richtung, nach dem Spinnen und Verarbeiten sind sie nicht mehr parallel. Durch Drücken, Reiben oder Wringen können die Schuppen ineinander verhaken, die Wolle verfilzt und schrumpft. Über dieser Schuppenschicht liegt eine feine Schicht aus Wollwachs, die Wasser und Schmutz abperlen lässt und dazu beiträgt, dass anhaftender Schmutz beim Waschen rasch abgegeben wird.

- Nasse Wolle ist sehr elastisch und kann sich rasch verziehen. Deshalb wird Maschenware am besten in feuchtem Zustand liegend und nass auf einem Formbügel getrocknet.
- Wollkleidung ist mit Dampf gut formbar! Mit Dampf fixierte Bügelfalten in Wollstoffen sind haltbar, andererseits hängen sich Sitzfalten in feuchtem Dampf auch wieder aus.
- Kleidungsstücke aus **reiner gewebter Wolle,** aus Loden oder Filz wie Anzüge, Kostüme oder Mäntel können **nicht gewaschen werden,** weil sie rasch verfilzen. Diese Webteile brauchen eine chemische Reinigung mit Lösemitteln. Da diese aber das natürliche Wollfett vermindert, sollte sie nur selten durchgeführt werden. Polyester-Woll-Mischungen können bei einem Wollanteil unter 50 % meistens gut selbst gewaschen werden.
- Den typischen „Kragenspeck" bei einem Wollmantel oder einer Wolljacke können Sie zwischendurch mit Waschbenzin oder Spiritus entfernen. Tropfen Sie diese auf eine samtige Fusselbürste und reiben Sie mehrmals über die verschmutzten Partien.
- Ist die **Wolle gestrickt oder gewirkt** (Maschenware, Walk), ist der Aufbau der Flächen sehr viel lockerer. Diese Teile können Sie zuhause von Hand oder in modernen Waschmaschinen im **Handwäscheprogramm waschen,** wenn Waschflotte, Waschmittel, Waschmechanik, Waschzeit und Waschtemperatur auf die empfindliche Faser abgestimmt sind. Nur dann hat der Filz keine Chance!

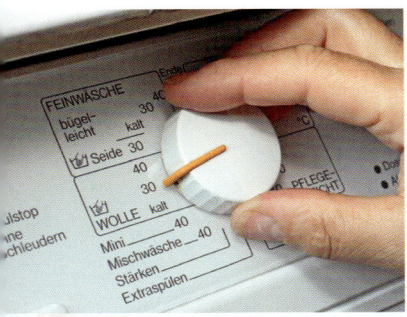

MASCHINENWÄSCHE

- Maschinenwaschbare Wolle geben Sie bitte auf links gedreht in ein Handwäsche-Wollprogramm.
- Verwenden Sie flüssiges Wollwaschmittel oder ein mildes Haarschampoo, in denen keine Proteasen (eiweißabbauende Enzyme) enthalten sind. Gering dosieren!
- Flecken unmittelbar vorher mit etwas Wollwaschmittel vorbehandeln, nicht stark reiben. Für bleichbare Flecken gibt es flüssige Sauerstoffbleichen, die auch für Wolle geeignet sind. Deshalb unbedingt nachlesen, ob „für alle Fasern geeignet" auf der Flasche steht.
- Füllen Sie die Trommel nur zu einem Drittel.
- Die Waschtemperatur ist kalt bis maximal 30 °C.
- Lassen Sie zuerst Wasser einlaufen und die Teile ganz nass werden, erst dann spülen Sie das Waschmittel ein.
- Für locker gestrickte Teile keinen Weichspüler verwenden, sie können dadurch ausleiern.
- Farbintensive Teile können Sie durch verdünnte Essigsäure auffrischen. Auch kann durch Essig die Eiweißstruktur der Wolle bei ausgeleierten Teilen wieder stabilisiert werden.
- Ich selbst schleudere nur bei 600 U/min, obwohl bei manchen Maschinen Schleuderzahlen von 1200 U/min im Wollwaschgang programmiert sind. Nehmen Sie die Teile im Anschluss sofort aus der Maschine.

HANDWÄSCHE

- Weichen Sie die Teile nie ein und nehmen Sie auf 1 kg Wäsche mindestens 8 l Wasser.
- Feuchten Sie die Teile zunächst an und legen Sie sie erst dann in die lauwarme Waschflotte, das ist schonender für die Wolle.
- Leichtes und vorsichtiges Kneten und Wenden genügt vollkommen. Beim Herausnehmen greifen Sie mit beiden Händen unter das Teil, um es nicht unnötig zu dehnen.
- Spülen Sie anschließend mehrmals mit Wasser, das möglichst die gleiche Temperatur hat wie die Waschflotte. Das vermindert das Verfilzen.
- Nicht wringen, nur drücken. Dann die Teile vorsichtig auf ein trockenes Handtuch legen, aufrollen und das Restwasser ausdrücken.

TROCKNEN UND BÜGELN

- Die nassen Teile in Form ziehen und liegend trocknen lassen, und zwar nicht in Heizungsnähe oder der prallen Sonne.
- Die **fast trockene Wolle** wird in einem Woll-Finishprogramm im **Wäschetrockner** wieder flauschig weich.
- Wolle kann bei maximal 130 °C gedämpft werden. Am besten Sie legen ein Tuch auf und streichen mit dem Bügeleisen nur über die Wolle, damit keine Glanzstellen entstehen.

MEIN SPEZIELLER TIPP

Leicht verfilzte Teile können Sie wieder regenerieren, indem Sie sie in eine hochkonzentrierte Weichspülerlösung einlegen und danach in Form ziehen.

Waschen von Daunenjacken

Ob eine Daunenjacke (oder ein Daunenbett) waschbar ist, hängt nur von den anderen verarbeiteten Materialien ab, nicht von der Daunenfüllung, denn jede Daune kann gewaschen werden! Allerdings wird den Daunen bei jedem Waschen etwas Fett entzogen, sie verlieren dadurch an Elastizität und Bauschkraft. Deshalb sollten Sie solche Teile nie unnötig waschen, sondern sie wie Wollkleidung häufig auslüften.

Geben Sie die Jacke zur Probe in die Waschmaschine. Sie sollte gut in die Maschine passen und nicht stark gestaucht werden, damit die Daunen nicht brechen und der Schmutz gut abgelöst und ausgespült wird.

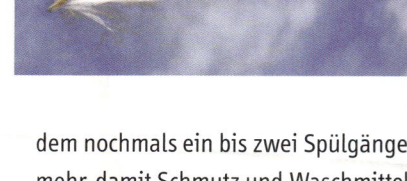

- **Kontrollieren** Sie die Jacke zunächst **auf Löcher und Risse** und bessern Sie diese aus.
- Bearbeiten Sie verschmutzte Kragen und Ärmelbündchen sowie Flecken mit flüssiger Gallseife oder Bleichmitteln, die auch für Wolle und Seide geeignet sind.
- **Schließen Sie alle Reißverschlüsse,** Klettverschlüsse und Knöpfe, fixieren Sie die Kordeln und legen Sie die Jacke in die Waschmaschine.
- Gewaschen wird mit einem neutralen, enzymfreien und gut auswaschbaren Daunen- oder Wollwaschmittel mit leicht rückfettendem Effekt. Dosieren Sie sehr genau und auf keinen Fall zu

knapp, damit der Schmutz nicht nur gelöst, sondern auch ausreichend ausgespült wird und nicht in der Füllung hängen bleibt.
- Verwenden Sie keinen Weichspüler, denn der überzieht die Daunen mit einem Film und sie verlieren dadurch ihre Bauschkraft.
- Schalten Sie auf „Kurzschleudern", um die **Luft aus der Füllung zu entfernen.** So durchnässt die Waschflotte sofort gleichmäßig die Füllung. Gewaschen wird im **Wollwaschgang.** Wählen Sie kein Seidenprogramm, da hier nicht zwischengeschleudert wird und dadurch der Spüleffekt für die Daunenfüllung zu schwach ist. Wählen Sie trotz-

dem nochmals ein bis zwei Spülgänge mehr, damit Schmutz und Waschmittel gut ausgespült werden.
- Schleudern Sie bei 1000–1200 U/min, das halten die nassen Daunen aus.
- Federn und Daunen trocknen nach dem Waschen sehr langsam. Deshalb das Teil **unbedingt im Trockner trocknen!** Die Füllung fängt sonst an zu stocken und bei hellen Jacken bilden sich gelbbraune Flecken. Getrocknet wird in einem zeitgesteuerten Pflegeleichtprogramm. Bei Sensorprogrammen schaltet sich das Programm ab, sobald die Jacke an der Oberfläche trocken ist. Sie können den Sensor überlisten, wenn Sie **ein feuchtes Frottiertuch oder mehrere feuchte Waschlappen mit in den Trockner geben.** Das feuchte Tuch meldet dem Sensor „weitertrocknen". Empfohlen wird die Zugabe drei sauberer (!), möglichst vorgewaschener Tennisbälle, sie lockern die Füllung.
- Holen Sie die Jacke **zwischendurch heraus, schütteln Sie sie kräftig** durch und lassen Sie das Teil eine Stunde lufttrocknen. Die Restfeuchtigkeit verteilt sich in der Jacke. Dann wird nochmals getrocknet. Bei dicken Jacken wiederholen.

Lassen Sie die Jacke vor dem ersten Tragen noch mindestens 24 Stunden an der Luft hängen und schütteln Sie sie immer wieder durch, damit sich das Daunenfett gleichmäßig in der Füllung verteilt.

Überprüfen Sie die Imprägnierung der Jacke, denn Daunen halten nur warm, aber nicht trocken.

HINWEIS

Wenn die Jacke nach dem Waschen noch stinkt, wurden eventuell schlecht aufgearbeitete und gereinigte Daunen oder auch Recyclingdaunen verwendet oder die Tiere wurden nicht artgerecht gehalten. Daunen von gut gehaltenen, ausgewachsenen Gänsen und Enten riechen nicht – weder vor noch nach dem Waschen! Aber natürlich müffeln auch zu langsam getrocknete Daunenjacken.

Was tun bei verfärbter Wäsche?

Eine kleine Unachtsamkeit – und schon ist es passiert: Die Wäscheladung ist verfärbt. Frische Verfärbungen lassen sich am besten beseitigen. Deshalb sollten Sie die verfärbten Textilien in der Maschine lassen, nicht trocknen oder bügeln und sofort handeln.

- Im besten Fall genügt es, die Wäsche noch einmal mit mehr Waschmittel und reichlich Fleckensalz oder Flüssigbleiche so heiß wie möglich zu waschen – natürlich ohne das schuldige farbige Textil. Falls Sie Colorschutztücher oder einen Farbschutz zuhause haben, geben Sie diese zur Waschladung dazu. Diese Verfärbungsinhibitoren können die abgelösten Farbstoffe binden.
- Bei **unempfindlicher Weißwäsche** aus Baumwolle erzielen Sie mit **hypochlorithaltigen Bleichen** bessere Ergebnisse. Verdünnen Sie 100 ml Chlorbleiche mit mindestens 500 ml Wasser und füllen Sie diese Mischung in die Waschmaschine. Geben Sie noch etwas Voll- oder Colorwaschmittel dazu und machen Sie ein Normalprogramm. Häufig ist dann der Spuk vorbei. Anschließend gönnen Sie der Wäsche nochmals eine Wäsche mit wenig Waschpulver.
- Die besten Ergebnisse erzielen Sie mit **Heiß- oder Universal-Entfärber,** die aber nur für Weißwäsche problemlos einsetzbar sind. Ich empfehle Ihnen zur Schonung der Edelstahlteile nur außerhalb der Waschmaschine zu entfärben, auch wenn manche Entfärber mit Rostschutzformeln werben. Wie lange die Wäsche in der Lösung liegen muss, ist temperaturabhängig. Spülen Sie sie nach der Behandlung sehr gründlich aus und waschen Sie nochmals mit Waschmittel nach, sonst könnten die verbliebenen Farbreste durch den Sauerstoff in der Luft wieder oxidiert werden, sprich wieder farbig werden.

- **Verfärbungen auf Buntwäsche sind viel schwieriger zu beseitigen:** Probieren Sie zuerst (und möglichst sofort!) die milde Variante, nämlich spezielle Entfärber für Buntwäsche, die ähnlich wie ein Verfärbungsinhibitor wirken und die nur lose auf dem Gewebe aufliegenden Farbstoffe umschließen. Kompliziert, da schwierig zu steuern, ist die Anwendung von reduktiven Kaltentfärbern für Buntes. Hier müssen Sie die Wäsche ganz genau im Auge behalten, während sie in der Lösung liegt. Bevor die ursprüngliche Eigenfarbe der Buntwäsche verschwindet, stoppen Sie den Vorgang und waschen die Teile gründlich klar aus. Arbeiten Sie am besten immer nur mit kleinen Wäschemengen!

Zuschauer fragen –
Frau Frank antwortet

WIE WIRD MEIN BÜGELEISEN WIEDER SAUBER?

Ich habe ein teflonbeschichtetes Bügeleisen leider mit zu großer Hitze auf einer bügelfreien Herrenhose eingesetzt. Habe jetzt eine Verschmutzung auf der Bügelfläche. Wie bekomme ich diese wieder sauber, ohne die Beschichtung zu beschädigen?

FRAU GISELA S.

Frau Frank empfiehlt ...

Ziehen Sie Leder- oder Stoff-Handschuhe an, erwärmen Sie das Bügeleisen auf Seide-Wolle und schieben Sie ganz flach aufgelegt und vorsichtig einen Glaskeramikschaber über die Fläche. In der Wärme weicht der Belag auf und lässt sich abschieben. Lassen Sie sich Zeit und vermeiden Sie ein Verkanten. Sie können auch versuchen, über eine zerknüllte Alufolie zu bügeln, auch dabei bleibt mancher Rückstand hängen, ohne die Bügelfläche zu verkratzen.
Die volle Gleitfähigkeit erhalten Sie wieder, wenn Sie das warme Eisen mehrmals auf ein nasses grobes Frottiertuch stellen und nach wenigen Sekunden immer wieder darüber bügeln und den Belag so abreiben. Gut klappt es auch mit einer Bügelhilfe (Vorsicht, keine Bügelstärke!). Sprühen Sie diese von links mehrmals auf ein Tuch auf, dann von rechts darüber bügeln. Die Bügelhilfe enthält unter anderem Silikone, die Ihre Bügelfläche wieder gleitfähig machen.
Rein theoretisch funktioniert auch das Abreiben der warmen Fläche mit einer in ein Taschentuch gewickelten weißen Kerze

sehr gut – aber ich habe es in einer Sendung gemacht und mir anschließend doch einige Teile mit Wachsflecken verdorben, da ich das Wachs nicht ohne weiteres wieder vollständig entfernen konnte.

WAS IST DIE RICHTIGE WASCHTEMPERATUR?

Bei welcher Temperatur sollten denn Handtücher, weiße Unterwäsche und Küchenwäsche gewaschen werden?

FRAU MARIANNE S.

Frau Frank rät ...

Sowohl bei Handtüchern als auch bei Küchenwäsche empfehle ich 60 °C. So bleiben die Teile länger frisch und müffeln nicht so schnell. Waschen Sie sie auch ab und zu mit einem desinfizierenden Bleichmittel, also entweder mit pulverförmigem Vollwaschmittel oder Colorwaschmittel plus Bleichmittelzusatz. Bei der Unterwäsche kommt es auf die Verschmutzung und die Fasern an. Weiße Synthetikwäsche von gesunden Personen wird bereits bei 30 °C mit etwas Bleichmittel gewaschen ausreichend sauber. Für Baumwolle empfehle ich mindestens 40 °C und ein pulverförmiges Vollwaschmittel. Bei Pilzerkrankungen wird Wäsche bei 60 °C und im Normalprogramm gewaschen.

WIE FUNKTIONIEREN WASCHKUGELN?

Ich habe gehört, dass es Waschkugeln für die Waschmaschine gibt, die die Wäsche weicher machen sollen. Bei anderen kann man angeblich sogar das Waschmittel reduzieren. Funktionieren die wirklich oder sind die Kugeln nur ein Werbegag?

FRAU MARIA S.

Frau Frank meint ...

Die Wirkung der Waschkugeln ist unterschiedlich. Manche Bälle machen durch Abgabe von Ionen die Waschlauge alkalischer. Das kann die Schmutzablösung im Vergleich zu reinem Wasser (!) etwas verbessern, wenn kein Waschmittel verwendet wird.
Kugeln, die Silberionen zur Geruchsverbesserung abgeben, belasten die Umwelt.

Kugeln, die die Wäsche weicher machen sollen, geben etwas feinkörnige Tonmineralien ab, die auf die Wäschefasern aufziehen. Die Wäsche fühlt sich dadurch weicher an – ein bekannter Effekt, mit dem auch schon vor einigen Jahren die „2 in 1" Waschmittel gearbeitet haben.

Waschbälle mit Noppen können in der Waschtrommel, je nach Programm, etwas mehr Waschmechanik, aber dadurch auch mehr Wäscheabrieb erzeugen.

Insgesamt ist die Wirkung der Kugeln sehr umstritten!

WAS HILFT GEGEN EINEN FUSSELNDEN MANTEL?

Ich habe einen teuren Mantel aus einem Kaschmir- und Seide-Gemisch. Leider fusselt dieser Mantel und meine Kleidung darunter sieht entsprechend aus. Gibt es hier einen speziellen Trick, um das Fusseln zu beseitigen?

FRAU ROSWITHA H.

Frau Franks Tipp ...

Bei Kaschmir und Seide ist die Kombination sehr fusselanfällig. Extrem weiche Kaschmirfasern plus stabiles Endlosgarn Seide – das gibt Reibung! Es entstehen zunächst durch Pilling kleinste Faserknöllchen, die dann auf die Kleidung übergehen. Fusselbürsten aus Mikrofaserplüsch oder Fusseldüsen bei Staubsaugern arbeiten mit groben Veloursamtstreifen sehr effektiv und Sie können damit auch über Wolle gehen. Es gibt auch klebrige Fusselrollen, die anschließend einfach mit Was-

ser abgewaschen werden können und nach dem Trocknen wieder einsatzbereit sind. Diese Rollen sind etwas schonender als die abziehbaren Klebefolienrollen, die Kleberückstände hinterlassen und eher Fasern aus dem Basisstoff reißen können.

Gut klappt auch die Entfernung mit einem angefeuchteten Mikrofasertuch. Durch die elektrostatische Aufladung nehmen die Synthetikfasern selbst kleinste Fusseln auf, zudem entsprechen die Faserabstände in Mikrofasern oft genau den Abmessungen der Fussel. Ganz einfach geht auch Abreiben mit einem feuchten Gummihandschuh!

Wenn gar nichts hilft, sollten Sie den Mantel immer wieder mit einem Fusselrasierer entfusseln, was aber leider dazu führt, dass das teure Stück immer mehr an Material verliert.

FRAU FRANKS EXKLUSIVTIPP: Wirklich flauschig weiche Handtücher

Frottiertücher brauchen zur Verhinderung der Trockenstarre während des Trocknens bewegte Luft. Die Waschmaschine und die modernen Waschmittel machen die Wäsche zwar sauber, aber nach der Maschinenwäsche sind die Fasern sehr ungeordnet und der Flor ist flach gedrückt. Wird die Wäsche während des Trocknens im Wäschetrockner oder im Wind ständig bewegt, wird der Flor wieder aufgelockert und die Handtücher sind flauschig weich.

Geringe Mengen Weichspüler können das Ergebnis etwas verbessern, bei mehr Weichspüler verlieren die Handtücher aber ihr Saugvermögen.

Versuchen Sie, die Handtücher vor dem Aufhängen mehrmals kräftig „auszuschlagen" und während des Trocknens immer wieder zu bewegen. Eine weitere Möglichkeit wäre, während des Trocknens im Haus die Handtücher mit einem Ventilator zu bewegen. Der Energieverbrauch liegt meist bei 20–30 Watt/h.

Experten-
wissen

Reinigen
& pflegen

n diesem Kapitel geht es um

chonende, materialgerechte

einigungstipps für verschiedene

lächen und Einrichtungsgegen-

tände. Wundern Sie sich nicht,

enn ich immer wieder auf

erbreitete, aber fehlerhafte

lethoden hinweise. Aber sauber

leine genügt mir nicht – sauber

nd anhaltend gepflegt, das ist

hein Ziel!

Egal, ob eigenes Haus, eigene Wohnung oder zur Miete, wir umgeben uns mit vielen Materialien und Geräten, die zum Werterhalt Pflege und Wartung brauchen. Für ein „learning bei doing" oder „trial and error" sind die Teile viel zu teuer! Deshalb lohnt es sich für jeden Haushalt, einen „Spickzettel", zum Beispiel einen Ordner, anzulegen, in dem die Pflege-hinweise der Hersteller und Bedienungsanleitungen gesammelt werden.

Fenster und Fensterrahmen

Manche machen sie für den klaren Blick nach draußen alle vier Wochen sauber, andere begnügen sich mit zwei Säuberungsaktionen im Jahr. Auch gut, nur seltener sollte es nicht sein! Denn der Schmutz schadet meistens zwar der Scheibe nicht, wohl aber dem Rahmen. In diesen kann sich der Schmutz nämlich regelrecht einbrennen.

Fensterrahmen

Bei der Fensterreinigung wird das „Drumherum" gerne vergessen, dabei ist für die Funktion, die Optik und den Werterhalt eines Fensters die Reinigung und Wartung der Fensterrahmen genauso wichtig. Fensterrahmen sind ständig Wärme, Kälte, UV-Strahlen und Regen ausgesetzt und Blütenstaub, Insektenschmutz, Industriestäube sowie Abriebe von Reifen **brennen leicht in die Oberfläche ein.** Im Innern des Gebäudes sind Zigarettenrauch und Küchendämpfe die größten Feinde der Fensterrahmen.

FENSTERRAHMEN-PFLEGE

- Den Rahmen immer vor der Scheibe reinigen.
- Bei viel aufliegendem Schmutz die Rahmen zuerst mit einem Handbesen abkehren oder absaugen. Reinigen Sie auch die Rillen und Entwässerungsöffnungen in den Blendrahmen, damit kein Regenwasser stehen bleibt.
- Holz- und Metallrahmen reinigen Sie zweimal jährlich. Kunststofffensterrahmen verschmutzen stärker, weil sie sich statisch aufladen und so Staub anziehen. Fensterproduzenten empfehlen, **weiße Rahmen viermal jährlich zu reinigen;** je älter der Rahmen, desto häufiger, denn aus dem Kunststoff entweicht immer etwas Weichmacher, deshalb wird er spröder und bindet immer mehr Schmutz.
- Machen Sie den Rahmen mit einem Schwamm oder einem groben Baumwolllappen und einer Allzweckreinigerlösung zunächst rundum richtig nass. Kurz einwirken lassen, den gelösten Schmutz mit viel Wasser abwaschen und dann feucht nachwischen. Den innen liegenden Falz säubern Sie mit einem Schraubenzieher, den Sie mit einem Tuch umwickeln.
- Lackierte beziehungsweise lasierte **Holzfensterrahmen** verwittern gerne, deshalb müssen Sie sie alle paar Jahre renovieren. Dies können Sie hinauszögern, wenn Sie die Fensterrahmen, die noch eine geschlossene Oberfläche haben, mit speziellen Pflegemitteln pflegen. So machen Sie das Holz gegen Witterungseinflüsse unempfindlicher.
- **Aluminiumfensterrahmen** sind witterungsfest, doch sollten Sie hier nur neutrale Reinigungsmittel (pH-Wert maximal 8) verwenden. Bei stark verschmutzten Rahmen empfehle ich einen Alu-Felgenreiniger.
- Für **Kunststoffrahmen** empfehle ich einen Kunststoffreiniger. Er enthält organische Basen oder Ammoniak und antistatisch wirkenden Stoffe, die eine Wiederanschmutzung verzögern. Kunststoffreiniger können bei sehr hartnäckigem Schmutz auch unverdünnt angewendet werden.

MEIN SPEZIELLER TIPP

Leider vergessen Fensterbauer gerne darauf hinzuweisen, dass weiße Kunststoffrahmen oft und gründlich gereinigt werden müssen. Es gibt von den Firmen wunderbare Spezialreiniger, die dank ihrer Polierkörpern und Alkalien Schmutz gut entfernen. Sie sind auch mein Geheimtipp für vernachlässigte weiße Kunststoff-Gartenmöbel! In Haushalten mit Kindern wäre zusätzlich ein Hinweis „keine Fingerfarbe auf die Profile bringen" notwendig, denn die Farbschmiere lassen sich kaum entfernen.

- Andere Hilfsmittel für Rahmen aus mattem Kunststoff sind milde Scheuermilch, Glaskeramikreiniger oder ein Schmutzradierer. Bei älteren Fenstern können sie allerdings die Rahmen aufrauen und die Verschmutzung verstärken, deshalb nur mit wenig Druck arbeiten. Falls Sie die Rahmen mit abrasiven Mitteln bearbeiten, würde ich empfehlen, sie danach mit einer Kunststoff- oder einer Cockpit-Pflege fürs Auto zu behandeln.
- Verwenden Sie keine hypochlorithaltigen Bleichmittel, denn manch optische Aufheller im weißen Kunststoff wird durch Oxidation in der Sonne allmählich gelb verfärbt.
- Zur Wartung der Fensterrahmen gehö auch die Reinigung und Pflege der Dichtungen. Diese nur mit einem Lappen und Neutralreiniger behandeln. Dichtungen werden allmählich spröde, dann lässt ihre Abdichtungsfähigkeit nach. Deshalb empfehlen die meisten Fensterbauer einmal jährlich eine Dichtungspflege aufzutragen. Für Silikondichtungen wählen Sie einen Silikonpflegestift oder Glycerin.
- Behandeln Sie die Scharniere einmal jährlich mit einem säurefreien Schmieröl.

Reinigen der Fensterscheiben

- Geben Sie 50 ml Spiritus in 5 l lauwarmes Wasser. Nehmen Sie **nie heißes Wasser,** weil sich dadurch mehr Putzstreifen bilden. Bei stark verschmutzten Fenstern geben Sie noch 1 ml Handspülmittel oder Spülmaschinenklarspüler dazu. In Raucherhaushalten wirkt ein Schuss 10%iger Ammoniak im Wasser als kleine Wunderwaffe gegen Nikotinschleier. Es gilt: Je weniger Reinigungsmittel, desto weniger Putzstreifen gibt es.
- Machen Sie einen Schwamm, ein Schwammtuch oder ein grobes Baumwolltuch mit der Reinigungslösung nass und waschen Sie die Scheibe mit waagrechten Schlangenbewegungen von oben nach unten ab. Bei starker Verschmutzung wiederholen. Falls sandiger Staub auf den Scheiben liegt, die Tücher immer wieder gut auswaschen, damit keine Kratzer entstehen. Alternativ können Sie auch mit einem Einwascher mit Kunstfellbezug schwungvoll von oben nach unten wischen.
- Das Abtrocknen geht am schnellsten mit einem **Gummiabzieher.** Setzen Sie

das Teil in der linken oberen Ecke an und ziehen Sie waagerecht bis zur rechten oberen Ecke. Anschließend in senkrechten, sich überlappenden Bahnen nach unten abziehen und die Flüssigkeit mit einem Tuch oder Schwamm auffangen. Die Gummilippe zwischendrin an einem Tuch abwischen. Gehen Sie immer schonend mit der Gummilippe um, denn schon kleinste Beschädigungen führen zu Putzstreifen.

- Die Ränder trocknen Sie mit einem Tuch oder Fensterleder. Reiben Sie nicht zu fest über die Dichtungen und **gehen Sie mit diesem Tuch anschließend nicht mehr über die Scheiben.** Kleine Fenster reiben Sie mit einem Fensterleder oder einem glatten Mikrofasertuch trocken.
- Falls Sie am nächsten Tag doch Putzstreifen oder Schlieren entdecken, dann reiben Sie diese einfach mit einem alten Perlonstrumpf weg. Dies darf aber nicht erst Tage später erfolgen, denn der zwischenzeitlich angesammelte Staub könnte Kratzer verursachen.

SPEZIALFÄLLE: AUFKLEBER, KUNSTSCHNEE ODER WINDOWCOLOR-MOTIVE

Aufkleber lassen sich besser abziehen, wenn sie zuvor gut durchfeuchtet werden. Erwärmen Sie dann mit einem Föhn vorsichtig den Klebstoff. Beginnen Sie, an einer Ecke den Aufkleber abzuziehen und föhnen Sie währenddessen immer weiter.

- Klebereste entfernen Sie mit einem Glaskeramik-Schaber. Setzen Sie die Klinge mit einem flachen Winkel auf, damit sie nichts verkratzt.
- Die letzten Klebereste entfernen Sie mit Lösemittel. **Es gibt zwei Arten von Haftklebstoffen.** Die einen lassen sich mit Wasser oder Alkohol entfernen, die anderen mit wasserunlöslichen Lösemitteln wie Benzin, Aceton oder Silikonentferner. Bringen Sie kein Lösemittel auf die Dichtungen. Auch Öl kann latexhaltige Klebstoffe anlösen, doch hinterlässt dies natürlich viel Fettschmutz auf den Scheiben.
- Kunstschnee entfernen Sie zuerst grob mit einem Eiskratzer oder Glaskeramik-Schaber. Die Reste weichen Sie mit reichlich alkoholhaltigem Fenstersprühreiniger auf.
- Sollen Windowcolor-Motive entfernt werden, dürfen diese nicht zu kalt und zu spröde sein. Deshalb die Motive kurz mit warmem Wasser anwärmen, bis sich die Folie elastisch anfühlt, und dann vorsichtig abziehen.

MEIN SPEZIELLER TIPP

Mit Säuren nicht entfernbare „Kalkreste" auf Fenstern können Gips oder andere Silikate aus dem Putz sein. Diese müssen bald entfernt werden, da es stark alkalische Substanzen sind, die das Glas anätzen. Bearbeiten Sie die Scheibe mit einem Glasschaber, einer Glaspolitur für Autoscheiben oder ganz vorsichtig mit Bimsmehl aus der Apotheke.

Teppichpflege

Hier ein schlichter Berberteppich, da ein moderner Designerteppich – es werden wieder mehr Teppiche ausgerollt! Selbst überzeugte Fliesen- oder Parkettliebhaber möchten nicht auf die flauschigen Inseln verzichten und in Schlafräumen ist Teppichboden immer noch der beliebteste Bodenbelag. Teppiche müssen allerdings viel wegstecken – sie werden täglich mit Füßen getreten. Trotzdem können Sie jahrelang Freude an Ihrem Teppich haben, vorausgesetzt, Sie haben das Material im Hinblick auf die spätere Nutzung sorgfältig ausgewählt und stimmen die Reinigung auf die Fasern, die Nutzschicht, den Rücken, den Klebstoff und den Untergrund ab. Bei der Reinigung unterscheidet man zwischen der regelmäßigen Unterhaltsreinigung, der Zwischenreinigung und der nur selten benötigten Grundreinigung.

Auslegen loser Teppiche

- Legen Sie auf harte Böden unter Teppiche eine passende Teppichunterlage. Der Teppich wandert nicht und die Walkbewegungen durch die Füße werden gedämpft. Auch wenn der Teppich auf einem textilen Boden liegt, ist eine Teppichunterlage aus speziellem, nicht rutschendem Vlies ein Muss. Das schont den Flor vom Unterteppich.
- **Drehen Sie Ihren Teppich** von Zeit zu Zeit um 180 Grad. Sie verhindern so ein Verziehen sowie eine ungleichmäßige Abnutzung und Ausbleichung durch das Licht. Auch die Motten werden dadurch gestört.
- Treppenläufer sollten gelegentlich nach oben oder unten verschoben werden, damit sie sich an den Kanten gleichmäßiger abnützen.

Das schadet jedem Teppich

- Scharfkantige Tisch- und Stuhlbeine.
- Anhaltende Feuchtigkeit. Häufig werden die Böden unter den Teppichen feucht gewischt und diese anschließend auf den noch leicht feuchten Boden gelegt. Die Feuchtigkeit kann aber durch den Teppich hindurch schlecht abziehen. Es kommt zu unangenehmen Gerüchen bis hin zu Faserschäden im Grundgewebe. Anhaltende Feuchtigkeit macht mehr Probleme als ein umgekippter Putzeimer. Für dieses Malheur ist die Lösung ganz einfach: Nehmen Sie die Feuchtigkeit schnell auf, am besten mit einem Allessauger.
- Stellen Sie Blumenvasen und -schalen nie direkt auf den Teppich. Sie könnten undicht sein oder darunter bildet sich Schwitzwasser.
- Viele Wollteppiche und Teppichböden sind ab Fabrik mottenfest ausgerüstet. Falls dieser Schutz fehlt, können an wenig begangenen Stellen **Motten und Teppichkäfer** Eier ablegen. Deren Larven hinterlassen Fraßspuren – und kurz danach droht auch im Kleiderschrank Mottenalarm! Zur Vorbeugung und bei akutem Befall sind Wirkstoffkombinationen aus natürlichem Pyrethrum hilfreich, aber auch Präparate mit Neem- und Teebaumöl.
- Bei akutem Ungezieferbefall saugen

Sie den Teppich sofort beidseitig ab, rollen ihn auf, verpacken ihn in Kunststofffolie und frieren ihn für zwei Wochen ein. Zwischendrin einmal auftauen. Dann absaugen und Mottenschutz aufbringen. Bei Befall von großen Teppichen oder Teppichbodenflächen empfehle ich eine professionelle Hilfe.

Unterhaltsreinigung

Die Unterhaltspflege können Sie rasch und problemlos in Ihren Alltag integrieren.

- Sie können Ihre Teppiche von Beginn an regelmäßig saugen, denn scharfkantiger Staub und Schmutz schädigen die Fasern; der Teppich wird stumpf und abgenutzt. Saugen Sie nur nicht zu oft über die Fransen, denn diese sind die Kettfäden und damit der Halt des Teppichs! Arbeiten Sie möglichst wenig gegen den Strich – das macht nur bei Sandkörnchen oder Ähnlichem Sinn.
- Bei einem Teppich mit kurzem Flor und kurzer feiner Schlinge können Sie ab und zu einen Bürstsauger benutzen. Dieser entfernt durch gleichzeitiges Bürsten und Saugen auch tief sitzenden Schmutz! Für Bürstsauger ungeeignet sind Hochflorböden, Böden mit grober Schlinge, Kräuselvelours und Nadelvlies.

- Verwenden Sie keine Klopfsauger, diese belasten das Grundgewebe zu stark. Deshalb werden **lose Teppiche auch nicht mehr kräftig ausgeklopft.** Leichtes Klopfen von links ist aber möglich, damit tief sitzender Schmutz aus dem Flor fällt.
- Saugen Sie wegen der Eiablage von Motten und Teppichkäfern auch unter Schränken und in nicht begangenen Ecken.
- **Dunkle Kanten an Fußleisten oder Türübergängen** bei Teppichböden lassen sich nicht vermeiden. Der Staub wird hier durch die Strömungsverhältnisse in der Wohnung oder aus dem Untergrund durch einen Pumpeffekt beim Begehen des Teppichs angehäuft und vom Flor festgehalten. Saugen Sie diese Stellen sorgfältig mit einer kleinen Düse, zwischendurch hilft Abreiben mit einem feuchten Mikrofasertuch oder einem Schmutzradierer.
- Entfernen Sie alle Flecken sofort nach dem Prinzip: „Weg nach oben!" Nehmen Sie verschüttete Flüssigkeiten mit saugfähigen Tüchern auf, die sich nur aufsaugen sollten. Nicht reiben!

MEIN SPEZIELLER TIPP

Bei Woll- und Synthetikteppichen hat sich bei wasserlöslichen Flecken wie Rotwein oder Saft folgender Trick bewährt: Legen Sie ein nasses, mit destilliertem Wasser angefeuchtetes ausgewrungenes weißes saugfähiges Frottiertuch (ohne Weichspüler) auf den Fleck. Sobald der Fleck auf das Handtuch abfärbt, dessen Lage verändern und wieder ein sauberes Stück Handtuch auflegen. Sobald der Fleck nicht mehr durchschlägt, lassen Sie das feuchte Handtuch über Nacht auf dem Fleck liegen. Falls Sie doch noch Flecken erkennen können, dann feuchten Sie den Fleck mit destilliertem Wasser an und legen nochmals ein ausgewrungenes Handtuch auf.

- Nicht gut wasserlösliche Flecken wie Blut oder Milchkaffee können Sie mit dem Löffeltrick ausspülen. Mit einem Löffel das Wasser auf den Fleck geben, hin und her bewegen und dann abschöpfen. Wiederholen. Noch besser klappt es mit einem Allessauger. Gießen Sie einfach mehrmals lauwarmes Wasser auf den Fleck und saugen Sie es sofort wieder ab.
- Wenn Sie die Flecken konsequent nach oben hin entfernen, umgehen Sie auch das für Florteppiche typische Phänomen, dass ein zunächst entfernter Fleck am nächsten Tag wieder da ist. Das liegt daran, dass der Schmutz durchs Reiben zunächst nach unten wandert und beim Trocknen wie bei einem Docht wieder nach oben gezogen wird.

- Entfernen Sie Lebensmittel- und Getränkeflecken immer besonders gründlich! Die enthaltenen Aminosäuren und Zucker bilden gerne braunen Verbindungen, die aber erst nach einigen Tagen als Flecken auftauchen!
- Immer wieder entstehen auf Teppichen scheinbar **grundlos schwarze Flecken:** Hier sind farblose, zuckerhaltige Flüssigkeiten wie Limonade, Weißwein oder Sekt auf den Teppich getropft, aber nicht entfernt worden. Nach dem Trocknen werden sie durch den enthaltenen Zucker klebrig und binden dann Staub und Schmutz.
- Feste Flecken zunächst mit einem Messerrücken abschaben. Einen Korken mit einem Tuch umwickeln und über den Fleck rubbeln oder mit einem leicht angefeuchteten Schmutzradierer bearbeiten.
- Bei hartnäckigen Flecken und bei sehr feuchtigkeitsempfindlichen Teppichen hilft Teppichschaum oder ein -fleckenentferner. Achten Sie bei Naturfasern auf Produkte mit geeignetem pH-Wert und dass sie keine Enzyme enthalten! Die im Schaum enthaltenen speziellen Tenside umhüllen den Schmutz, werden beim Trocknen kristallin und können dann abgesaugt werden. Geben Sie den Schaum nicht direkt auf den Boden, sondern zunächst auf ein Tuch. Nach der Schaumbehandlung empfehle ich, die Stelle bei nässestabilen Teppichen mit Wasser zu spülen, um alle Tensidreste zu entfernen. Sonst kann die behandelte Stelle wieder schneller verschmutzen.
- Die professionellen Gebäudereiniger entflecken mit tensidfreien Teppichreinigern. Diese sind aber bisher nur im Fachhandel oder über das Internet, mitunter aber auch als Aktionsware bei Discountern erhältlich.

- **Farbige ältere Obst-, Kaffee- oder Rot-wein-Flecken** können nach einer sehr sorgfältigen Vorprobe mit 3%igem Wasserstoffperoxid gebleicht werden. Bei mit Naturfarben gefärbten Teppichen wird es aber zu punktuellen Aufhellungen kommen.
- Frische Fettflecken bestreuen Sie sofort dick mit Pfeifenerde oder weißem Ton (Apotheke) und saugen Sie am nächsten Tag ab.
- Zum Entfernen von Teer, Filzschreiber oder Lacken brauchen Sie Reiniger mit organischen Lösemitteln. Wählen Sie entweder einen speziellen Fleckentferner für ölhaltige Flecken oder greifen Sie zu Waschbenzin, Spiritus oder Terpentinersatz. Auch hier ist vor der Anwendung eine sorgfältige Vorprobe erforderlich! Nur sparsam auftragen, damit die Verklebung des Teppichs nicht beschädigt wird.
- Verwenden Sie zur Fleckentfernung keine alkalischen Seifen, Waschmittel, Rasierschaum, Glasreiniger oder Handspülmittel. Denn was aus Textilien leicht wieder herausgespült werden kann, bleibt im Teppich oder Teppichboden oft als klebrige Masse zurück und bewirkt eine verstärkte Wiederanschmutzung. Der Fleck kommt wieder.
- Um nach der Fleckentfernung heller aussehende Stellen an das Umfeld anzugleichen, reiben Sie mit einer feuchten Bürste oder einem feuchten Mikrofasertuch darüber. Die **Randbildung verringern** Sie, wenn Sie nach der Fleckentfernung sofort ein angefeuchtetes Frotteehandtuch auf den Fleck legen und dort trocknen lassen. Der Rand entsteht durch das Verdunsten des Wassers vom Rand her; der Schmutz wird durch Kapillarkräfte verstärkt nach außen gezogen. Das Frottiertuch zieht ihn nach oben!

Zwischenreinigung

Bei der jährlichen bis zweijährlichen Zwischenreinigung wird sichtbarer Schmutz von der Oberfläche entfernt, so können auch die typischen Laufstraßen vermindert werden. Allerdings sind Laufstraßen nicht nur Schmutz, sondern der Teppich weist hier auch einen stärkeren mechanischen Verschleiß auf. Tiefer liegender Schmutz wird bei einer Zwischenreinigung nicht entfernt.

SCHNEEREINIGUNG

Für lose Teppiche, vor allem für Wollteppiche, ist die traditionelle Schneereinigung eine ideale, aber aufwändige Methode. Dafür den Teppich im Winter zur Anpassung an die Außentemperatur zunächst einige Stunden zusammengerollt nach draußen stellen. Auf einem warmen Teppich würde zu viel Schnee schmelzen; er würde zu nass. Dann den Teppich mit der Florseite nach unten auf den Schnee legen und ganz leicht von links klopfen. Schneller geht es, wenn Sie den Teppich durch sauberen Schnee ziehen. Trocknen Sie den Teppich im Haus flach ausgelegt; am besten auf Getränkekisten. Auf einer Teppichstange würde sich der feuchte Teppich verziehen. Statt mit Schnee können Sie den Teppich auch mit einer stark verdünnten Essigessenzlösung (40 ml Essigessenz auf 1 l destilliertes Wasser) ganzflächig abreiben.

MIT TEPPICHREINIGUNGSPULVER

Dieses besteht aus einem Granulat aus Cellulose oder Holzspänen, getränkt mit Reinigungsmitteln, und ist sehr einfach anzuwenden. Streuen Sie das Pulver auf und bürsten Sie es mit einem Schrubber oder einer Scheibenmaschine mit rotie-

renden Bürsten (Leihgerät) in den Teppich ein. Das Pulver saugt den Schmutz auf und kann nach ca. einer Stunde abgesaugt werden. Diese Methode ist für alle Fasern und feuchtigkeitsempfindlichen Böden geeignet, aber bei Grobschlingenware, hochflorigen Velours, Naderfilz und Sisal schaffen Sie es kaum, das Pulver vollständig wieder abzusaugen.

HINWEIS

Für Allergikerhaushalte wird dieses Verfahren heute nicht mehr empfohlen, da das Pulver für längere Zeit die Staubbildung im Raum erhöht.

MIT TROCKENSCHAUM

Trockenschaum aus der Dose ist für alle Böden geeignet. Der trockene (!) Schaum wird in den Boden einfach einmassiert oder eingebürstet. Dabei wird der Schmutz vom Schampoo ummantelt und kann nach einigen Stunden abgesaugt werden.

MEIN SPEZIELLER TIPP

Bei sehr empfindlichen Teppichböden ist eine Zwischenreinigung durch eine Teppichreinigungsfirma empfehlenswert. Viele Firmen bieten zum Beispiel eine sogenannte Padreinigung an, bei der mit tensidfreien Reinigungsmitteln angefeuchtete Pads aus Mikrofasern über den Teppichboden rotieren. Dieser ist anschlie-Bend sofort wieder begehbar.

Grundreinigung

Nach 5–8 Jahren braucht ein strapazierter Teppichboden oder Teppich eine gründliche Tiefenreinigung. Das kann eine Nassschaumreinigung, eine Sprühextraktion oder eine professionelle Teppichwäsche sein.

Da bei jeder selbst durchgeführten Grundreinigung der Boden durchnässt wird, müssen Sie zunächst feststellen, **ob der Boden überhaupt wasserfest ist.** Ohne Probleme können Sie lose Woll- und Synthetikteppiche, vollflächig verklebte Synthetikteppichböden oder Böden aus Mischfasern reinigen. Vorsicht bei verspannten Teppichen, Teppichen mit Juterücken, Teppichen aus Seide, Sisal oder Kokos, mit Naturfarbstoffen gefärbten Teppichen und Teppichböden auf Holz oder Filzunterlagen.

Bevor Sie anfangen, müssen Sie die Fußbodenheizung ausschalten und das Zimmer soweit wie möglich ausräumen. Die verbleibenden Möbel vor Feuchtigkeit schützen und ihre Metallfüße mit Folie umhüllen, damit es später keine Rostflecken gibt. Dann geht es los!

SCHAMPONIERUNGEN

Aus dem Schampoo bildet sich durch Aufschäumen Nassschaum, der tief in den Teppichboden eindringt. Den Schaum zunächst in Bahnen auftragen und dann mit kreisenden Bewegungen einbürsten. Nach dem Trocknen können Sie den Schmutz absaugen. **Halten Sie die Trocknungszeit sehr genau ein,** sonst fällt der Schaum wieder zusammen und der Schmutz befindet sich wieder auf dem Teppich. Sehr hochflorige Teppiche können Sie allerdings nicht schamponieren, sie verlieren sonst ihre gleichmäßige Optik und brauchen sehr lange zum Trocknen.

SPRÜHEXTRAKTION

Diese Methode ist gründlicher als Schamponieren, hat eine kürzere Trocknungszeit und kann auch bei Langhaarteppichen und empfindlichen Flors angewendet werden. Sie ist schonender, weil nicht gebürstet wird! Ein Sprühextraktionsgerät (Leihgerät) sprüht die tensidhaltige Reinigungslösung unter Druck auf den Boden.

Bei der haushaltsüblichen Reinigung wird das Schmutzwasser durch eine wenige Zentimeter hinter der Sprühdüse liegende Saugdüse sofort wieder aufgenommen und in einen Schmutzwassertank geleitet. Da bei diesem einstufigen Verfahren Tensidreste im Teppich bleiben können, empfehle ich einen zweiten Arbeitsgang mit klarem Wasser – auch wenn der Boden dadurch länger trocknen muss. Die Wirkung ist so allerdings nicht besonders gründlich, weil die Reinigungslösung nur kurz einwirkt.

Professioneller wäre es, zunächst die stark verschmutzten Laufstraßen mit dem Sprühgerät mit Wasser zu benetzen. Im nächsten Schritt wird die entsprechend verdünnte Reinigungslösung ohne zu saugen im Abstand von einigen Zentimetern zum Boden aufgesprüht und kurz mit einem Schrubber bearbeitet. Nach 10 Minuten das Gerät nur mit Wasser füllen (falls vorhanden verwenden Sie das destillierte Wasser aus dem Kondenstrockner) und damit sprühen und saugen.

SPEZIALFALL SISALTEPPICHE

Obwohl die Sisalfaser eine sehr robuste Faser ist, ist sie für Familienhaushalte mit Kindern und Haustieren nur bedingt geeignet. Es sind eher Teppiche für Liebhaber natürlicher Materialien, die die vielen Vorteile schätzen, aber auch die Nachteile kennen und akzeptieren. So haben Sie lange Freude an Ihrem Sisalteppich:

- Er bekommt leicht Wasserflecken, deshalb müssen Sie verschüttetes Wasser beziehungsweise Flüssigkeiten schnell mit Tüchern und Haushaltspapier aufsaugen. Sisalteppiche schrumpfen bei Nässe, verformen sich und bluten aus. Damit die Flüssigkeit nicht in die Fasern eingeschlossen wird, sollten Sie zusätzlich noch föhnen oder ein Trocknungsgranulat auf ein Tuch aufstreuen, dieses auf den Fleck legen und nach 2 Stunden entfernen. Legen Sie anschließend ein saugfähiges Tuch auf den Fleck und beschweren Sie dieses mit einem Buch.
- Trocknen Sie auch die Einfassbänder von losen Teppichen, und zwar am besten im gespannten Zustand, denn deren Farben können ebenfalls auslaufen und das Baumwollband kann schrumpfen.
- Eine Sprühextraktionsreinigung kann wegen der Nässeempfindlichkeit nicht oder nur bedingt durchgeführt werden. Die Hersteller empfehlen eine professionelle Trockenreinigung mit Spezialreinigungsschwämmchen aus Mais und

wenig Reinigungsmittel, die mit Spezialmaschinen eingearbeitet und dann wieder entfernt werden. Eine andere professionelle Möglichkeit ist das sparsame Besprühen mit tensidfreien Reinigern. Anschließend wird der Schmutz sofort mit einem rotierenden Pad abgerieben.

- Die haushaltsüblichen Pulver sind für Sisalteppiche schlecht geeignet, da sie sich nur sehr schwer wieder entfernen lassen. Eventuell können Sie ein

Teppichshampoo für Naturfaserteppiche einsetzen, das aber nicht mit den üblichen Schamponiergeräten eingearbeitet werden darf. Wickeln Sie einfach ein feuchtes Frottiertuch um eine Bürste, geben Sie darauf trockenen Teppichschaum und reiben Sie großflächig über den Teppich. Es muss immer der ganze Teppich bearbeitet werden, da es zu Aufhellungen kommen kann. Nach dem Trocknen absaugen!

- Dicht gewebte Sisalläufer können im Hochsommer auch mit dem flachen Strahl eines Hochdruckreinigers oder einer Bürste am Gartenschlauch bearbeitet werden. Zum Trocknen nicht aufhängen, da sich der Teppich verziehen würde. Besser flach auf einer saugfähigen Unterlage in der warmen Luft trocknen lassen. Die nach dem Trocknen vorhandenen Beulen vermindern Sie durch Beschweren der Ecken.

Parkettböden

Alles, was eine Echtholznutzschicht über 2 mm Stärke hat, wird heute als Parkett bezeichnet. Jeder Parkettboden braucht eine schützende Oberflächenbehandlung. Lange waren hier Versiegelungen (Lackierungen) die Favoriten, inzwischen werden aber auch geölte und gewachste Parkette immer beliebter.

Versiegeltes Parkett

Versiegelungen vermindern das Eindringen von Feuchtigkeit und Schmutz. Allerdings handelt es sich dabei nicht um einen Nässeschutz! Das bedeutet, dass in Fugen und tiefe Kratzer Wasser eindringen kann. Da diese Nässe aber wegen der Versiegelung nicht schnell wieder abtrocknen kann, quillt das Holz hier auf und der Lack splittert ab.

EINPFLEGE

Zur Schonung der Versiegelung werden die Böden eingepflegt. Ein mit Füßen getretener harter Parkettlack braucht eine weiche schützende Pflegeschicht. Diese Einpflege könnte man als „Opferschicht" bezeichnen. Sand und Schmutz haben in der weichen Schutzschicht eine geringere Schleifwirkung als direkt auf der harten Versiegelung. Die Kratzer werden „gedämpft", der Lackabrieb vermindert. Diese Einpflege (Grundpflege) erfolgt nach dem Verlegen, nach 1–3 Jahren wird eine Vollpflege mit einer konzentrierten Parkettpflege durchgeführt.

Verwenden Sie nur Pflegemittel, die der Hersteller empfiehlt, andernfalls verlieren Sie den Gewährleistungsanspruch. Der Parkettleger ist verpflichtet, Ihnen geeignete Produkte zu nennen.

- Vermeiden Sie jede „Überpflege". Der Boden kann nur eine geringe Menge Pflege aufnehmen, der Überschuss bleibt liegen und bindet den Schmutz. Eine Streifenbildung bedeutet häufig Überpflege. Die Kunst der richtigen Parkettpflege besteht darin, das richtige Maß zu finden.

- In den meisten Pflegeanleitungen wird zu einer jährlichen Wiederholung der Vollpflege geraten. Prüfen Sie zuvor immer sehr sorgfältig mit der Hand, ob wirklich eine Pflege notwendig ist. Eine Überpflege ist genauso nachteilig wie eine fehlende Pflege! Reinigen Sie den Boden vor der Vollpflege gründlich mit Neutral- oder Parkettreiniger und tragen Sie anschließend die Parkettpflege abschnittsweise unverdünnt mit einem Breitwischmopp dünn auf.
- Alternativ können Sie sich auch eine Bohnermaschine ausleihen. Damit können Sie die Pflege auftragen und anschließend polieren, um die Pflegeschicht zu verdichten und haltbarer zu machen.

PFLEGETIPPS FÜR VERSIEGELTES PARKETT

- Versehen Sie Tische und Stühle mit Filzgleitern und Bürostühle mit weichen Laufrollen.

- Aus Kunststoffen kann Weichmacher entweichen und die Versiegelung anlösen. Achten Sie deshalb auf weichmacherfreie Teppichunterlagen, zum Beispiel aus Latex.

- Legen Sie an die Eingangstüre Fußabstreifer, am besten außen und innen. Dadurch kommen Sand und Steinchen erst gar nicht auf Ihren Holzboden. Ein wirksamer Schutz wird aber erst nach **sechs Schritten oder sechs Mal Abstreifen** erreicht.
- Verschüttete Flüssigkeiten immer sofort mit einem trockenen Tuch aufwischen.
- Saugen und moppen sind die wichtigsten Methoden bei der Unterhaltsreinigung. Gewischt wird so selten wie möglich mit einem Mikrofasermopp nebelfeucht längs der Maserung. Sehr gut ist auch ein Mopp aus Viskose, er lässt sich leichter auspressen. Wählen Sie möglichst einen kurzen, schonenden Schlingenmopp, der gut und schnell über den Boden gleitet. Lange Fransenmopps aus Baumwolle sind nicht so gut geeignet, da sie zu viel Feuchtigkeit mitbringen.
- Wenn Sie nur alle vier Wochen oder in noch größeren Abständen wischen, geben Sie ganz wenig Wischpflege, abgestimmt auf die aufgebrachte Grundpflege, ins Wasser. Nehmen Sie nur lauwarmes und kein heißes Wasser, damit die Emulsion erhalten bleibt. Falls Sie häufiger wischen, **arbeiten Sie zwischendurch nur mit Wasser,** da die Pflege in der kurzen Zeit zu wenig abgelaufen wird.
- Sobald Sie auf Ihrem Boden eine Streifenbildung nach dem Wischen beobachten, vermindern Sie die Pflegemittelkonzentration. Häufig vergrauen nicht begangene Stellen zuerst, weil hier ein zu dicker Pflegefilm den Staub bindet. Wischen Sie diese Stellen mit Wasser und nur die stark begangenen Stellen mit der Wischpflege.
- Fettflecken, Absatzstriche und andere fest haftende Verschmutzungen können Sie punktuell mit unverdünntem

Neutralreiniger oder Parkettwischpflege und einem kratzfreien Pad beseitigen. Reiben Sie die verschmutzten Bereiche immer in Richtung der Holzstruktur ab und wischen Sie den gereinigten Bereich mit Wasser nach. Anschließend trocken reiben. Farbstoffe können Sie mit Spiritus abreiben und mit Wasser nachwischen.

Geölte und gewachste Parkettböden

Sie werden immer beliebter. Die Optik bleibt durch Öle und Wachse sehr natürlich, das Raumklima ist verbessert und die elektrostatische Aufladung vermindert! Besonders geschätzt wird die einfache Reparaturmöglichkeit! Flecken, Kratzer oder tiefe Kerben können Sie nämlich selbst abschleifen.

Vorsicht bei der Auswahl der Pflegeprodukte! Es muss durch erfahrene Fachleute **eine sorgfältige Abstimmung zwischen Holzart und Öl/Wachs erfolgen.**

Wachs kann aufpoliert werden und scheint deshalb zunächst pflegeleichter zu sein – aber nur, wenn es optimal aushärtet und nicht zu dick aufgetragen wird. Ein schlecht geeignetes oder zu reichlich aufgetragenes Wachs macht den Boden schmutzanfälliger.

Öl bietet bei breiten Fugen mehr Schutz, da es tiefer eindringt. Deshalb bauen sich auch weniger Schichten auf, eine Grundreinigung zur Entfernung der Schichten ist nicht notwendig. Ein geölter Boden muss weniger poliert werden, wird allerdings auch immer nur samtig bis matt glänzend sein. Das erhöht aber die Trittsicherheit.

Heute werden rasch aushärtende Hartwachsöle (2-Komponentenöle) bevorzugt. Sie können einen mit einer Versiegelung vergleichbaren Schutz aufbauen.

- Die Böden so selten wie möglich mit Wasser oder einer Holzbodenseife wischen.
- Verwenden Sie **keinen Mikrofasermopp und keine alkalische Reinigungsmittel** wie Allzweckreiniger. Sie entfernen zu viel Pflegemittel.
- Flecken, Wasserschäden und andere Beschädigungen können Sie durch Spänen mit extrafeiner Stahlwolle (00/000) oder grünen Schleifpads entfernen. Den Schleifstaub aufsaugen und dann punktuell neu wachsen oder ölen.

- Nachwachsen beziehungsweise Nachölen ist immer dann notwendig, wenn der Boden Abnutzungserscheinungen aufweist. Die Pflege sehr sparsam auftragen und einen eventuellen Überschuss sofort wieder abwischen.

- Eventuell ist es nach einigen Jahren notwendig, die alten Pflegeschichten maschinell abzuschleifen.

Laminatboden

Laminate bestehen aus verdichteten Holzfaserplatten, darüber liegt ein Dekorpapier. Das Ganze wird durch eine Melaminharzschicht geschützt. Diese Deckschicht ist außerordentlich stabil, deshalb ist eine Erst- beziehungsweise Einpflege des Bodens nicht erforderlich.

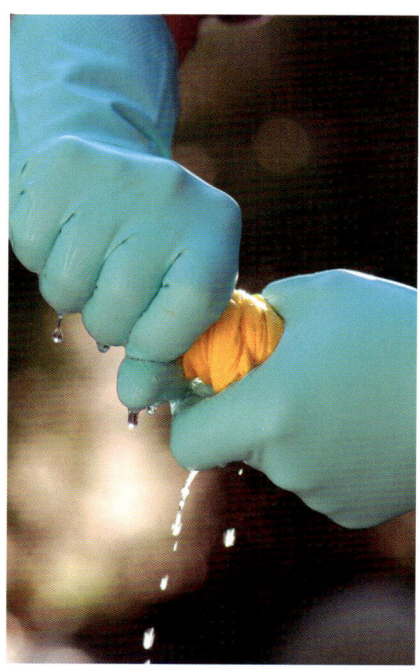

So reinigen Sie Laminat

- Regelmäßig den aufliegenden Schmutz aufsaugen und nur mit einem nebelfeuchten Mikrofasertuch oder Mopp und Wasser wischen. Es darf keine Feuchtigkeit in die Fugen eindringen, damit der Boden nicht aufquillt und Dellen bildet.
- **Je trockener das Tuch, desto weniger Streifen.** Wischen Sie immer in Verlege-Richtung, dann fallen die Putzstreifen weniger auf. Noch schöner wird der Boden durch Nachwischen mit einem trockenen Mopp.
- Ab und zu können Sie auch wenig Neutral- oder Alkoholreiniger ins Wischwasser geben. Nehmen Sie keine seifenhaltigen Reinigungsmittel, da diese Schichten aus Kalkseifen aufbauen.
- Flecken können Sie mit einem Schmutzradierer oder Spiritus entfernen. Die Melaminschicht kann auch kurz (!) mit Aceton oder Nagellackentferner behandelt werden.
- Nur wenn der Boden alt und sehr strapaziert ist, empfehle ich eine Laminatpflege mit Kantenschutz. Die pflegenden Inhaltsstoffe dichten die Kanten etwas ab, allerdings neigt der Boden dann zur Streifenbildung.
- Verwenden Sie für Laminate nie Wachse oder Polischmittel. Diese bleiben auf dem Kunstharz liegen und es kommt zu Schlieren und Laufstraßen.

Feinsteinzeug

Trotz vieler Versprechungen beim Kauf – richtig pflegeleicht ist Feinstein nur bei konsequent richtiger Pflege von Anfang an. Feinsteinzeug besteht aus besonders fein gemahlenen Tonen. Nach dem Brennen entsteht eine harte, dichte und wasserundurchlässige Platte, auch Scherben genannt.

Unbehandelt, oberflächen- veredelt oder poliert?

Unbehandeltes Feinsteinzeug ist am besten zu pflegen, denn beim Brennen bildet sich an der Oberfläche eine Brenn- haut, die schmutz- und fleckenresistent macht. **Trotzdem ist das Material noch mikroporös.** Die Poren sind nicht wie beim Naturstein untereinander verbun- den. Das bedeutet, dass aufgelagerter Schmutz nur in die Poren hineinwandert, aber nicht darin weiterwandert und lang- sam verschwindet wie bei Naturstein. Es kommt zu Verfärbungen, weil die Poren feinste Farbpigmente (wie Pflanzenfarb- stoffe aus Lebensmitteln, Ruß, Straßen- staub, Schuhabrieb …) binden – und dieser Schmutz kann mit den haushalts- üblichen Methoden und ohne maschi- nelle Unterstützung nur mühsam entfernt werden.

Deshalb empfehlen Hersteller **oberflä- henveredeltes Feinsteinzeug,** bei dem die Mikroporen schon beim Brennen stärker verschlossen werden. Außerdem gibt es die Möglichkeit, nachträglich eine **Imprägnierung** aufzubringen, aber nur, wenn das der Hersteller auch erlaubt! Sehr beliebt ist poliertes Feinsteinzeug. Allerdings wird hier durch die Politur die Brennhaut entfernt. Das heißt, die vorher geschlossenen Poren und Kapillaren werden vergrößert, die Schmutz- und Fleckempfindlichkeit ist erhöht. Ich kann dieses Material nur für „Putzbegeisterte" empfehlen.

Reinigung von Feinsteinzeug

- Verlangen Sie unbedingt eine Pflegeanleitung des Herstellers für genau Ihre Fliese!
- Achten Sie nach dem Verlegen auf eine akkurate Zementschleierentfernung. Einige Hersteller bringen im Werk auch eine Wachs-Silikonschicht auf, die nach dem Verle- gen ebenfalls als grauer Schleier erscheint. Dieser Transport- und Verarbeitungs- schutz muss sorgfältig entfernt werden.
- Verwenden Sie keine Pflegemittel, also keine Glanz-, Seifen-, öl- oder wachshaltigen Reiniger.
- Im Normalfall reicht es im Privathaushalt, das Feinsteinzeug nach dem Absaugen beziehungsweise Trockenmoppen mit einem **groben Mikrofasermopp nur mit Wasser** gut feucht bis nass zu wischen. Falls Sie einen Kondenstrockner haben, nehmen Sie dessen Wasser als Wischwasser! Bei großen Flächen lohnt die Anschaffung eines Igel- oder Schrubbmopps mit einer Kombination aus feinen und grob scheuernden Mikrofasern, aber auch ein Schrubber wird von Feinsteinzeug gern gesehen!
- Das Wichtigste: Wechseln Sie das Wischwasser häufig, damit kein Schmutz aus dem Wasser in den Poren eingelagert wird!

MEIN SPEZIELLER TIPP

Bei schlechten Reinigungsergebnissen rate ich Ihnen zu einer anderen Wischtechnik, die zwar mehr Arbeit macht, Ihrem Boden aber besser bekommt. Zunächst die Fläche gleichmäßig anfeuchten und kurz warten. Der Schmutz braucht etwas Zeit zum Aufweichen, darf aber auf keinen Fall antrocknen, damit sich der gelöste Schmutz nicht in die Mikroporen einlagert. Dann mit einem ausgepressten Tuch oder Mopp die Schmutzlösung aufnehmen und mit sauberem Wasser nachwischen.

- Poliertes Feinsteinzeug wird am schönsten, wenn Sie es trocken nachwischen.
- Reinigungsmittel brauchen Sie nur ab und zu. Hier gibt es zwei Möglichkeiten, näm- lich tensidfrei und tensidhaltig. Tensidfreie Reinigungsmittel sind optimal, da sie die Haftung des Schmutzes auf dem Boden und in den Mikroporen verhindern, es entste- hen weniger Vergrauungen. Wenn Sie tensidhaltige Reinigungsmittel bevorzugen, dann sind ausgesprochene **Feinsteinzeugreiniger** mit nicht-schichtbildenden Tensi- den und schwach alkalischem pH-Wert empfehlenswert. Allerdings wandert durch die Tenside auch mehr Schmutz in die Poren. Vermeiden Sie „Wechselspiele" bei den Reinigungsmitteln. Feinstein ist ganz schnell verdorben!
- Wenn Sie kein extra Putzmittel anschaffen wollen, dann greifen Sie zu einem Glas- oder Alkoholreiniger, den Sie sehr gering dosieren!

Holzmöbel

Die Oberflächen von Möbeln sind zum Schutz des Holzes lackiert, lasiert, geölt, gewachst oder mit Folie beklebt. Jedes Reinigungs- und Pflegemittel muss auf die unterschiedlichen Materialien abgestimmt sein, denn falsche Mittel und zu viel Pflege schaden dauerhaft.

Lackierte Möbel

Hier ist das Holz durch eine geschlossene Lackschicht geschützt. Decklacke sind pigmentiert, während Klarlacke die Holzfläche sichtbar lassen. Die modernen Lacke sind strapazierfähig und kurzfristig resistent gegen Wasser, Alkohol und Haushaltschemikalien.

SO SCHONEN SIE IHRE LACKIERTEN MÖBEL

- Extrem feuchte oder trockene Luft schadet jedem Holz. Ideal sind 40–60 % Luftfeuchtigkeit. Gönnen Sie Ihren Möbeln einen schattigen Platz, da Lacke durch Sonneneinstrahlung aber auch durch Halogenstrahler spröde werden und ausbleichen.
- Vermeiden Sie Wasserflecken! Tupfen Sie Verschüttetes sofort auf.
- Fettspritzer und Flecken immer sofort entfernen, da es zu Wechselwirkungen mit dem Lack kommen kann.
- Verwenden Sie keine Dampfreiniger.
- Legen Sie keine frisch zusammengeklebten Teile, Klebefolien oder Ähnliches auf die Möbel. **Die Ausdünstungen von Klebstoffen und Weichmachern können den Lack angreifen.**
- Bearbeiten Sie die Möbel nicht mit zu viel Druck! Oft werden Möbel regelrecht „kaputt gepflegt".
- Verwenden Sie keine imprägnierten Staubtücher oder staubbindende Sprays. Deren Wirkstoffe bilden einen Film, der den Schmutz stärker bindet.
- Lacke brauchen keine „Nahrung", das heißt Sie sollten **keine Möbelpflegeprodukte** mit Wachsen oder Silikonölen verwenden. Die darin enthaltenen kriechenden Öle, das heißt nicht trocknende Öle wie Pflanzen-, Wachs-, Mineral- oder Paraffinöle, lösen die Lackschicht an, machen sie weich und durchwandern die Schutzschicht. Sie können bis zu den Holzzellen vordringen und dort „Ölausschläge" verursachen. Die in den Polituren ebenfalls enthaltenen Wachse bleiben wie ein Schmutzfänger auf der Lackschicht liegen.

REINIGUNG VON LACKIERTEN MÖBELN

- Stauben Sie sie nicht trocken, sondern nebelfeucht ab. Der Staub wird besser im Tuch gebunden und weniger aufgewirbelt.
- Für Mattlackmöbel nehmen Sie ein weiches Mikrofasertuch. Möbel mit sehr groben Poren sollten Sie sofort nachtrocknen, damit kein Wasser stehen bleibt. Reiben Sie immer in Richtung der Holzmaserung, damit der Schmutz nicht in die Poren eingearbeitet wird.
- Im Wohnbereich reicht klares Wasser aus, bei Fettschmutz oder vielen Fingerabdrücken geben Sie etwas Spiritus (ca. 50 ml pro l) ins Wischwasser.
- Im Küchenbereich kommt etwas Neutralreiniger ins Wasser. Bei **starkem Fettschmutz oder Nikotinbelägen** können Sie ab und zu ein stärker alkalisches Reinigungsmittel, wie einen Allzweck- oder einen Sodareiniger, einsetzen. Anschließend sofort (!) mit klarem Wasser nachwaschen.
- Im Fachhandel gibt es Spezial-Möbelreiniger auf Lösemittelbasis. Sie hinterlassen keine Rückstände auf der Lackschicht und sind empfehlenswert für stark vernachlässigte Möbel oder **Holzküchen mit einer Schmutzpatina!**

WAS TUN BEI KRATZERN, WASSER- UND HITZEFLECKEN?

- Bei Kratzern: Sehr tiefe Kratzer können mit farblich passendem Holzfüller korrigiert werden. Nach dem Trocknen abschleifen. Schneller geht es mit Lackstiften. Bei Lackschäden in Farblacken kann die beschädigte Stelle auch leicht angeschliffen und mit dem Originallack ausgebessert werden.
- Bei Wasserflecken: Stehendes Wasser kann durch Haarrisse im Lack ins Holz eindringen. Die Holzfasern quellen auf, die Oberfläche wird uneben und allmählich entstehen durch das Wachstum von Mikroorganismen schwarze Flecken. Hier hilft nur abschleifen und neu lackieren. Viele Hersteller bieten den Originallack zum Nachkauf an.
- Bei Hitzeflecken: Die hellen Flecken entstehen durch Ablösungen des Lacks vom Untergrund. Versuchen Sie zunächst durch kräftiges Föhnen eine Besserung zu erreichen. Bei tiefer gehenden Hitzeflecken können ein Grauweg-Spray, ein Ringentferner oder ein Möbelregenerator helfen.

MEIN SPEZIELLER TIPP
Möbelregeneratoren sind richtige Tausendsassas zum Auffrischen von mitgenommenen Möbeln. Erhältlich in Drogerie- oder Baumärkten.

Geölte und gewachste Möbel

Der Trend zur natürlichen Materialien macht auch vor den Möbeln nicht halt und so wird das Angebot an geölten oder gewachsten Oberflächen bei Massivholzmöbeln immer größer. Durch diese Oberflächenbehandlung kommen schöne lebendige Maserungen besonders gut zur Geltung.

PFLEGE VON GEÖLTEN UND GEWACHSTEN MÖBELN

- Mit nebelfeuchtem Baumwolltuch **(kein Mikrofasertuch!)** und wenig Neutralreiniger in Richtung der Holzmaserung abreiben und sofort nachtrocknen. Keine alkalischen und sauren Reinigungsmittel und keine Fettlösemittel einsetzen.
- Ein Nachölen beziehungsweise Nachwachsen – immer abgestimmt auf die Pflege, mit der das Möbelstück bislang behandelt worden ist – ist dann erforderlich, wenn der Holzschutz nicht mehr ausreicht. Hinterlässt ein Wassertropfen auf dem Holz dunkle Flecken, ist es so weit. Anfänglich muss häufiger geölt oder eingewachst werden, später reicht eine Behandlung alle 1–5 Jahre. Öl ist einfacher aufzutragen als Wachs und schützt besser, weil es tiefer eindringen kann. Jeder Überschuss wird allerdings zum Schmutzfänger, deshalb unbedingt nach 10 Minuten mit einem fusselfreien Tuch nachpolieren. Ansonsten trocknet das überschüssige Öl, verharzt und muss mühsam mit Terpentin entfernt werden.
- Bei starken Flecken und tiefen Kratzern die Holzfläche mit grünen Schleifpads oder Sandpapier **in Faserrichtung abschleifen** und neu behandeln. Schleifen Sie immer über einen größeren Bereich, damit es zu keinen Vertiefungen kommt.

Hochglanzmöbel

Elegante Hochglanzfronten liegen voll im Trend. Sehr empfindlich sind Hochglanz-Kunststofffolien, während hochglänzende Schichtstoffe sehr stabil sind. Die schönste Optik haben Hochglanzlacke, die durch mehrmaliges Lackieren entstehen. Die Lackschichten können bei Beschädigungen sogar ausgebessert werden. Neu sind hochglänzende Platten aus poliertem Acrylwerkstoff, bei denen sich kleine Kratzer auspolieren lassen. Neu, strapazierfähig und wunderschön sind hochglänzende farbige Glasfronten.

PFLEGE VON HOCHGLANZMÖBEL

Hochglanzmöbel ziehen alle Blicke auf sich – aber leider auch alle Fingerspuren. Allerdings finden Staub und Schmutz auf der komplett geschlossenen Oberfläche keinen guten Halt. Deshalb sind hochglänzende Fronten **besser und schneller zu reinigen** als matte Oberflächen. Die lackierten Oberflächen nur mit Wasser und einem nebelfeuchten weichen Baumwolltuch oder mit einem feuchten Fensterleder reinigen. Nie trocken, zu oft und mit zu viel Kraft über die Hochglanzflächen reiben! Reinigen Sie glänzende Flächen aber auch nicht zu nass, vor allem nicht mit hartem Wasser. Das kann Ränder verursachen und das kräftige Trockenreiben führt zum Glanzverlust.

- Fettschmutz entfernen ein milder Alkoholreiniger oder ein alkoholhaltiger Glassprühreiniger. Mit klarem Wasser und weichem Lappen kurz nachreiben.
- Mit etwas handwerklichem Geschick, einer Auto- beziehungsweise Hochglanzpolitur und feinster Watte lassen sich Kratzer auspolieren. Allerdings müssen die Polituren fett- und silikonfrei sein.

Samtmatte Möbeloberflächen

Der Samtmatteffekt wird hier durch Silikate im Lack erreicht, die durch ihre Porosität das einfallende Licht schlucken und die Oberfläche so matt und samtig aussehen lassen. Langfristig machen diese eleganten Oberflächen wenig Freude, weil sie sehr empfindlich sind.

PFLEGE VON SAMTMATTEN MÖBELN

- Immer sofort reinigen, denn wenn ein Fleck erst einmal eingetrocknet ist, kann er kaum noch vollständig entfernt werden. **Bürsten** mit einer konzentrierten Allzweckreiniger- oder Schmierseifenlösung, gründliches Nachwaschen mit Wasser und sanftes Trockenreiben bringt die besten Ergebnisse. Vermeiden Sie **starkes Reiben,** das führt zu Glanzstellen.

Polstermöbel

Polstermöbel aus Stoff oder Leder gibt es in jeder Wohnung! Sie dienen der Entspannung und steigern das Wohnbehagen. Doch selbst das bequemste Sofa wird durch Flecken und Schmutz zu einer ungemütlichen Sitzgelegenheit.

Stoffpolster

Bei den Polsterstoffen wird grob eingeteilt in Flachgewebe, Veloursstoffe, die durch ihren abstehenden Flor strapazierfähiger sind, und in typische Mikrofaserstoffe aus wirr angeordneten feinsten Synthetikfasern.

SO SEHEN STOFFPOLSTER LANGE SCHÖN AUS

- Wechseln Sie anfänglich regelmäßig die Sitzplätze und streichen Sie die Polster nach dem Aufstehen häufig mit Druck glatt zum Rand.
- Stellen Sie die Möbel mit einigen Zentimetern Abstand zu Heizkörpern auf und vermeiden Sie starkes Sonnen- oder Kunstlicht.
- Zu der normalen Unterhaltsreinigung gehört das **regelmäßige Abbürsten oder Absaugen der Polster.** Das ist effektiv und verzögert die allgemeine Verschmutzung und Abnutzung, denn beim Sitzen wird der Schmutz durch viel Druck, Körperwärme und -feuchtigkeit in den Stoff und in das Unterpolster gepresst. Bei zu hoher Saugkrafteinstellung kann sich allerdings der Ober- vom Unterstoff lösen. Flachgewebe saugen Sie mit der glatten Pols-

terdüse, Veloursstoffe mit den weichen Borsten der Polsterdüse. Bürsten Sie zum Schluss immer in Strichrichtung.
- Die Ritzen regelmäßig mit einer schmalen Fugendüse aussaugen.
- Druckstellen und Sitzspiegel vermeiden Sie durch regelmäßiges Bürsten des Flors in alle Richtungen. Legen Sie keine Wärmflaschen oder Heizdecken direkt auf die Polster.
- Polstermöbel nie ausklopfen, da sich die Polsterung lockern kann. Der uralte Hausfrauen-Tipp, die Polster mit einem feuchten Tuch zu belegen und dann zu klopfen, geht auf Kosten der Haltbarkeit. Der Ratschlag kommt aus Zeiten, als es noch keine guten Staubsauger gab.
- Neben Haustieren mit Krallen sind Jeans die Feinde aller Polstermöbel. Diese wirken mitunter wie Schleifpapier. Dadurch wird der Fleckschutz entfernt und helle Polster können durch die **Jeansfarbe** verfärben. Die Entfernung ist schwierig! Ein erster Versuch ist immer das Abreiben mit einem Schmutzradierer. Falls das nicht ausreicht, helfen bei hellen Stoffen Bleichmittel (Sauerstoff- oder Reduktionsbleiche).

SO WERDEN IHRE STOFFPOLSTER WIEDER SAUBER

Nicht alle Polsterstoffe sind für eine selbst durchzuführende feuchte Reinigung geeignet. Flachgewebe aus Seide, Leinen oder Viskose ohne Fleckschutzausstattung lassen Sie besser professionell reinigen. Ansonsten gilt:
- Die meisten Polsterstoffe haben eine Fleckschutzausstattung. Deshalb lassen sich frische Flecken mit einem feuchten Tuch und **destilliertem Wasser** wegtupfen.
- Falls das nicht ausreicht, nehmen Sie einen Fleckenentferner für Polster oder Teppiche. Wählen Sie Produkte, bei denen nach der Anwendung der **Schaum kristallin trocknet** und zusammen mit dem Schmutz wieder abgesaugt werden kann. Behandeln Sie die Flecken nicht direkt mit dem Reiniger, sondern geben Sie das Mittel zuerst auf ein Tuch und bearbeiten Sie dann damit die Flecken. Anschließend mit dem Tuch leicht über die ganze Fläche wischen.
- Verschüttete Flüssigkeiten sofort auftupfen und die Feuchtigkeit vorsichtig waagerecht wegföhnen, da sonst das Polstermaterial von innen her Flecken bildet. Falls das Polster einen Reißverschluss hat, können Sie von unten ein weißes Tuch unter den Fleck schieben.
- Dampfreiniger sind nicht zu empfehlen, da zu viel Feuchtigkeit in die Polster eindringt und es aus der Unterpolsterung zur Fleckbildung kommen kann.
- Für die großflächige Reinigung von Woll-, Baumwoll- oder Synthetikstoffen wählen Sie ein **Trockenschampo0.**

Auf einen angefeuchteten Schwamm aufsprühen, die Polster abreiben und nach dem Trocknen die Reinigungsmittelrückstände mit dem gelösten Schmutz absaugen.

- Moderne **Mikrofaserstoffe** mit einem Schwamm und **destilliertem Wasser** abreiben.

MEIN SPEZIELLER TIPP

Bei Mikrofaserstoffen ist folgender Trick noch wirkungsvoller. Bedampfen Sie ein weiches Mikrofasertuch mit dem Dampfreiniger oder dem Dampfbügeleisen und bearbeiten Sie den Stoff mit dem feucht-warmen Tuch. Mit einem sauberen Tuch nacharbeiten. Hilfreich ist bei Mikrofasern auch das Abreiben mit einem Gemisch aus 80 % destilliertem Wasser und 20 % Haushaltsalkohol, also Spiritus. Sind Mikrofasern stärker verschmutzt, empfehle ich tensidfreie Reiniger, andere Reiniger verkleben die feinsten Fäserchen durch Tensidreste.

- Brauchen Ihre Polster eine Intensivreinigung, ist eine **Sprühextraktion** mit einem Leihgerät ideal. Verlangen Sie beim Ausleihen eine Polsterdüse! Gereinigt wird mit speziellen schaumarmen Sprühextraktionsreinigern, bei Mikrofasern mit tensidfreien Reinigern. Bei Tensidreinigern lohnt es sich, zum Schluss in das Gerät klares Wasser, vorzugsweise destilliert, zu geben und so die **Reinigungsmittelreste aus dem Polster wieder zu entfernen.**
- Abnehmbare Bezüge können chemisch gereinigt oder entsprechend der Waschanleitung auf dem Etikett selbst gewaschen werden. Allerdings gehen

trotz Waschempfehlung manche Polsterstoffe ein und Sie bekommen Probleme, die Bezüge wieder aufzuziehen. Bezüge mit Baumwollanteil ziehen Sie am besten leicht feucht wieder auf, weil sie sich dann leichter dehnen. Im Zweifel besser nicht waschen oder zunächst erst mal ein Teil zur Probe waschen!

Lederpolster

Lederpolster waren nie ganz aus der Mode und seit ein paar Jahren liegen sie wieder voll im Trend! Dank neuer Ledersorten bleiben die Polster auch lange schön. Aber um diese Schönheit zu erhalten ist von Anfang an eine regelmäßige Pflege notwendig. Reinigung alleine reicht nicht aus!

VERSCHIEDENE LEDERARTEN

Natürlich spielt die Tierart eine große Rolle. Je schwächer behaart das Tier, desto stabiler das Leder. Deshalb ist Ziegenleder immer haltbarer als Lamm- oder Schafsleder. Für gute Polster wird überwiegend Rinderleder verarbeitet. Erst durch die Gerbung mit pflanzlichen Gerbstoffen oder mit Chrom III-Salzen, ergänzt durch organische Verbindungen, werden die Eiweißfasern der Tierhaut zu festen fäulnisstabilen Lederfasern vernetzt. Leder ist elastisch, geschmeidig,

unempfindlich gegenüber Wasser und, je nach aufgebrachter Deckschicht, mehr oder weniger atmungsaktiv.

- Anilingefärbtes Leder ist durchgefärbt, die typische Oberfläche und Narbung sind gut sichtbar. Das Material bleibt trotz Imprägnierung schmutzempfindlich, starke Flecken können nicht selbst entfernt werden. Dieses Leder ist für **Haushalte mit Kindern und Haustieren** weniger geeignet.
- Pigmentierte gedeckte Leder haben eine deckende und schützende Pigmentfarbschicht. Das Leder ist pflegeleicht. Trotzdem **muss regelmäßig gepflegt** werden, damit die Schutzschicht elastisch bleibt.
- Angeschliffene Leder (Nubuk-, Velours- und die meisten Büffelleder) sind durchgefärbte Rauleder mit samtiger Oberfläche. Sie sind weich, warm und kratzstabil, aber durch die offene Oberfläche für Fett und Schmutz sehr empfindlich.

HINWEIS

Lederpolster werden heute fast nur noch imprägniert als „long life-Produkt" verkauft. Doch wird die Imprägnierung durch Abrieb, Druck und Körperfeuchtigkeit vermindert.

DAS SCHADET JEDEM LEDER

- Durch trockene Luft und Heizungsnähe wird das Leder hart und spröde!
- UV-Licht und Oxidationsmittel bleichen das Leder aus!
- Mikrofasertücher nehmen von Glattleder viel Farbe und Pflege weg!
- **Wenn verschmutztes Leder ohne Vorreinigung gepflegt wird.** Das sorgt dafür, dass der Schmutz in die Pflegeschicht eingebunden wird. Grundsätzlich sollte das Leder immer erst gereinigt und dann gepflegt werden.
- Milch, Eiklar, reines Bienenwachs oder Speiseöle: Diese „Hausmittelchen" führen zu Langzeitschäden und verstopfen die Poren.
- Pflegemittel aus dem Kosmetikbereich sind nichts für Lederpolster, denn sie sind abgestimmt auf lebendige, nicht auf gegerbte Haut! Ebenso schadet eine Fleckenentfernung mit scharfen organischen Lösungsmitteln wie reinem Benzin, Terpentin- oder Orangenöl und Enzymreiniger, weil sie die Lederstrukturen auflockern. Selbstglanzemulsionen bauen Schichten auf, die rissig werden.

REINIGUNG, PFLEGE UND IMPRÄGNIERUNG VON GLATTLEDER

Nehmen Sie nicht irgendein Schuhpflegemittel, sondern wählen Sie Reinigungs- und Pflegemittel, die genau auf das jeweilige Polsterleder abgestimmt sind! Egal, welches Produkt Sie auf Ihr Leder auftragen, machen Sie immer **eine Vorprobe!**

Die Polster regelmäßig mit einem weichen Vlies- oder Baumwolltuch abstauben, gelegentlich die Ritze aussaugen und (maximal) jede Woche einmal mit einem feuchten Tuch und destilliertem Wasser abreiben.

Zur gründlichen Reinigung (ein- bis zweimal jährlich, bei sehr hellen Ledern auch dreimal) verwenden Sie einen **Lederreiniger.** Sie können auch eine Lösung mit Woll- oder Seidenwaschmittel (ohne Proteasenenzyme!) verwenden.

- **Reinigen Sie immer ganze Flächen, nicht punktuell.** Reinigungslösung nicht direkt auf das Leder auftragen, sondern mit einem Schwamm aufschäumen und ohne viel Druck kreisförmig von Naht zu Naht auftragen. Mit einem Papiertuch oder einem Lappen und destilliertem Wasser mehrmals feucht nachreiben und gut trocknen lassen.

- Dunkle verfettete Stellen im Armlehnen- und Kopfbereich lassen sich nur schwer vollständig entfernen, da das Fett tief im Leder sitzt. Auch andere Fettflecken sind schwer zu entfernen, deshalb immer sofort handeln: Abtupfen, leicht föhnen und gegebenenfalls Pfeifenerde, also weißen Ton oder Kreidepulver, einmassieren. Falls noch Fettspuren vorhanden sind, können Sie spezielle Fettlöse- oder Fettadsorbersprays anwenden. Doch Vorsicht, die Fläche kann dadurch aufhellen und dann muss neu pigmentiert werden. Manchmal hilft auch einfach **Geduld:** Ein einzelner Fettfleck kann ins Innere wandern und wird fein verteilt unsichtbar!

- Anschließend das entfettete Leder rasch **nachpflegen,** damit es nicht spröde wird. Richten Sie sich nach den Produktempfehlungen der Hersteller, denn Leder braucht abgestimmte Fette oder Wachse, emulgiert mit Feuchtigkeitsspendern.

- Die meisten guten Glattlederpflegen enthalten zusätzlich Imprägnierstoffe. Bei offen gefärbten **Anilinledern** empfiehlt sich eine **zusätzliche Imprägnierung.**

- **Spröde, ausgeblichene oder verkratzte Lederpolster** können heute wieder gut (und selbst) **aufgefrischt** werden. Besorgen Sie sich gute Spezialprodukte für folgende Arbeitsgänge: Reinigen mit einem Intensivreiniger – Entfetten mit Waschbenzin – Schleifmittel zum Ausschleifen von Flecken und kleinen Kratzern – Farbauffrischung (nach Farbmustern bestellen oder ausmischen lassen) und zum Schluss zweimaliges Einpflegen mit Pflegemittel. Zwischen den einzelnen Behandlungen müssen Sie viel Zeit einplanen; die Produkte kosten pro Garnitur zusammen ca. 50–70 €, aber es lohnt sich. Sogar tiefe Kratzer können vor der Farbauffrischung mit Lederkleber oder Flüssigleder aus der Tube ausgebessert werden. Bei offenen Schnitten kann aber nur noch ein Profi helfen.

- Wer bei hellen Polstern immer wieder mit Abfärbungen durch Textilien zu kämpfen hat, kann nach dem Reinigen und Pflegen auch eine Lederversiegelung auftragen. Sie verhindert das Einziehen der Farbstoffe. Wenn die Verfärbung bereits eingezogen ist, muss wie oben beschrieben gereinigt, abgeschliffen, die Farbe aufgefrischt und eingepflegt werden. Falls die Verfärbung sehr tief eingezogen ist, sollte ein Profi Hand anlegen.

PFLEGE VON RAULEDER-POLSTERN

Für offenporige Leder ist eine **gute Imprägnierung** das Wichtigste. Sobald Wassertropfen rasch in das Leder eingehen, sollten Sie neu imprägnieren.

Staub regelmäßig mit dem Staubsauger entfernen.

Speckige Bereiche reiben Sie mehrmals mit einem speziellen **Lederradierer** oder einem **Kautschuktuch** ab. Immer wieder zwischendrin mit einer ganz feinen Messingbürste aufrauen und dann erneut das Fett binden. Auch feucht gewordene Stellen werden so wieder samtig.

Frische Fett- oder Ölflecken sofort mit Küchencrepe aufsaugen oder mit Fettadsorptionsspray arbeiten.

Ist eine Nassreinigung notwendig, dann wie bei Glattleder nur eine Komplettreinigung durchführen. Achten Sie auf ein Lederreinigungsmittel oder Wollwaschmittel, das auch für Rauleder geeignet ist. Es dürfen **keinerlei rückfettende Komponenten** enthalten sein.

Nach jeder Reinigung unbedingt nachimprägnieren.

Eine Farbauffrischung ist auch bei Rauleder durch Spezialprodukte möglich. Rechnen Sie für so ein Set mit rund 80 €.

Abziehbare Lederbezüge können mit speziellen Lederwaschmitteln oder Daunenwaschmitteln maschinell im Wollprogramm gewaschen werden.

MEIN SPEZIELLER TIPP
Bei Kugelschreiberstrichen müssen Sie rasch handeln. Gehen Sie so oft wie möglich mit einem Klebeband darüber und tragen Sie so ganz allmählich die „Tinte" ab. Wenn erforderlich, mit Spiritus oder einem Lederreiniger nacharbeiten.

Kunstlederpolster

Kunstleder besteht aus mindestens zwei Schichten: aus einem kräftigen textilen Gewebe aus Natur- oder Synthetikfasern und einer weichen Beschichtung aus Kunststoff. Der Kunststoff kann zum Beispiel PVC, eventuell kombiniert mit Polyester, sein, heute werden aber weichmacherarme Polyurethanbeschichtungen bevorzugt. K**unstleder darf nie wie echtes Leder mit Öl und Wachs eingepflegt werden,** weil diese mit den Weichmachern und anderen Kunststoffadditiven reagieren können und so die Oberfläche angreifen. Die Beschichtung würde matt und klebrig werden. Grundsätzlich ist Kunstleder viel fettempfindlicher als Leder und altert bei Verlust der verschiedenen Kunststoffzusätze schneller als Leder.

PFLEGE VON KUNSTLEDER

- Zur regelmäßigen Entfernung von Staub und leicht haftendem Schmutz genügt ein Abreiben mit einem nebelfeuchten Mikrofasertuch. Hautfett und anderer Fettschmutz werden mit einem Neutralreiniger entfernt.
- Bei starker Verschmutzung mischen Sie etwas flüssiges Voll- oder Colorwaschmittel mit Wasser. Bearbeiten Sie das Polster kreisförmig mit einer weichen Bürste, damit der Schmutz auch aus den Narben, Nähten und Falten geholt wird. Gut mit Wasser nachwischen.

Noch besser wirken spezielle Kunstleder- oder Schreibtischplattenreiniger. Sie enthalten verschiedene Alkoholverbindungen und hautverträgliche Tenside.

- Pigmentschmutz entfernt ein Schmutzradierer, Kugelschreiberstriche werden mit Spiritus behandelt. Warten Sie nicht zu lange, damit nicht zu viel Kugelschreiberfarbe ins Material einwandert.
- Jeans, aber auch Haarfarbe, Kissen oder die beliebten Stoppersocken hinterlassen auf hellem Kunstleder Verfärbungen. Falls ein kräftiger Kunststoffreiniger nicht ausreicht, kann ein reduzierend wirkender Haushaltsentfärber (1–2 TL Universalentfärber auf 100 ml lauwarmes Wasser) helfen.

- **Kratzer** sind bei Kunstleder schwierig zu behandeln. Manchmal lassen sich leichte Kratzer durch Erwärmen mit einem **Föhn** entfernen. Die oberste Schicht wird dadurch leicht geschmolzen und füllt die Kratzer etwas auf.
- Zwei- bis dreimal jährlich lohnt die Behandlung mit einem **Kunststoffprotektor oder einer Auto-Cockpitpflege.** Die enthaltenen Schutzstoffe halten die Oberfläche geschmeidig, das typische Verspröden und Verblassen der Farbe wird hinausgezögert, der Abrieb vermindert und die normalen Gebrauchsspuren werden ausgeglichen.

Gartenmöbel

Gartenmöbel müssen eine Menge wegstecken! Wind und Wetter, Nässe und Trockenheit, Sonne und starke Temperaturunterschiede verkürzen die Lebensdauer des Freizeitmobiliars. Mit etwas Pflege können Sie aber durchaus lange Freude an Ihren Gartenmöbeln haben und die warmen Tage draußen genießen.

Allgemeine Pflege- und Lagerungstipps

- Schützen Sie die Tisch- und Stuhlbeine, wenn sie immer mal wieder auf feuchtem Boden stehen. Für Metallfüße gibt es Kunststoffkappen. Bei Holzmöbeln sind die Beine aus stark saugendem Hirnholz. Das Wasser gelangt über die Kapillaren ins Holz und es kommt zu Pilzbefall und Fäulnis. Stellen Sie Holzmöbel deshalb nur auf einen rasch abtrocknenden Untergrund.
- Schützen Sie das Mobiliar bei einer anhaltenden Schlechtwetterlage mit einer Plastikplane. Achten Sie dabei auf eine **ausreichende Luftzirkulation** unter der Plane – sie darf unten nicht ganz aufliegen oder sollte atmungsaktiv sein.
- Ihre Gartenmöbel bleiben länger schön und funktionsfähig, wenn sie im Winter trocken und frostfrei in einem ungeheizten Raum lagern.
- Achten Sie auf einen geraden Stand der Möbel. Unebenheiten führen zu einer hohen mechanischen Belastung. Es kommt im Material zu Spannungen und die Funktionsfähigkeit der beweglichen Teile wird beeinträchtigt.

Polyrattangeflecht auf Metallgestellen

Hierbei handelt es sich um durchgefärbte Flechtstränge aus Polyethen. Das Material ist temperaturbeständig, wasserfest und unempfindlich gegenüber Säuren, Laugen und Fetten. Einfache Qualitäten sind nicht immer UV-stabil, werden schnell spröde und bleichen aus. In gute Qualitäten werden aber UV-Stabilisatoren eingearbeitet.

Grundsätzlich sind solche Möbel pflegeleicht. Ein Abbürsten mit Wasser und Allzweckreiniger oder einer Schlauchbürste am Hochdruckreiniger oder Gartenschlauch reicht aus. So wird der

Schmutz auch zwischen dem Geflecht entfernt. Bei dunklen Möbeln reicht es aus, diese ein- bis zweimal pro Jahr zu reinigen, helle bis weiße Möbel brauchen geringere Reinigungsabstände, damit es zu keinen Vergrauungen kommt. Falls Sie ein Verspröden und Ausbleichen beobachten, kann ein **Polyrattan-Schutzspray** oder eine **Kunststoffpflege** den Vorgang verzögern.

MEIN SPEZIELLER TIPP

In der Nähe von viel Industriestäuben und Autoabgasen sollten Sie zu unempfindlicheren Farben greifen, da sich der Schmutz leicht zwischen dem Geflecht einlagern kann.

Synthetikbespannungen auf Metallrahmen

Möbel mit textilen synthetischen Bespannungen auf Metallgestellen (Aluminium oder, im Hochpreis-Segment, auch Edelstahl) werden immer beliebter. Die grob gewebten, luftigen, dezent gefärbten Bespannungen sind aus kräftigen Polyestergarnen.

Das Geflecht wird mit einer weichen Bürste und etwas Allzweckreiniger abgebürstet. Verwenden Sie keinen Hochdruckreiniger, da der Wasserdruck die Oberflächen zerstören kann.

Kunststoffmöbel

Die einfachen traditionellen Gartenmöbel aus kompaktem Kunststoff bieten den Vorteil, dass sie preiswert, leicht, stapelbar und in vielen Farben erhältlich sind. Bei einfachen Qualitäten wird der Kunststoff mit der Zeit porös, da die enthaltenen Weichmacher verdunsten. Diese Gartenmöbel haben dann keine lange Lebensdauer.

Kunststoffmöbel sind pflegeleicht, sollte aber trotzdem häufig gereinigt werden. Zur Reinigung können alle haushaltsüblichen Reinigungsmittel bis hin zur Scheuermilch verwendet werden, besser sind allerdings Kunststoffreiniger mit schmutzabweisenden und der Versprödung vorbeugenden Eigenschaften. Haben die Kunststoffmöbel erst einmal Bruchstelle kann man sie nicht mehr reparieren.

Aluminiummöbel

Solche Gartenmöbel sind leicht und dank der Oxidschicht, die sich an der Luft bildet, sehr korrosionsstabil und unempfindlich gegen Frost, Sonne und Regen. Sie können mit Wasser und Allzweckreinigern gereinigt werden, verkratzen aber schnell, weil Aluminium weich ist. **Soda** und **stark saure Reiniger** können Aluminium sogar angreifen. Bei hartnäckigem

...chmutzbelag sollten Sie am besten zu einem Felgenreiniger für Alu-Felgen ...reifen.

Eisenmöbel

...öbel aus Eisen und Stahl gibt es lackiert, besser haltbar sind aber pulverbeschichtete oder oberflächenversiegelte Möbel. Eisenmöbel müssen immer zuverlässig geschützt werden, denn schon allein die Luftfeuchtigkeit verursacht bei ...nnen Rost. Da der Rost keine Schutzschicht aufbaut, sondern abblättert, geht ...as Rosten immer weiter. Nur Möbel aus ...euerverzinktem Stahl mit metallisch ...chimmernden Oberflächen sind nicht ...ostend, wetterfest, kratzfest und unverwüstlich. Die Verzinkung ist wesentlich ...ärter als jede Lackierung oder Beschich...ung.

...ür die normale Pflege genügt das Abwaschen mit etwas Haushaltsreiniger. ...erwenden Sie aber keine Metallpolitu...en und keinen Hochdruckreiniger. ...eschädigungen an der Lackschicht soll...en Sie sofort mit Metalllack ausbessern, ...amit sich der Rost nicht weiter breit ...acht. Dafür die betroffenen Stellen ab...chleifen, eventuell mit einem Rostum...andler behandeln und neu lackieren. ...ie meisten Hersteller liefern bei lackier...en Möbeln ein Ausbesserungsset mit.

Gartenmöbel aus Edelstahl

...ie werden immer beliebter, sind allerings für **salzhaltige Luft am Meer** ab...olut nicht geeignet, da es durch die ...hloride im Salz zu Lochkorrosionen ...ommt. Ebenso kann es durch eisenhalti...en Industriestaub zu **Flugrost** kommen. ...ei diesen Möbeln müssen Sie alle Rost...tellen und Korrosionen sofort mit einer ...delstahlpflege oder Polierpaste abreiben.

Holzmöbel

Hier müssen Sie zwischen lackierten und offenporigen Massivholzmöbeln unterscheiden.

LACKIERTE HOLZMÖBEL

Bei solchen Gartenmöbeln ist das Holz durch eine farbige oder farblose geschlossene Lackschicht geschützt. Sie sind für überdachte Terrassen und Balkone geeignet, da das Holz arbeitet und die Schutzschicht reißen kann. Dringt Feuchtigkeit unter die Lackschicht, entstehen dunkle Stockflecken.

Lackierte Holzmöbel müssen Sie regelmäßig mit einem weichen Lappen feucht abreiben. Hartnäckigen Schmutz können Sie mit Allzweckreiniger (bis hin zu reinem Spiritus!) bearbeiten, auch vorsichtiges Abreiben mit feinkörniger Schlämmkreide oder einem Schmutzradierer kann bei hellen Mattlacken viel Schmutz ablösen. Für Hochglanzlackierungen sind sie nicht geeignet. Wird die **Lackierung verletzt,** müssen Sie sie sofort **ausbessern.** Dafür die beschädigte Stellen leicht anschleifen und mit einem Lack im entsprechenden Farbton behandeln.

OFFENPORIGE MASSIVHOLZMÖBEL

Gartenmöbel aus Kiefer, Rotbuche, Robinie, Kastanie oder Teak sind für draußen besser geeignet. Ihre Oberfläche kann naturbelassen, geölt oder lasiert sein. Kratzer oder andere Beschädigungen können hier einfach ausgeschliffen werden. Reinigen Sie offenporige Holzgartenmöbel mit reichlich Wasser und einer harten Wurzelbürste oder einem **gemäßigten Strahl** aus dem Hochdruckreiniger. Bei Verfleckungen nehmen Sie eine **Holzseife mit rückfettenden Anteilen.** Spülmittel oder Allzweckreiniger trocknen die Hölzer aus. Falls sich Holzfasern aufgestellt haben, glätten Sie diese mit feinem

Schmirgelpapier (180–240er Körnung). Je nach Resistenz des Holzes erfolgt die Nachbehandlung dann mit Holzölen oder Lasuren für den Außenbereich.

SPEZIELLE PFLEGEHINWEISE ZU DEN LIEBLINGEN – DEN MASSIVHOLZMÖBELN AUS TEAK

Teak ist ein tropisches, sehr haltbares und stabiles Hartholz. Der Holzschutz wird hier in Form von ätherischen Ölen und Harzen bereits von Natur aus mitgeliefert. Neues Teakholz ist honigbraun gefärbt, doch ändert sich die Farbe je nach Witterung rasch in Gelb und dann in Silbergrau. Je mehr Sonne und Regen, desto schneller! Ursache für diese Farbveränderung ist das UV-Licht. Wichtige Inhaltsstoffe des Holzes, die Lignine, werden durch Sonne zu wasserlöslichen Produkten abgebaut und durch den Regen ausgewaschen. Zurück bleiben die hellen, silbrig schimmernden Zellulosestrukturen, die viele Teakholzliebhaber jedoch sehr schätzen.

● Teakholzmöbel sollten Sie im Frühjahr mit Neutralreiniger, einer Holzseife oder einem Teakholzreiniger und lauwarmem Wasser **kräftig abbürsten.** Alternativ können Sie auch die Flachstrahldüse eines Hochdruckreinigers einsetzen.

● Bei ungleichmäßiger Holzfärbung können Sie einen „Holzentgrauer" anwenden. So erhalten Sie ohne Schleifen den nicht verwitterten Holzfarbton zurück.

● Restflecken wie Stockflecken, verursacht durch Mikroorganismen, werden **mit Schleifpapier ausgeschliffen.** Fettflecken und ausgetretenes Harz entfernen Sie mit Spiritus oder Terpentin.

● Für eine perfekt glatte Oberfläche schleifen Sie die Möbel nach dem Trocknen mit feinem Schleifpapier ab.

Verwenden Sie keine Stahlwolle, da Metallreste auf dem Holz Flecken verursachen.

- Wenn Sie **silbergraues Teakholz** bevorzugen, können Sie jetzt auf eine weitere Pflege verzichten. Gerade für Möbel, die völlig im Freien stehen, wird das empfohlen, denn die graue Patina bietet einen guten Schutz vor weiteren UV-Lichtschäden. Im Handel gibt es sogenannte Patinizer, die den gleichmäßigen Aufbau und Erhalt der Patina unterstützen, gleichzeitig verzögern sie die typischen dunkel-

grauen bis grünen Verfärbungen durch Pilz- und Alger befall. Denn die Oberfläche des patinierten Holzes ist etwas rauer und offenporiger. Trotzdem verwittert das Holz nicht schneller, denn der graue Belag sitzt bei Teak immer nur an der Oberfläche.

- Wer **honigfarbene Möbel** liebt, verwendet jetzt pigmentierte Teakpflegen mit UV-Absorbern. **Teakholzöle** aus pflanzlichen oder synthetischen Ölen eignen sich eher für überdacht stehende Möbel, da das Öl durch Regen und Sonne unterschiedlich stark aus-

gewaschen wird. Ölen dürfen Sie nur ganz sauberes, getrocknetes Holz. Ölen Sie anfangs zweimal jährlich nach. Teak-Sealer (sie kommen aus dem Bootsbau) sind etwas haltbarer, da die Produkte tiefer in das Holz einziehen. Teak- oder **Holzprotektoren** sind leicht pigmentierte Pflegemittel auf Wasserbasis, die gerade bei Möbeln im Freien einen anhaltenden Schutz für ein ganzes Jahr geben. Die Flüssigkeit dringt **tiefer in die Holzfasern** ein als Öle.

Fugenreinigung

Fliesenbeläge gehören zu den pflegeleichtesten Materialien! Leider verbergen sich zwischen den einzelnen Platten kleine Schmutzfänger – die Fugen. Sie bestehen aus porösem saugfähigem Fugenmörtel, sind reinigungsintensiv und wegen des Kalksteinanteils säureempfindlich. Besonders tief ausgewaschene Fugen sind schwierig sauber zu halten. Zudem können dann Wasser und Mikroorganismen in das Klebebett der Fliesen vordringen und die Fliesen lockern. Vermeiden Sie deshalb alle säurehaltigen Reinigungsmittel, starkes Reiben und Bürsten oder die intensive Behandlung mit Schleifpapieren, Padschwämmen, Edelstahlspiralen und Bimssteinen.

So reinigen Sie Fugen

- Besprühen Sie die angefeuchteten Fugen mit einem **alkalischen Sodareiniger** oder einem **Fettschmutzlöser** für die Küche. Lassen Sie das Mittel 20 Min. einwirken. Dann sanft abreiben und gründlich mit viel klarem Wasser wischen. Alle Reinigungsmittelreste sehr sorgfältig entfernen, damit die Fliesen anschließend streifenfrei gewischt werden können.
- Bei viel Schmutz sind spezielle Fugenreiniger ideal. Das sind alkalisch eingestellte Reinigungsmittel, die zusätzlich noch komplexbildende Reinigungssub-

stanzen enthalten und unter anderen auch Verfärbungen durch Schwermetallsalze entfernen.

- Die kleine Düse eines kräftigen Dampfreinigers kann viel Schmutz aus den Fugen holen. Sofort mit einem sauberen Tuch nachwischen.
- Nicht ganz so schonend sind abrasiv wirkende Methoden, nämlich das Abreiben der Fuge mit einem angefeuchteten groben Mikrofasertuch oder einem Schmutzradierer.
- Weiße Fugen können mit flüssiger Scheuermilch, etwas weißem Putzstein oder Schlämmkreide bearbeitet wer-

den. Danach sind Sie allerdings einige Zeit beschäftigt, bis alle Reinigungsmittelreste wieder entfernt sind.

MEIN SPEZIELLER TIPP
Restflecken verschwinden danach ganz allmählich von alleine, denn das Fett verteilt sich gleichmäßig in der Fugenmasse. Für ganz hartnäckigen Fettschmutz gibt es spezielle Ölentfernungspasten für Natursteine, die auch auf Fugenzement gut wirken.

- Farbige Flecken (zum Beispiel durch verschütteten Rotwein) können von hellen Fugen mit einer milden flüssigen **Sauerstoffbleiche** entfernt werden. Föhnen verstärkt die Bleichwirkung.
- In Gegenden mit hartem Wasser müssen von den Fliesen mitunter Kalkablagerungen mit Säuren entfernt werden. Zum Schutz vor der Säure **nässen Sie die Fugen mit einem Schwamm** zunächst ein, tragen den sauren Kalkentferner mit einem Tuch nur auf die Fliesen auf und entfernen ihn nach wenigen Minuten wieder.
- Punktuell dunkle Flecken auf den Fugen sind **Schimmelkolonien.** Bürsten Sie diese Stellen nicht ab, damit sich die Sporen nicht in der Luft verteilen, sondern besprühen Sie sie mit einem organischen säurefreien Schimmelentferner. Alternativ können Sie 70%igen Isopropanol oder 80%igen Spiritus anwenden. Bei hartnäckigem Schimmel hilft am schnellsten ein hypochlorithaltiges Reinigungsmittel. Tragen Sie dieses mit einem Wattestäbchen auf die Fugen auf.
- Verschüttetes Öl immer sofort mit Küchenkrepp aufsaugen und in die Fugen weißen Ton, Schlämmkreide oder Stärkemehl streuen. Einige Stunden einwirken lassen, dann absaugen und mit alkalischen Reinigungsmitteln nacharbeiten.

So bleiben die Fugen länger sauber

Am besten ist es natürlich, wenn die Fugen erst gar nicht schmutzig werden. Deshalb sollten Sie die folgenden Ratschläge berücksichtigen:

- Vor dem Wischen von Fliesenböden kehren oder saugen, damit sich der Schmutz durch das Wischen nicht in den Fugen ansammelt.
- Achten Sie auf **saubere Lappen** und **sauberes Wischwasser,** denn dieses dringt in die Fugen ein und verdunstet.
- Vermeiden Sie alle schichtbildenden, wachs- oder polymerhaltigen Reinigungsmittel und wischen Sie die Fliesen möglichst oft nur mit Wasser und etwas Spiritus oder einem Alkoholreiniger. In den Fugen konzentrieren sich nach dem Abtrocknen nicht nur der Schmutz, sondern auch die Reinigungsmittelreste aus dem Wischwasser und warten nur darauf, neu auftauchenden Schmutz zu binden.
- Neue oder sehr sauber gereinigte Fugen können Sie imprägnieren. Die **Imprägnierung** dringt in die Poren ein und überzieht die Fuge mit einem hauchdünnen wasserabweisenden Film. Dadurch wird das Verschmutzen reduziert und das Reinigen erleichtert.

Silikonfugen sind Wartungsfugen

Sie müssen regelmäßig überprüft und erneuert werden! Ich weiß, das klingt hart – und da es für diese Fugen auch keine Gewährleistung gibt, hier ein paar Tipps für ein verlängertes Fugenleben.

- Nach dem Duschen oder Baden Fugen mit klarem Wasser nachspülen und trocken reiben, um sie vor Pilzbefall zu schützen.
- Einmal pro Woche mit einem unverdünnten Badreiniger (oder Soda- beziehungsweise Allzweckreiniger) abreiben, diesen kurz einwirken lassen, nachspülen und trocken reiben. Der konzentrierte Reiniger kann Pilzbefall vorbeugen.
- Bei leichtem Schimmel helfen 70%iger Brennspiritus, alkoholische Desinfektionsmittel, eine 5%ige Wasserstoffperoxidlösung oder ein hypochlorithaltiger Reiniger. Auch Aceton hilft, darf aber nicht mit Acrylteilen in Kontakt kommen.
- Bei anhaltendem Schwarzkopf-Schimmel müssen Sie die Silikonfuge mit einem Messer herausschneiden, den Untergrund und die Seitenflanken mit Aceton oder Waschbenzin entfetten und dann eine neue Fuge mit **fungizidhaltigem Silikon** einspritzen.

Weitere Problemfälle

In Ihrem Haushalt gibt es sicher noch viele andere Materialien und Gegenstände, die nicht ganz einfach zu reinigen sind. Hier noch einige Tipps für besondere „Sensibelchen".

Acryl

Acrylglas ist ein beliebter Kunststoff und eignet sich für viele anspruchsvolle Gebrauchsgegenstände bis hin zur Badewanne. Der Kunststoff ist empfindlich gegenüber organischen Lösemitteln (außer Benzin!) wie reinem Alkohol, Terpentinersatz oder Aceton, die zu feinen Spannungsrissen bis hin zum Anlösen des Kunststoffs führen können.

- **Nie trocken Staub wischen,** um Kratzer zu vermeiden! Arbeiten Sie mit einem feuchten, weichen Schwamm oder einem Fensterleder. Verwenden Sie kein Mikrofasertuch, es könnten Kratzer zurückbleiben.
- **Vorsicht bei Reinigungsmitteln.** Manche Tenside führen bei diesen Kunststoffen zu Versprödungen, also **Spannungsrisskorrosionen.** Falls Reiniger nötig sind, lohnt ein milder, für Acryl freigegebener Neutralreiniger oder ein Spezialreiniger für Acryl. Lassen Sie die Reinigungsmittel nie lange einwirken. Scheuernde Reinigungsmittel sind verboten. Fest anhaftenden Schmutz entfernen Sie mit einem um einen nassen Schwamm gelegten Nylonstrumpf.
- Kalkbeläge entfernen Sie mit Essig oder in Wasser aufgelöster Zitronensäure. Vorsicht bei der Verwendung von Kalkentfernern für Heißwassergeräte – es kann zu hartnäckigen Gelbfärbungen kommen!
- Geschirrteile aus Acrylglas sind nicht spülmaschinengeeignet, da der Schmutz im Sprühstrahl Kratzer verursacht und beim Trocknen die Temperatur zu hoch wird.
- Matt gewordene Flächen bringen Sie mit einem speziellen Poliertuch, einer Auto-, Visier- oder Acryl-Politur wieder zum Glänzen.
- Tiefe Kratzer, zum Beispiel in Acrylwannen, zunächst mit Nassschleifpapier begradigen und anschließend auspolieren.

MEIN SPEZIELLER TIPP

Ätherische Öle wirken durch ihre Inhaltsstoffe wie Lösemittel! Emulgieren Sie deshalb Badezusätze mit ätherischen Ölen zuerst in Sahne und geben Sie erst dann die Mischung in die gefüllte Wanne.

Armaturen

Die Hersteller von verchromten Armaturen warnen vor der Verwendung von groben Mikrofasertüchern und Reinigungsmitteln mit Salz-, Ameisen- oder Chlorreinigern, denn die meisten Armaturen haben einen empfindlichen, weichen und **nicht korrosionsfesten Messingkern,** der nur hauchdünn galvanisch vernickelt und verchromt ist.

- Spülen Sie die Reste von Seifen, Kosmetika und Reinigungsmitteln immer mit klarem Wasser ab und reiben Sie die Armatur nach Gebrauch mit einem Baumwolltuch oder Fensterleder trocken. So wird Verkalkungen vorgebeugt.
- Ab und zu reiben Sie die Armatur mit einigen Tropfen Handspülmittel ab.
- Leichte Kalkschleier lassen sich abdampfen oder mit einem zitronensäurehaltigem Spülmaschinenklarspüler oder einer Chrompflege abreiben.
- Bei Kalkschichten empfehle ich einen zitronensäurehaltigen Bad- oder Sanitärreiniger. **Sprühen Sie die Rei-**

nigungssprays nie direkt auf die Armatur, sondern immer zunächst auf ein Tuch, damit der Sprühnebel nicht durch die Öffnungen eindringen und dem Messing schaden kann. Sehr dicke Kalkschichten rauen Sie mit einem Bims- oder Lavastein vorsichtig an, damit die Säure besser eindringen kann.

- Schenken Sie den **Duschköpfen** erhöhte Aufmerksamkeit, denn auch bei selbstentkalkenden Teilen ist die Verkalkung nur vermindert. Je mehr Kalk sich im Duschkopf ansammelt, desto eher baut sich ein problematischer Biofilm aus Mikroorganismen auf. Wählen Sie zur Materialschonung ein rasch wirkendes Produkt wie einen **Schnellentkalker** für Wasserkocher oder Kaffeemaschinen. Schrauben Sie den Duschkopf auf und legen Sie ihn für maximal 10 Min. in die Entkalkerlösung ein. **Nehmen Sie keinen Essig,** weil der auf die Materialien und Dichtungen stärker korrosiv wirkt. Den Kopf von außen abspülen, montieren und kräftig durchspülen. Bei fest eingebauten Brauseköpfen tragen Sie die Schnellentkalkerlösung mit einem Pinsel auf und bearbeiten ihn nach 10 Minuten mit einem Schrubber oder einer Bürste.

Duschkabinen aus Glas oder Kunststoff

- Einscheibensicherheitsglas oder eine Kunststoffabtrennung reinigen Sie nur mit viel Wasser und einer sanfter Mechanik, denn die Flächen sind sehr kratzempfindlich. Die Teile bleiben dauerhaft sauber, wenn sie nach jeder Benutzung mit klarem Wasser abgespült und abgetrocknet werden. Ich bevorzuge das Abreiben mit einem Tuch, denn damit kann ich auch gleich die Leisten und Armaturen abreiben.
- Ganz dicke Kalkbeläge zuerst mit einem Kunststoffspachtel vorsichtig etwas ankratzen, dann mit einem Schwamm Zitronen- oder Amidosulfonsäurelösung auftragen. Wenn empfindliche Metallleisten vorhanden sind, empfehle ich einen **sauren Badreiniger mit Korrosionsinhibitoren.** Da die Säure durch den Kalk neutralisiert wird, den Vorgang bei viel Kalk mehrmals wiederholen.
- Wenn sich die Kalkkrusten nicht entfernen lassen, kann es daran liegen, dass die Ablagerungen mit **Kalkseifen oder Wasserglas** vermischt oder überlagert sind. Hier hilft ein Wechsel zwischen einem alkalischen Reinigungsmittel (flüssiges Voll- oder Colorwaschmittel) und sauren Reinigern.

Edelstahl

Typisch Edelstahl – gerade erst gereinigt und schon wieder voller Fingerabdrücke! Trotzdem findet das kühle elegante Material reichlich Verwendung. Edelstahl ist eine Legierung aus Eisen, Chrom und Nickel und an der Luft nicht rostend. Die Qualität hängt von vielen Faktoren ab (zum Beispiel von Einschlüssen, der Härtung und der Passivierung).

- Edelstahlflächen immer nur abgekühlt reinigen, damit es keine Streifen gibt. Ein nebelfeuchtes Mikrofasertuch entfernt rasch die Fingerspuren. Gebürstete Flächen nur in Strichrichtung bearbeiten! Noch besser ist die Wirkung, wenn Sie das Mikrofasertuch mit destilliertem Wasser plus Alkohol (2:1) ansprühen.
- Bei stärkeren Verschmutzungen reiben Sie die ganze Fläche mit einem verdünnten Allzweckreiniger ab. Wenn es ganz schnell gehen soll, besprühen Sie die Fläche mit einem Glasreiniger. Bei mehr Schmutz hilft eine milde Scheuermilch oder ein weißer Putzstein. Ganz **hartnäckige Anlaufspuren** lassen sich auch mit 3%iger Zitronensäure oder imprägnierter Polierwatte entfernen.
- **Edelstahlreiniger und -pflegen** sind empfehlenswert, denn sie erleichtern die normale Unterhaltsreinigung. Gute Erfolge lassen sich auch mit Glaskeramikreinigern erzielen, da sie eine vergleichbare Zusammensetzung aufweisen. Mattierte und gebürstete Flächen sind empfindlicher und brauchen Spezialreiniger ohne Polierkörper.
- **Chlorid-Ionen** (Kochsalz, Salzsäure) und **Reduktionsmittel** wie Haushaltsentfärber oder Silbertauchbäder schaden Edelstahl, ebenso rostende eisenhaltige Materialien.

HINWEIS
Noch müssen alte Edelstahlflächen häufig gereinigt werden, aber die Zukunft hat schon begonnen: Auf neuartigen Beschichtungen mit Antifingerprint-Effekt sind Fingerspuren kaum noch sichtbar und leicht zu entfernen. Der beste Effekt wird ab Werk durch die Nanotechnologie erreicht. Die zum nachträglichen Auftragen angebotenen (teuren) Produkte wirken nur einige Monate.

Easy-Clean-Ausstattungen: Teuer erworben – ruck, zuck verdorben

Viele Glaskeramik- und Fliesenflächen haben heute eine Hightech-Beschichtung, die sie weniger schmutzanfällig macht. So uneinheitlich die Beschichtungen sind, so unterschiedlich sind auch die Pflegehinweise. Halten Sie sich unbedingt an die **Informationen der Hersteller,** denn nur unbeschädigte Beschichtungen sind wirklich reinigungsfreundlicher. Auch „easy clean Flächen" sind eben keine „selbstreinigende Oberfläche".

HYDROPHOBIERTE FLÄCHEN

Seit Jahren sind hydrophobierte Flächen als Imprägnierungen bei Duschkabinen aus Glas erprobt. Das Wasser wird von der Oberfläche abgestoßen, indem sich aus den Wassertropfen kugelige Tröpfchen bilden, die von den Flächen abrollen und dabei den Schmutz mitnehmen. Reiben Sie **hydrophobe Flächen** mit einem Baumwolltuch ab, da Mikrofasern die Beschichtung schneller abtragen. Auch Abzieher mit Kunststofflippe oder Padschwämme tragen etwas stärker ab. Vermeiden Sie außerdem tensidhaltige Rückstände von Reinigungsmitteln oder

Duschzusätzen, denn diese beschleunigen das Abtragen der Schicht und vermindern durch ihre emulgierenden Eigenschaften die Wirkung.

WEITERE OBERFLÄCHEN

- Bei einer hydrophoben Beschichtung mit **Lotuseffekt** kommt eine ausgeprägte Mikrostruktur dazu. Fliesen und Sanitärgegenstände mit Lotuseffekt haben heute fast alle Hersteller im Programm.
- Bei **hydrophil beschichteten** Oberflächen bewirkt die Beschichtung eine Ausbreitung der Wassertropfen. Der Wasserfilm unterspült den Schmutz und das Wasser fließt zusammen mit dem Schmutz ab. So behandelte Spiegel beschlagen weniger und bei Fenstern bleibt auch bei regnerischem Wetter die Durchsicht klar, die Scheiben trocknen rasch ab. Hier können Reinigungsmittel verwendet werden, aber Fette und Silikone aus den Dichtungsmaterialien stören die Funktion.
- Die fortschrittlichste Veredelung finden Sie auf aktiv selbstreinigenden, **photokatalytischen** Flächen: Hier wird auf Glas oder Keramik Titandioxid aufgebracht, aus dem sich bei Einfall von UV-Licht aus dem Luftsauerstoff aktiver Sauerstoff bildet. Dieser kann organische Verschmutzungen zersetzen, Bakterien und Keime abbauen und Gerüche vermindern. Die Abbauprodukte werden durch Regen oder Wasser abgespült.

Flachbildschirme und Monitore

- Empfehlenswert für die regelmäßige schonende Zwischenreinigung ist ein Staubwedel mit Straußenfedern oder aus Synthetikvlies. Diese Wedel eignen sich auch für die trendigen Hochglanzgehäuse. Natürlich können Sie die empfindlichen Flächen auch mit einem weichen Baumwolltuch abwischen. Mikrofasertücher gehen nur, wenn sie aus so weichen Fasern wie Brillenputztücher sind. Auf den Bildflächen sind empfindliche **Anti-Reflex-Beschichtungen** mit einer Feinstruktur aufgebracht, die durch grob strukturierte Tücher beschädigt werden. Reiben Sie nie mit einem gebrauchten Tuch über den Bildschirm. Selbst feinste Staubkörner im Tuch können Kratzer hinterlassen. Beginnen Sie mit einem sauberen Lappen immer bei der Bildschirmfläche, erst anschließend bearbeiten Sie das Gehäuse.
- Alle Oberflächen können mit destilliertem Wasser feucht gereinigt werden. Ziehen Sie immer vorher den Netzstecker und lassen Sie ein warmes Gerät zunächst abkühlen. Es darf auf keinen Fall Wasser an der Bildfläche herunterlaufen!
- Bei einer stark verschmutzten Bildfläche werden Sie nicht ohne Reinigungsmittel auskommen. Geben Sie nur ganz wenig **Neutralreiniger** ins Wasser und verzichten Sie auf Handspülmittel. Wischen Sie immer mit klarem Wasser nach.
- Auf der sicheren Seite sind Sie, wenn Sie zu Spezialreinigern greifen. Diese vermindern gleichzeitig die elektrostatische Aufladung und damit das erneute Einstauben. Vorsicht: Verwechseln Sie die **Bildschirmreiniger** nicht mit **Kunststoffreinigern** für die Gehäuse! Die alkalischen Gerätereiniger sind für die Bildflächen absolut nicht geeignet.
- Versuchen Sie nie eventuelle Schäden auf dem Bildschirm mit irgendwelchen Poliermitteln für Displays oder Autopolitur zu behandeln.
- Lüftungsschlitze können Sie ab und zu mit einer Staubsaugerdüse entstauben.

Heizkörper

Eine gründliche Heizkörperreinigung einmal im Jahr ist effektiv, da die gesamte Staubbelastung im Raum verringert wird. Ganz wichtig ist die Reinigung der Heizkörper in Küchen, da sich hier auch Wrasen ablagern können. Ein jahrelang vernachlässigter Heizkörper kann bis zu 20 % weniger Heizleistung bringen, da Staub und Schmutz wie eine Isolierschicht wirken.

MEIN SPEZIELLER TIPP

Machen Sie die Reinigungsarbeit am besten im Herbst vor Beginn der Heizperiode, da sich im Laufe des Sommers viel Staub auf den kalten

120

Heizkörpern ablagert. Während der Heizperiode setzt sich durch die aufsteigende Luft weniger ab.

- Rippenheizkörper zunächst mit einer trockenen speziellen Lamellenbürste reinigen oder absaugen. Dafür gibt es extra Mikrodüsen mit Adapter für alle gängigen Staubsaugertypen. Danach feucht abwaschen.

- Bei Plattenheizkörpern die oberste Abdeckung vorsichtig entfernen. Der meiste Staub liegt auf den feinen Lamellenblechen, die sich am besten mit speziellen langen schmalen Heizkörperbürsten oder Schlauchbürsten aus dem Aquarienhandel reinigen lassen. Die Staubbelastung können Sie durch ein feuchtes Tuch unter dem Heizkörper und einer zweiten hilfreichen Hand mit Staubsauger vermindern. Beim Herausziehen der Schlauchbürste wird direkt oben der aufwirbelnde Staub abgesaugt.

- Als schnelle Methode wird immer wieder die Lamellenreinigung mit Dampfreinigern empfohlen. Aber die Lamellen sind meist aus **unlackierten Stahlblechen!** Es kann zu Korrosionen und einer Rostbildung in den Spalten kommen, selbst wenn Sie anschließend sofort den Heizkörper aufheizen, um die Feuchtigkeit zu entfernen. Die Hersteller von Heizungskörper **lehnen diese Methode ab.**

Marmorflächen und Kalkstein

Natürliche hochwertige Steinmaterialien liegen im Trend und so gibt es wieder mehr Fensterbänke, Waschtische oder Tischplatten aus Marmor, Jura, Solnhofener Plattenkalk oder Travertin. Diese dekorativen Materialien bestehen aus saugfähigen **Kalksteinen,** die bei nachlässigem Umgang und falscher Pflege ganz schnell fleckig, rau und stumpf werden.

- Säuren, verschüttetes Gießwasser, Seifenersatzstoffe, grobe Schmirgelstoffe wie grüne und schwarze Padschwämme oder Scheuerpulver sind schädlich, ebenso eine Pflege mit Speisefetten oder -ölen! Vergessen Sie also Ratschläge, die empfehlen, die Marmorfensterbänke mit Speiseöl zu polieren.

- Feucht abwischen mit einem Vliestuch und Wasser reicht. Mehr Schmutz wird mit einem Alkohol-Wassergemisch oder einer schwachen Neutralreinigerlösung entfernt. Wer Pflege will, kann auf die kleinen Flächen eine spezielle **Marmorpolitur** aus Wachsen und Polymeren dünn auftragen. Kräftig nachpolieren. Dadurch wird die Optik verbessert und die Fleckempfindlichkeit vermindert. Eine kombinierte Reinigungs- und Pflegemöglichkeit ist die konstante Verwendung spezieller **Natursteinseifen** (häufig auch als Edelsteinseife bezeichnet), die gleichzeitig etwas pflegend wirken und sogar poliert werden können.

- Bei frischen Flecken die Flüssigkeiten sofort aufnehmen und die betroffenen Flächen mit klarem Wasser abwischen. Anschließend für einige Zeit nass halten, damit sich die bereits eingewanderte Flüssigkeit rasch im Stein verteilt.

- Alte farbstoffhaltige Flecken können mit Wasserstoffperoxid (3–7 %) gebleicht werden. Kurz föhnen und dann wieder sorgfältig klar abwaschen,

damit keine neuen Verfärbungen durch Metalloxide entstehen. Eingezogene **Ölflecken** mit einer Ölentfernungspaste entfernen.

- Bei Verätzungen durch Wein, Fruchtsaft oder Essig die Fläche mit feuchter Edelstahlwolle oder Schlämmkreide glätten und anschließend mit einer Marmorpolitur bearbeiten.

- Kalkbeläge können nur mechanisch mit einem Polisch-Schwamm, einem Nylon-Pad oder ganz feiner angefeuchteter Edelstahlwolle (000) mechanisch entfernt werden Anschließend ist ein **Abschleifen und Polieren** notwendig.

- Schwierig ist auch die Entfernung von Rostflecken, die aber nicht unbedingt von außen kommen müssen. Einige Kalksteine enthalten natürliche Eisensalze, die bei anhaltender Feuchtigkeit anfangen zu rosten. Für Marmor brauchen Sie spezielle säurefreie Rostentferner oder **Polierpulver mit Oxalsäure.**

Matratzenpflege

Haben Sie sich schon mal überlegt, was eine Matratze aushalten muss? Wir liegen durchschnittlich 10 Jahre lang täglich 7–8 Stunden darauf, verändern jede Nacht ständig die Liegeposition und scheiden dabei 0,5–1 l Schweiß aus. Gönnen Sie deshalb Ihrer Matratze ab und zu etwas mehr Aufmerksamkeit, denn „wie man sich bettet, so liegt man".

- Matratzen brauchen gute Schutzhüllen! Kaufen Sie möglichst nur Matratzen mit abnehmbaren Bezügen und bevorzugen Sie waschbare Bezüge. Matratzenauflagen zwischen Matratze und Leintuch sind ein zusätzlicher effektiver Schutz. Matratzenschoner liegen zwischen Lattenrost und Matratze und sollen den Abrieb der Matratze am Rost vermindern. Diese sind aber nur nützlich bei scharfkantigen Rosten oder bei großen Abständen zwischen den Latten und bei hohem Körpergewicht.

- Matratzen brauchen viel Luft! Schlagen Sie deshalb das Bettzeug morgens ganz zurück oder nehmen Sie es von der Matratze und lassen Sie das Bett mindestens eine Stunde auslüften. Besonders wichtig ist das Lüften der Matratzen bei einem Polsterbett, da die Luftzufuhr von unten vermindert ist. Bei Bettgestellen mit Schublade lassen Sie die Schubkästen tageweise geöffnet.

- Matratzen brauchen Bewegung! Drehen Sie die Matratze deshalb regelmäßig in „einer Rolle vorwärts", damit sie gleichmäßiger belastet wird und so elastischer bleibt.

- Matratzen brauchen sanfte Reinigungsmethoden! Sehr empfehlenswert ist ein regelmäßiges Abbürsten.

Muss ein Frühjahrsputz wirklich sein?

Viele Philosophen haben sich bereits mit dem Phänomen „Frühjahrsputz" befasst. Die Meinung, wer im Frühling putzt, beseitigt nicht nur Schmutz, sondern stellt auch die Ordnung wieder her, installiert neue Systeme und sorgt damit für eine neue Klarheit im Leben, ist weit verbreitet – und Geschmacksfrage. Inzwischen machen nämlich nur noch 40 % aller Haushalte einen Frühjahrsputz. Trotzdem ersticken aber auch die „Nichtfrühjahrsputzer" (und dazu zähle ich auch!) nicht im Schmutz – sie verlagern ihre gründlichen Reinigungsaktionen einfach auf andere Zeiten oder putzen in Abschnitten, bei denen immer ein Teilbereich besonders gründlich geputzt und gepflegt wird.

Schritt für Schritt zur Ordnung

Hier ein bewährter Putz-Plan, der zu jeder Jahreszeit für Ordnung in Ihrem Leben sorgt:

- Nutzen Sie den Großputz um **Ballast abzuwerfen** und trennen Sie sich von Überflüssigem! Zum Gerümpel zählen Dinge, die man nicht braucht, nicht liebt, die unordentlich und schlecht organisiert sind, die auf zu engem Raum stehen oder die man nie zu Ende brachte.
- Schränke ausräumen und auswaschen, ihren Inhalt aussortieren und wieder einräumen ist sehr zeitaufwändig. Erledigen Sie dies am besten schon vorher. Das Reinigen der Schränke von außen und das Putzen der offenen Regale erledigen Sie erst am Hauptputztag.
- Der Saisonwechsel im Kleiderschrank kostet viel Zeit – verlagern Sie auch diese Arbeit auf andere Tage.
- **Beginnen** Sie mit einer einfachen Reinigung von **Balkon oder Terrasse.** Dort können Sie dann viele Dinge zwischenlagern.
- Zuerst sind die Wohnräume an der Reihe, dann Küche und Bad und zum Schluss geht es auf den Speicher und in den Keller.
- Hängen Sie am Hauptputztag als erstes die Gardinen ab, damit sie nicht noch mehr verstauben. Diese aber nicht gleich in die Waschmaschine stecken, weil sie nass aufgehängt werden müssen. Vermeiden Sie eine unnötige Knitterbildung bei der Zwischenlagerung. Die Übergardinen müssen nicht jedes Jahr gereinigt oder gewaschen werden. Oft genügt ein gründliches Absaugen, Ausbürsten und Ausschütteln im Freien.
- Entfernen Sie die Zimmerpflanzen und Kleinmöbel aus dem Raum. So können Sie zügiger arbeiten und vermeiden Stolperfallen.
- Aufwändig zu reinigende Leuchten grob entstauben und mit Folien abdecken. Die Feinreinigung machen Sie erst zum Schluss.
- Lose Teppiche von beiden Seiten gründlich staubsaugen, aufrollen und aus dem Zimmer räumen.
- Räumen Sie die offenen Regale leer. Dekoratives aus Glas oder Porzellan kann in der Spülmaschine im Glasprogramm entstaubt werden. Metallgegenstände mit Belägen brauchen eine schonende Politur mit Schlämmkreide, Polierwatte oder einer geeigneten (!) Metallpolitur.

- Was gesäubert ist, möglichst außerhalb des Raumes lagern oder abdecken.
- Ziehen Sie aus Sicherheitsgründen alle Stecker bei elektrischen Geräten.
- Heizkörper sind oft sehr staubig, deshalb damit beginnen.
- Saugen Sie Decken und Wände mit einer sauberen Bürstendüse ab oder arbeiten Sie mit einem trockenen Baumwoll- oder Mikrofasermopp. Ein **feuchtes Abwaschen** von Decken und Wänden führt bei vielen **Tapeten und Anstrichen zu Flecken und Streifen.** Verzichten Sie besser darauf.

- Dicke Staubschichten immer zuerst absaugen. Setzen Sie für möglichst viele Arbeiten den Staubsauger und die vielfältigen Düsen ein – dieser Schmutz ist endgültig im Beutel, er begegnet Ihnen nie mehr.
- Anschließend alles im Raum feucht oder nebelfeucht abwischen. Arbeiten Sie **systematisch:** als Rechtshänder/in von rechts nach links, von oben nach unten und von hinten nach vorne. Beginnen Sie Ihre Tour rechts von der Tür. So wird nichts vergessen.
- Arbeiten Sie mit sauberem Wasser und dosieren Sie alle Reinigungsmittel sehr sparsam. Bei unverdünnter Anwendung von Reinigungsmitteln unbedingt mit klarem Wasser nachwaschen. Lappen und Putzwasser großzügig wechseln!
- Jetzt ist der richtige Zeitpunkt für die Gardinenwäsche gekommen (es sei denn, Sie wollen dies erst am nächsten Tag machen).
- Alle Böden dann gründlich saugen, vorhandene Flecken entfernen und die gesamte Fläche wischen und – wenn nötig – einpflegen.
- Jetzt geht es wieder ans Einräumen! Versuchen Sie, den heute üblichen Kabelsalat zu vermindern. Es gibt dafür im Handel diverse Ordnungshilfen. Alternativ können Sie die Kabel auch auf die Länge zusammenrollen, in der sie benötigt werden, und mit einem Klebeband fixieren.
- Sorgen Sie für viel frische Luft – **je schneller die Feuchtigkeit abtrocknet, desto besser für die Hygiene und die Belastung** durch die verschiedenen Reinigungsmitteldüfte wird verringert.
- Wenn die Vorhänge wieder hängen und alles wieder eingeräumt ist es – geschafft!

Zuschauer fragen –
Frau Frank antwortet

WIE GEHEN DIE STREIFEN WIEDER WEG?

Wir renovieren gerade die Wohnung meines verstorbenen Schwiegervaters. Er hatte viele Jahre eine Putzhilfe, die die Fenster wohl nur mit Glasreinigern putzte. Ich habe nun das Problem, dass die Fenster ständig streifig werden. Ich putze die Fenster im Moment nur mit warmem Wasser und einem Spritzer Spülmittel. Braucht es einige Zeit, bis die Reinigungsmittelschicht entfernt ist, oder gibt es hier einen Trick?

FRAU BARBARA W.

Frau Franks Tipp …

Sie haben schon ganz richtig gestartet, indem Sie die Fenster nur mit Wasser und ganz wenig Handspülmittel reinigen. Achten Sie auf ein Handspülmittel ohne Balsamanteile oder sonstige hautpflegenden Inhaltsstoffe, sonst gibt es neue Beläge.
Sie können die Beseitigung der Beläge beschleunigen, wenn Sie in das Wasser Haushaltsalkohol = Spiritus geben und zusätzlich auch mal mit einem nicht kratzenden (blauen oder weißen) Padschwamm über das Glas gehen. Dieser Schwamm kann auch zum Einsatz kommen, falls Sie die Möglichkeit haben mit einem Dampfreiniger über die Scheiben zu gehen. Sehr gute Reinigungswirkung hat das unverdünnte Mittel für die Auto-Scheibenwaschanlage. Diese Produkte haben eine veränderte Zusammensetzung gegenüber den Haushaltsreinigern. Sie enthalten einen größeren Anteil höherer Alkohole und Komplexbildner und entfernen hartnäckige Beläge recht gut. Aber auch hier gilt: Anschließend sehr gut mit Wasser klar waschen.

Wenn Sie schnell arbeiten und die Lösung nicht zu lange auf dem Glas bleibt, können Sie auch mal einen schwach alkalischen Fettschmutzlöser für die Küche oder einen Sodareiniger nehmen. Alkalien lösen den Schmutz schneller, können aber dem Glas auch schaden, wenn die Lösung zu lange drauf bleibt.
Könnten auf der Scheibe auch Silikonreste aus der Dichtung sein? Dann die Scheibe vorsichtig mit Aceton abreiben und mit Wasser nacharbeiten. Bitte kein Aceton auf die Dichtungen bringen.

HILFE, DIE FLECKEN GEHEN NICHT MEHR WEG

Ich habe auf einer Granit-Tischplatte Rostflecken. Wie bekomme ich diese wieder weg? Vielen Dank im Voraus.

FRAU HELGA W.

Frau Frank empfiehlt …

Rost kann durch Zitronensäure oder – noch schneller – durch Oxalsäure (Apotheke) entfernt werden. Lösen Sie jeweils einige Kristalle in 5 ml Wasser auf und lassen Sie die Lösung auf den Fleck einwirken. Falls Sie einen Fleckenentferner gegen Rostflecken im Haus haben – er enthält auch Oxalsäure. Da heute leider vieles als Granit bezeichnet wird, weil es so aussieht, aber dann doch keine Graniteigenschaften hat, sollten Sie unbedingt eine Vorprobe an unauffälliger Stelle machen. Echter Granit ist säurefest.

WIE BRINGE ICH MESSINGÜBERTÖPFE WIEDER ZUM GLÄNZEN?

Ich habe Blumenübertöpfe aus Messing. Wie bekomme ich die wieder sauber und glänzend? Auf der Grünen Woche hat man mir gesagt nur mit Stahlwolle. Putzpasten oder angerührtes Backpulver und Ähnliches habe ich schon probiert – mit wenig Erfolg. Es ist einfach stressig. Haben Sie einen Plan?

FRAU R.

Frau Frank empfiehlt …

Bitte nehmen Sie dafür nur Stahlpolierwatten (000 oder 0000), keine haushaltsübliche Stahlwolle. Hoffentlich sind Ihre Über-

töpfe nicht aus lackiertem, sondern aus poliertem Messing. Denn nur dann können Sie durch eine einfache Metallpolitur, Schlämmkreide, Scheuermilch oder einen weißen Putzstein ein gutes Ergebnis erhalten. Metallpolituren enthalten dabei einen Anlaufschutz, dank dem die Töpfe dann meist etwas länger schön bleiben.

Bei lackierten Teilen weiß ich leider keinen Rat, denn um die Korrosion unter der Lackschicht zu entfernen, muss der Lack zunächst entfernt werden. Das ist selbst mit guten Lösemitteln nicht immer einfach.

WIE GEHT EIN HARZFLECK WIEDER WEG?

Von Kiefern- und Nordmanntannenzweigen in einer Glasvase ist leider Harz auf einen Schrankteil der Anbauwand (Esche massiv) getropft. Mit welchem Mittel kann ich das Harz wieder vom Holz entfernen?

FRAU EVA S.

FRAU FRANKS EXKLUSIVTIPP:
Das hilft gegen stinkende
Sport- und Laufschuhe

Vorbeugen ist das Wichtigste! Denn wenn die Gerüche erst mal tief in das Schuhmaterial eingezogen sind, wird der Gestank an die Materialien gebunden. Leider binden Leder und besonders synthetische Obermaterialien und Innenausstattungen Gerüche sehr gut ... Und dieser Geruch kann trotz vieler Versprechungen nicht mehr vollständig entfernt, sondern oft nur durch Parfümstoffe überlagert werden.

Ich habe für eine Sendung viele Produkte getestet – von Katzenstreu über Schuhkissen bis hin zu Schuh-Deos. Die besten Erfolge konnte ich mit alkoholischen Hautdesinfektionssprays, die noch Wasserstoffperoxid zur Oxidation der Geruchsstoffe enthalten, erzielen. Fragen Sie in der Apotheke gezielt nach diesen Produkten. Alkoholische Desinfektionssprays alleine können zwar Bakterien vermindern, aber die bereits vorhandenen Gerüche werden zu wenig entfernt.

Frau Frank weiß Rat ...

Entfernen Sie die Harzflecken möglichst rasch mit reinem Spiritus (Haushaltsalkohol), damit es zu keiner Wechselwirkung mit der Holzoberfläche kommt. Aber bitte machen Sie zunächst unbedingt eine Vorprobe! Nach meinen Kenntnissen sind Esche massiv Möbel meistens lackiert, dann müsste es ohne Probleme klappen (sofern es kein Schellack ist!). Bei geölten oder gewachsten Möbeln kann der Fleck auch ausgeschliffen und dann die Oberfläche neu eingepflegt werden.

WIE BLEIBEN MEINE ERINNERUNGSSTÜCKE LANGE SCHÖN?

Ich habe einige Gobelinbilder, die mir wichtig, inzwischen aber leider verschmutzt sind. Wie kann ich diese wieder reinigen?

FRAU ANNABEL Z.

Frau Franks Tipp ...

Für Gobelinbilder gibt es eine korrekte, aber leider auch teure Reinigungsmethode: Lösen Sie die Bilder aus dem Rahmen und bringen Sie sie in eine Spezialreinigung. Auch chemische Reinigungen, die auf Hochzeitskleiderreinigung spezialisiert sind, nehmen sie gerne an.

Sie können das Bild aber auch absaugen und mit Waschbenzin abreiben. Geben Sie etwas Waschbenzin auf ein weiches Tuch und „huschen" Sie ganz leicht über das Bild. Die Oberfläche darf nur leicht feucht werden, damit sich das Bild nicht vom Untergrund löst. Bitte bringen Sie kein Waschbenzin auf die Rahmen!

Eine weitere Möglichkeit ist eine Trockenschaumreinigung mit Teppich- oder Polsterschaum, der auch für Wolle geeignet ist. Mit einer weichen Bürste auftupfen und trocknen lassen. Der gelöste Schmutz lässt sich dann absaugen. Oder Sie reiben das Bild mit einem nebelfeuchten Mikrofasertuch (angefeuchtet mit destilliertem Wasser und einigen Tropfen Essigessenz) ab. Das Bild nur oberflächlich befeuchten.

Willkommen im

Treffpunkt Küche

Nein, hier finden Sie keine neuen Rezepte – dies überlasse ich gerne unseren Buffet-Köchinnen und -Köchen. (Ich muss Ihnen aber verraten, dass ich deren leckeren Gerichte und Anregungen zu neuen Speisen immer genieße!)

Hier habe ich für Sie aus den vielen Bereichen zum Thema „Küche" nur einige aufgreifen können. Zum Beispiel darf meines Erachtens nach heute der Kaffeevollautomat nicht fehlen. Dieser komfortable Zubereiter des Muntermachers hat nämlich zahlreiche Ansprüche an die Hygiene – und kann sich ganz leicht zu einem „Tamagotchi" des Haushaltes entwickeln und Ihnen jeden Tag neue Aufgaben stellen. Natürlich werden Sie auch Tipps zu anderen hygienischen Problemfällen in der Küche finden, denn ich will ja, dass es Ihnen gut geht!

Und was kommt nach dem genussvollen Essen? Der Abwasch! Deshalb habe ich auch Tipps und Tricks für sauberes Geschirr für Sie gesammelt.

Küchen-Hygiene

Hygienisch sauber bedeutet, dass es keinen für Auge und Nase erkennbarer Schmutz gibt und bei normalem Gebrauch keine Gesundheitsgefahr besteht. Die Zahl der Keime wird durch regelmäßiges Reinigen und Waschen und durch Beachtung einfacher Hygieneregeln auf ein „gesundes" Maß reduziert. Dieses „gesunde" Maß an Keimen trainiert unser Immunsystem und hilft uns, mit Erregern und Allergenen besser fertig zu werden. Wenn sich die Keime allerdings ungehindert explosionsartig vermehren, dann können sie krank machen!

Wo lauern die meisten Keime im Privathaushalt?

Schon beinahe legendär sind die Ergebnisse aus dem Küchenbereich, denn es sind stets die gleichen Keimschleudern: Spülbecken, Spülschwamm, Spültuch und das zu lange benutzte Geschirrtuch. So sind 85 % der untersuchten Utensilien extrem stark verkeimt. Und nicht die Toilette, sondern die Computertastatur ist ein Schlaraffenland für Bakterien. Eine regelmäßige Tastaturreinigung ist für die Gesundheit wichtig! Wer auf schmutzigen Tasten tippt und dann mit den Fingern in den Augen reibt, bekommt leicht eine Bindehautentzündung. Schwachstellen im Bad sind der Zahnputzbecher und die Zahnbürste!

Mangelnde Küchenhygiene macht krank

Trotz Kühlschrank und Gefriertruhe und trotz guter Putzmittel steigt die Zahl der Infektionen durch verdorbene oder falsch zubereitete Lebensmittel. Alle Lebensmittel, vor allem **mit Erde behaftete pflanzliche und rohe tierische,** bringen neben harmlosen Keimen auch **Krankheitserreger** mit. Ein falscher Umgang mit diesen Lebensmitteln und in Vergessenheit geratene grundlegende Hygieneregeln können deshalb krank machen. Jährlich über 200 000 lebensmittelbedingte gemeldete Erkrankungen bei einer geschätzten Dunkelziffer von 80–90 % beweisen dies. Verantwortlich für diese hohen Zahlen sind weniger Großküchen, die heute eine strenge Eigenkontrolle nachweisen müssen, sondern private Küchen, in denen roh verzehrte Lebensmittel als gesund gelten und manche Lebensmittel aus Ländern mit schlechteren Hygienestandards verzehrt werden. Außerdem werden in der „schnellen Küche" die Lebensmittel **oft nicht genügend durcherhitzt** und die häusliche Küchenhygiene wird von vielen nicht als Risikofaktor gesehen. Gesunde Erwachsene mit intaktem Immunsystem und ausreichender Magensäureproduktion überstehen unbeschadet eine sehr viel höhere Keimbelastung als die sogenannten YOPIs (Young, Old, Pregnant, Immunocompromised, das heißt Junge, Alte, Schwangere und Immungeschwächte).

Hygiene beim Kochen

- Ab der Ladentheke übernehmen Sie die hygienische Verantwortung für Ihren Einkauf. Deshalb alles ordentlich verpacken, Empfindliches rasch transportieren und sofort kühl lagern.
- Rohe tierische Lebensmittel (Rohmilch, roher Fisch, rohes oder rosa gebratenes Fleisch, rohe Eier) sind immer ein Hygienerisiko und sollten selbst bei ganz sorgfältiger Zubereitung nur von gesunden Erwachsenen gegessen werden. Kinder sind wegen der geringeren Magensäurekonzentration mehr gefährdet.
- Geflügel stets ganz auftauen, da bei eventuell noch gefrorenen Stellen Garzeit und Temperatur nicht immer ausreichen, um alle Erreger abzutöten.
- Wer sicher gehen will, dass sein Fleisch genügend lang gegart hat, arbeitet mit einem Bratenthermometer: Durchgegartes Fleisch braucht für **zehn Minuten eine Mindestkerntemperatur von 70 °C.** Große Geflügelstücke werden besser bis 75 °C erhitzt.
- Das Niedertemperaturgaren wird in Privathaushalten immer populärer. Während des langen Garens findet eine Nachreifung des Fleisches statt. Durch die fleischeigenen Enzyme werden Eiweiße, auch Bindegewebseiweiße, abgebaut; das Fleisch wird zarter und die typischen Fleischaromen entwickeln sich. Aber nicht nur die Enzyme, sondern auch die im Fleisch vorhandenen Bakterien werden aktiv und vermehren sich! Das Innere großer Fleischstücke ist zunächst weitgehend frei von Bakterien, außen ist eine Keimbesiedelung des rohen Fleisches nicht zu vermeiden. Die niedrigen Temperaturen und der langsame Temperaturanstieg während des sanften Garens

können zu einem **Brutkasteneffekt** führen, bei dem sich die Keime auch im Innern ausbreiten. Verzichten Sie bei empfindlichen Personen auf diese Zubereitungsart!

Gerichte, die auf dem Herd aufgekocht werden, sind sicher. Kritischer ist das Aufwärmen: Wärmen Sie die Reste vom Vortag nicht nur bis zur Verzehrtemperatur auf, sondern erhitzen Sie bis **mindestens 75 °C.**

Mikrowellen erhitzen ungleichmäßig. Deshalb das Gerät lieber etwas länger einstellen und die Speisen zwischendurch umrühren.

Die Warmhaltetemperatur für Speisen liegt bei mindestens 65 °C, besser ist es aber immer, die Speisen abzukühlen und neu zu erhitzen.

Wenn Sie gegarte Lebensmittel wie Pilze oder Spinat aufbewahren wollen, kühlen Sie diese möglichst im Wasserbad ab und stellen sie dann rasch in den Kühlschrank.

Bei mayonnaisehaltigen Speisen wie Kartoffel- oder Nudelsalat die gegarten Komponenten vor der Weiterverarbeitung immer gut kühlen.

Hände gründlich waschen und dabei möglichst eine **Nagelbürste** benutzen; und zwar nicht nur vor dem Kochen und nach dem Toilettengang, sondern auch **während des Kochens,** wenn von rohen tierischen oder erdigen Lebensmitteln zu roh verzehrten Produkten wie Salaten gewechselt wird.

Nie auf Lebensmittel husten oder niesen! Die im menschlichen Nasen- und Rachenbereich befindlichen Keime können nach der Vermehrung im Lebensmittel Krankheiten auslösen.

Arbeiten Sie überlegt! Achten Sie beim Bearbeiten und Lagern der Lebensmittel auf eine **strenge Trennung** zwischen verzehrfertigen Produkten (diese immer abdecken) und Rohwaren. Da in kleinen

Haushaltsküchen eine räumliche Trennung meist nicht möglich ist, sollten Sie die Arbeiten zeitlich trennen.

- Nach Kontakt mit problematischen Lebensmitteln Werkzeug, Schneidbretter und Maschinenteile sofort mit heißem Wasser spülen oder in der Spülmaschine reinigen.

- Bei der Arbeit in der Küche auf Sauberkeit achten. Zwischendurch immer wieder putzen, da angetrocknete Lebensmittelreste Keimherde sein können. Vermeiden Sie dabei eine Keimverschleppung **(Schmierinfektion)** über schmutzige Lappen. Fleischsaft, vertropfte Auftauflüssigkeit oder verspritztes rohes Ei sofort mit Küchenkrepp aufnehmen und heiß nachwischen. Falls Sie dafür lieber einen Spüllappen nehmen, müssen Sie diesen hinterher sofort austauschen. Handeln Sie ebenso, wenn das Wischtuch für sehr schmutzige Stellen wie den Abfalleimer oder den Fußboden verwendet wurde.

- Ein tägliches Wechseln des Spüllappens ist optimal und kein unnötiger Wäscheverbrauch. Es gibt keinen signifikanten Unterschied bei der Keimbesiedlung

zwischen Viskose-Schwammtüchern und Lappen aus Baumwolle, Viskosevlies oder Mikrofasertüchern. Lappen mit desinfizierenden Zusätzen sind unnötig teuer und belasten die Umwelt. Zusätzlich verführt die Kennzeichnung „antibakteriell" zu einer Nichtbeachtung einfacher Hygieneregeln.

- Geschirr- und Küchenhandtücher mindestens alle zwei Tage wechseln. Spül- und Gläserbürsten trocknen schneller ab und sind deshalb weniger keimbelastet. Geben Sie die Bürsten trotzdem immer wieder in die Spülmaschine.

- Speisereste und Abfälle immer abdecken und rasch entsorgen.

- Verzichten Sie auf Desinfektionsreiniger, da die darin enthaltenen bioziden organischen Substanzen Allergien und Resistenzen verursachen. Die haushaltsüblichen desinfizierenden Substanzen wie **80%iger Spiritus, peroxid- oder hypochlorithaltige Bleichmittel** erzeugen nach bisherigen Untersuchungen **keine Resistenzen** und können bei Bedarf sparsam eingesetzt werden.

Kühlschrankhygiene

Der Kühlschrank ist der wichtigste Ort für die Frischhaltung leicht verderblicher Lebensmittel. Umso wichtiger sind gute hygienische Bedingungen im Kühlraum! Eine antibakterielle Beschichtung des Innenraumes mit Silberionen ist heute zwar verbreitet, aber nicht notwendig. Sie bietet keinen zusätzlichen Vorteil und kann weder die Reinigung der Geräte noch die Beachtung allgemeiner hygienischer Regeln beim Umgang mit Lebensmitteln ersetzen.

- **Gereinigt wird der Kühlschrank** immer dann, **wenn es notwendig ist.** Auge und Nase sollten hier die wichtigsten Indikatoren sein!
- Lagern Sie nur einwandfreie Lebensmittel im Kühlschrank und nichts Verdorbenes oder Verschimmeltes!
- Alle Speisen **abgedeckt** in den Kühlschrank legen. Das vermindert die Luftfeuchtigkeit und die Vermehrung der Keime, spart Energie, vermeidet unangenehme Gerüche und verringert den Reinigungsaufwand.

- Legen Sie Wert auf eine optimale Verpackung der Lebensmittel: Nur gegarte Speisen und Frischkäse werden luftdicht verpackt im Kühlschrank gelagert, zum Beispiel in dicken Gefrierbeuteln, Alu-Folie, Frischhalteboxen mit umlaufender Silikondichtung und Gefrierdosen. Frischer Fisch, Fleisch, Frischwurst

oder Käse werden immer **atmungsaktiv gelagert.** Atmungsaktiv sind dünne Frischhaltebeutel, Frischhaltefolie, die typischen Käse- oder Wursteinwickelpapiere und einige Frischhaltedosen. Diese Verpackungen ermöglichen noch einen schwachen Luftaustausch, dadurch tritt weniger Schimmel auf und Fleisch oder Wurst wird durch anaerobe Keime nicht so rasch „schmierig". Frischer Fisch wird nach dem Kauf immer aus der Verpackung genommen (auch aus der aluminiumbeschichteten Thermoverpackung) und in mit Folie abgedeckten Tellern oder Schüsseln aufbewahrt. In Vakuumpackungen gekauftes Fleisch und Wurst lagern Sie in der Verpackung im Kühlschrank. Frisches ungewaschenes **Gemüse, Salate und Obst** lagern Sie am besten in den **atmungsaktiven** weißen Abpack- oder Wiegebeuteln aus Polyethylen aus dem Supermarkt oder vom Marktstand. Wenn Ihr Einkauf in Papiertüten ins Haus kommt, packen Sie die frische Ware in dünne Frischhaltebeutel.

MEIN SPEZIELLER TIPP
Für die Nullgrad-Feucht-
fächer empfehlen die Her-
steller verpackt eingekauftes
Obst und Gemüse aus der
Packung zu nehmen, stark
verschmutztes grob abzuwa-
schen und es dann leicht
abgetrocknet offen einzula-
gern. Aber dann kann es trotz
der tiefen Temperaturen zu
Aromaübertragungen kom-
men und die Schubladen
verschmutzen rasch. Ich
selbst lagere deshalb alles in
den atmungsaktiven Abpack-
beuteln und verschließe sie
nur locker. Mit bestem
Erfolg!

- Es ist nicht einfach, die **richtige Temperatureinstellung** für den Kühlschrank zu finden — energiesparend und zugleich optimal für die Lebensmittelhygiene. In einem Kühlschrank mit statischer Kühlung (ohne Ventilator) herrschen bei guter Einstellung Temperaturen von 3–9 °C bei 45–50 % Luftfeuchtigkeit. Hinten unten über der Glasplatte ist es am kältesten, hier werden die empfindlichsten Produkte wie Frischfleisch und Frischfisch gelagert, oben und im Türbereich ist es am wärmsten, da die gekühlte Luft nach unten fällt. Die Gemüsefächer sind durch eine Glasplatte abgetrennt, dort herrschen etwa 10–12 °C.
- Viele moderne Kühlschränke haben eine dynamische Kühlung. Hier schaltet sich beim Anspringen des Kompressors ein Ventilator ein und verteilt die kalte Luft gleichmäßig im Inneren. Nur im Türbereich ist es wärmer. Für diese Geräte empfehle ich eine durchschnittliche Morgentemperatur von 6 °C, da tagsüber bei jedem Öffnen der Tür die Temperatur ansteigt. Falls viel rohes Fleisch, Fisch oder Frischwurst gelagert wird, sollten Sie die Temperatur vorübergehend auf 5 °C senken.
- Kontrollieren Sie immer wieder die Temperatureinstellungen. Es kommt allerdings weniger auf die Temperatur der Kühlschrankluft an, sondern auf die der Lebensmittel selbst. Stellen Sie deshalb abends in jedes Fach ein abgedecktes Glas mit Wasser. Morgen können Sie die Temperaturen im Wasser messen.
- Ein schnelles Ein- und Ausräumen vermeidet Temperaturschwankungen. Deshalb die Lebensmittel vor dem Einräumen sortieren und möglichst immer an den gleichen Platz stellen. Arbeiten Sie nach dem First-in-, First-out-Prinzip. Was bereits im Kühl-

schrank ist, wird nach vorne gerückt, das Frische kommt nach hinten.
Die Kühlung funktioniert nur einwandfrei, wenn der Kühlschrank **nicht überfüllt** ist. Die Luft muss noch zirkulieren können, die Lebensmittel dürfen die Rückwand nicht berühren.
Speisen nur abgekühlt in den Kühlschrank geben, da sich die Wärme rasch auf die daneben liegenden Lebensmittel überträgt.
Halten Sie den Kühlschrankraum trocken. Ausnahme sind nur die Feuchtfächer für Obst und Gemüse bei 0 °C-Zonen-Geräten. Wassertropfen an der Verdampferrückwand sind normal. Die Feuchtigkeit aus dem Kühlraum scheidet sich zunächst während des Kompressorlaufs als Reif ab, schmilzt während der Tauphase und gelangt über die Ablaufrinne zum Verdunsten zur Kompressorschale. Gerade im Sommer bildet sich nach jedem Türöffnen wegen der erhöhten Luftfeuchtigkeit viel Kondenswasser.
Das **Ablaufloch** für das Kondenswasser **muss immer frei sein,** damit das Wasser rasch abfließen kann. Ein Pfeifenreiniger leistet hier gute Dienste.
Falls sich immer sehr viel Reif und Kondenswasser bildet, lohnt ein Überprüfen der Dichtungen. Zunächst kontrollieren Sie mit einer Wasserwaage den korrekten Stand des Gerätes und den Sitz der Türe. Kontrollieren Sie

ebenfalls die Magnetdichtungen. Mitunter ist es hilfreich, eine eingeschaltete Taschenlampe in den Kühlschrank zu legen und im dunklen Raum nach einem Lichtaustritt zu suchen.

Hygiene bei Schneidbrettern

Schneiden, Schnetzeln, Wiegen, Hacken – Schneidbretter sind ein wichtiges Küchenutensil. Aber über das richtige Material wird schon seit Jahren heftig diskutiert. Je glatter und härter, desto leichter lässt es sich reinigen. Also sollte aus hygienischen Gründen in der Küche auf Glas oder Porzellan geschnitten werden, denn auf beiden Materialien hinterlassen Messer keine Schnittspuren. Aber beide Materialien sind nicht optimal, denn sie sind unelastisch. Auf leicht federnden Materialien ist das Schneiden ergonomisch günstiger und weniger ermüdend. Außerdem sind die Schneidgeräusche sehr unangenehm und die Messer werden rasch stumpf und müssen dauernd geschliffen oder abgezogen werden. Was sind die Alternativen?

HOLZBRETTER

Holz enthält neben Cellulose und Ligninen noch ätherische **Öle und Gerbstoffe, die antibakterielle Eigenschaften haben.** Trotzdem sind Holzschneidebretter im gewerblichen Bereich verboten. Aber warum? Weil Messer auch bei einer optimalen Schnitttechnik Schnittspuren hinterlassen, in denen sich Keime ansiedeln können. Die antibakteriellen Wirkstoffe des Holzes sind nach mehrmaligem Spülen an der Oberfläche ausgewaschen und nicht mehr wirksam. Zudem bindet Holz nach dem Trocknen noch ausreichend Feuchtigkeit für das Überleben der Mikroorganismen und ist schwierig zu reinigen. Trotzdem müssen Sie bei sorgfältigem Umgang in Ihrer Privatküche nicht auf Holz verzichten!

- Bevorzugen Sie Bretter aus harten gerbstoffreichen Hölzern, zum Beispiel aus Hainbuche, Kirsche oder Ahorn.
- **Arbeiten Sie konsequent mit zwei Brettern** – eines für rohe tierische Lebensmittel und das andere für Rohkost.
- Spülen Sie das Brett nach der Arbeit sofort mit kaltem und anschließend mit 60 °C warmem Wasser ab. Bei stark riechenden Lebensmittel auch vor der Arbeit kalt abspülen, damit weniger Geruchsstoffe hängen bleiben.
- Zur Keimreduktion das Brett häufig mit Spülmittel, Kochsalz, Soda oder Essig in Richtung der Holzmaserung kräftig abbürsten.
- Nach dem Trocknen die Bretter ab und zu ganz leicht mit Speiseöl einölen. Das verhindert das Sprödewerden und die Keime können weniger tief ins Holz hineinwandern.
- Bewahren Sie die Bretter immer stehend und luftig auf.
- Ziehen Sie das „Fleischbrett" regelmäßig mit einer Messingbürste oder einem Bandschleifer ab.

KUNSTSTOFFBRETTER

Auch auf Vollkunststoffbrettern hinterlassen die Messer Kerben. Aber im Gegensatz zum Holz können die Bretter sehr heiß gereinigt oder maschinell gespült werden; dies führt zu einer guten Keimreduktion.
Weniger hygienisch sind dagegen Schichtstoffbretter (Resopalbretter), da

sich die Keime durch Schnitte in der Deckschicht in der Zwischenschicht aus Pressholz ungehindert vermehren können.

Hygiene bei Trinkflaschen

Ob in der Schule oder im Kindergarten, beim Sport oder unterwegs – Trinkflaschen sind praktische alltagstaugliche Behälter. Glasflaschen sind die besten Gefäße für Getränke, da sie wegen der glatten Oberfläche leichter sauber zu halten sind. Leichte Aluminiumflaschen mit pulverbeschichteter Innen-Schutzschicht sind teuer, aber langlebig. Gute Hersteller garantieren, dass selbst bei Dellen die Beschichtung intakt bleibt und nichts Unerwünschtes ins Getränk übergeht. Kunststoffflaschen sind zwar leicht und weitgehend unzerbrechlich, aber kratzempfindlich und damit anfällig für Keime. Manche **Kunststoffflaschen** (aus PET und Polycarbonate) geben auch **unerwünschte Stoffe an die Getränke ab.**

GESUNDER GENUSS BRAUCHT SAUBERE FLASCHEN!

- Sobald die Kunststofftrinkflaschen von innen beschädigt sind, zum Beispiel durch Kratzer, sollten sie aus hygienischen Gründen ausgetauscht werden.

- Wasser und keimarme, heiß eingefüllte Getränke können auch noch nach 24 Stunden aus den Flaschen getrunken werden. Fruchtsäfte und Schorle müssen innerhalb von 12 Stunden getrunken werden, da es durch Wärme und Bewegungen unterwegs rasch zu Gärungen kommen kann.

- Getränke mit Fruchtfleisch sind für Flaschen mit Ventilen nicht geeignet.

- Wer nicht nur Wasser oder stark verdünnte Getränke einfüllt, sollte aus hygienischen Gründen spülmaschinenfeste Flaschen mit großen Öffnungen wählen. Viele Flaschen werden heute zwar als spülmaschinenfest deklariert, doch bezieht sich diese Eigenschaft nur auf die Flasche und nicht auf den Verschluss. Schauen Sie genau in die Gebrauchsanweisung. Aussagen wie „Kann ab und zu maschinell gespült werden" sind nicht sehr überzeugend.

- Solange der Flascheninhalt noch feucht und nichts eingetrocknet ist, lassen sich die Flaschen bereits mit heißem **Wasser (50–60 °C) ordentlich reinigen.** Dies ist auch notwendig, wenn immer nur Wasser eingefüllt ist, da durch den Kontakt mit dem Mund eine Verkeimung eintreten kann. Deshalb sofort nach Gebrauch den Verschluss entfernen und alle Teile heiß ausspülen. Kalt nachspülen und offen an der Luft trocknen lassen. Bei Fliegen in der Küche locker mit einem Tuch abdecken.

- Flaschen, die täglich im Gebrauch sind, werden einmal wöchentlich mit einem Spülmittel und heißem Wasser gründlich gereinigt. Für süße Getränke empfehle ich diese Methode nach jedem Gebrauch.

- Achten Sie auf Kalkbeläge am Gewinde, denn gerade dort können sich Keime anlagern.

- Da sich in den Flaschen trotz Reinigung allmählich Keime ansiedeln können –

man spricht vom Biofilm – ist ab und z[u] die Reinigung mit 1–2 Gebissreinigertabletten oder speziellen Reinigungstabletten aus dem Handel empfehlens[]wert. Sie wirken durch Sauerstoffentwicklung stärker desinfizierend. Alternativ können Sie sie auch mit einer 50 °C heißen Fleckensalzlösung (1 EL auf 1 l Wasser) spülen.

- Vergessen Sie den falschen und völlig zu Unrecht verbreiteten Tipp mit Back[]pulver! Backpulver enthält neben Natron und sauren Salzen auch Stärke und Fett – also alles, was die Verschmutzung in der Flasche erhöht.

- Werden die Flaschen längere Zeit nich[t] benutzt, lässt man sie nach gründliche[r] Reinigung kopfüber vollständig austrocknen. Trocken und unverschlossen lagern.

Hygiene bei Wasserfiltern

Trinkwasser ist lebensnotwendig, desha[lb] wird es tagaus, tagein von den Wasserversorgern aufwändig aufgearbeitet und kontrolliert. Trotzdem verwenden imme[r] mehr Privathaushalte zusätzlich Wasser[]filter, denn nicht nur viele Hightech-Haushaltsgeräte, sondern auch anspruchsvolle Kaffee- oder Teetrinker schätzen enthärtetes Wasser. Außerdem misstrauen viele den Inhaltsstoffen im Wasser! Aber durch Wasserfilter wird da[s] **Wasser nicht unbedingt gesünder,** sondern vor allem mineralstoffärmer – und es droht eine Verkeimungsgefahr!

WASSERFILTER IN DER HAUSINSTALLATION

Aus dem öffentlichen Versorgungsnetz können kleine Feststoffpartikel wie Rost oder Schmutz abgelöst und in die Hausinstallation eingespült werden. Deshalb gibt es bei Metallleitungen nach dem Wasserzähler einen mechanischen Vorfilter oder Schwebstofffilter (zum Beispiel aufgerollte Kunststoffnetze) zur Abscheidung der Schwebstoffe. Dieser Filter muss regelmäßig gereinigt oder ausgetauscht werden. Empfohlen werden eine Reinigung alle 6 Monate und rückspülbare Filter.

TISCHWASSERFILTER

Hier wird das Wasser durch eine Filterkartusche filtriert, die eine Kombination aus Aktivkohle und Ionenaustauschern enthält. Die meisten Hersteller von Wasserfiltern bezeichnen aus rechtlichen Gründen ihr filtriertes Wasser nicht mehr als Trinkwasser, sondern als Lebensmittel. Damit unterliegt es dem allgemeinen Lebens- und Futtermittelgesetzbuch und nicht mehr der strengen Trinkwasserverordnung.

Aktivkohle kann Mikroorganismen, Pestizide, Geruchs- und Geschmacksstoffe und Chlor adsorbieren – sofern diese Stoffe überhaupt im Trinkwasser enthalten sind! Allerdings können sich die adsorbierten Keime im Filter vermehren. Da die Sättigung des Filters nicht optimal kontrollierbar ist, kann der Filter bei Übersättigung plötzlich versagen und die zuvor abge-

fangenen Stoffe werden verstärkt ins Wasser abgegeben. Das filtrierte Wasser ist dann **stärker verkeimt** oder weist einen **höheren Schadstoffgehalt** auf als das unbehandelte Wasser. Deshalb wird zur Verringerung des Verkeimungsrisikos die Aktivkohle oft mit bakterizid wirkendem Silber behandelt, doch dadurch können geringe Mengen Silber ins Wasser gelangen.

Ionenaustauscher tauschen Calcium- und Magnesium-Ionen, aber auch eventuell vorhandene Kupfer- und Schwermetall-Ionen gegen Natrium-Ionen oder Protonen aus. Die Enthärtung ist auch bei einer neuen Patrone nicht vollständig und die Leistung nimmt im Laufe der Nutzungsdauer ab. Das Filtrat ist aber auf jeden Fall weniger hart und bekommt einen leicht sauren pH-Wert.

DAS HYGIENERISIKO BEIM GEBRAUCH DIESER FILTER LIEGT BEI IHNEN!

- Achten Sie beim Filterwechsel auf Sauberkeit.
- Reinigen Sie bei jedem Filterwechsel das Gerät! Viele Teile sind für die Spülmaschine geeignet. Bei häufiger Spülmaschinenreinigung kann der Kunststoff aber spröde und weniger glatt und dadurch schmutzanfälliger werden. Ich empfehle das Spülen in einer heißen Fleckensalzlösung (1 EL auf 1 l Wasser) oder Gebissreinigertabletten. Immer mit viel frischem Leitungswasser klar spülen, denn das Leitungswasser ist keimarm.
- Befüllen Sie das Gerät nur mit frisch gezapftem kaltem Leitungswasser. Verwenden Sie kein Stagnationswasser, sondern warten Sie, bis nach einigen Sekunden kühles Wasser aus der Leitung fließt.
- Der **beste Aufbewahrungsort** für den Wasserfilter ist der **Kühlschrank** –

zumindest nachts sollten Sie ihn dort abstellen. Stellen Sie das Gerät immer in eine saubere Ecke, nicht auf die Fensterbank (Insektenanflug, Blumenerde ...) und nie in die Sonne! Sonst wachsen die Keime im Filter explosionsartig und im Gefäß selbst entwickeln sich Algen.
- Verwenden Sie das Filtrationswasser nie unerhitzt; vor allem für die Kleinkindernahrung müssen Sie es unbedingt abkochen.
- Verbrauchen Sie das **filtrierte Wasser** innerhalb von **24 Stunden.**
- Die Nutzungsdauer der Filterpatrone ist abhängig von der örtlichen Wasserqualität. Die durchschnittliche Leistung liegt für Frischwasser mittlerer Härte zwischen 60–100 l. Spätestens nach **4 Wochen ist aus hygienischen Gründen ein Wechsel fällig.** Je länger die empfohlene Betriebsdauer einer Patrone überschritten wird, desto höher das Verkeimungsrisiko.
- Da das Filtrationswasser einen leicht sauren pH-Wert hat, sollten Sie es nur in einem Wasserkocher mit verdeckter Heizspirale erhitzen, da aus freien Spiralen Nickel herausgelöst werden kann. Bei modernen Kaffeemaschinen und -vollautomaten wird für die wasserführenden Teile Edelstahl verwendet, sodass nichts herausgelöst wird.

Mit Dunstabzugshauben gegen Küchenmief

Kochen, Braten, Dünsten: All das kann verführerisch duften – oder gewaltig müffeln! Gegen unerwünschten Mief beim Kochen helfen Dunstabzugshauben. Bei den jetzt so angesagten offenen Küchen ist deren Einsatz besonders wichtig, weil sich die Essensgerüche sonst im ganzen Wohnbereich verteilen.

Welche Form ist günstig?

Es gibt viel Neues bei den Dunstabzugshauben! Statt diskreter Einbau- oder Unterbauhauben werden heute kaminähnliche Wand- oder Inselhauben aus Edelstahl oder Glas bevorzugt – mit dem entsprechenden Reinigungsaufwand! Aber es gibt auch gute, leistungsfähige und nicht so reinigungsintensive Flachschirmhauben, die sich optisch nicht zu sehr in Szene setzen. Die Haubenform beeinflusst maßgeblich die Effizienz und die **Pyramide** hat sich als die **strömungsgünstigste Haubenform** erwiesen. Hier kann die Luft mit dem geringsten Widerstand abgeleitet werden.

Die Haube selbst ist nur die Basis! Genauso wichtig ist die richtige Montage, der richtige Betrieb und eine regelmäßige Reinigung – nur dann können Sie im Kampf gegen den Küchenmief gewinnen.

Die Haube soll mindestens **30 cm breiter sein als das Kochfeld,** denn der Kochdunst steigt durch die Wärme zwar senkrecht nach oben, aber durch Querströme und Luftwirbel durch normale Bewegungen im Raum wird er etwas abgelenkt.

- Die Ablufttechnik ist effektiver und wird deshalb bevorzugt. Hier wird die Luft über einen Fettfangfilter aus Vlies beziehungsweise ein Aluminium- oder Edelstahlgeflecht und ein Rohr nach außen transportiert. Da während des Betriebs eine Frischluftzufuhr von außen oder aus anderen Wohnräumen notwendig ist, werden die Geräte im Winter schnell zur Wärmeschleuder. Die **Zuluft** sollte möglichst nur über ein gekipptes Fenster oben im Deckenbereich einströmen, dann kann sie die mit der Kochwärme nach oben gestiegenen Wrasen (also Kochschwanden) mitreißen und in den Ansaugbereich der Dunstabzugshaube bringen. Mehr Zuluft verursacht mehr **Verwirbelungen.**
- **Im Zeitalter der hohen Energiepreise gewinnt die Umlufttechnik wieder an Bedeutung,** bei der die angesaugte warme Luft nach Passieren eines Fett- und Aktivkohlefilters wieder in den Raum geblasen wird. Die Wrasen werden nicht aus der Küche abgesaugt, sondern im Raum umgewälzt und gefiltert. Die Aktivkohle bindet die Gerüche nur, vernichtet sie aber nicht. Deshalb können sie beim Einschalten kurzzeitig wieder riechbar werden. Die Feuchtigkeit, die beim Kochen entsteht, wird allerdings weder vom Fett- noch vom Kohlefilter aufgenommen. Aus diesem Grund ist es wichtig, nach dem Kochen kurz zu lüften.
- Relativ neu ist die Zentrifugaltechnik. Diese Dunstabzüge kommen ohne Fettfilter aus, da die Fettteilchen in Edelstahlwannen geleitet werden. Aber das Ganze kann nur funktionieren, wenn Sie nach wirklich jedem Kochen das Fett aus der Wanne wischen.

Die richtige Montage

- Die besten Absaugleistungen erzielen Sie bei Kochstellen, die an der Wand oder – noch besser – in einer Ecke platziert sind, da es hier zu **weniger Querverwirbelungen** kommt. Die zum Dunstabzug hinströmende Luft hält die Kochdämpfe in der Ecke gefangen.
- Bei freihängenden **Insel-Abzügen** treten von allen Seiten her Querströmungen und Turbulenzen auf, welche die Kochschwaden ablenken. Deshalb sind hier Hauben **mit Randabsaugung** optimal. Der aufsteigende Dunst wird dabei an den vier Außenkanten der Unterplatten durch einen schmalen Spalt abgesaugt und zum dahinter liegenden Fettfilter geleitet. Bedingt durch die hohe Strömungsgeschwindigkeit am Rand der Dunsthaube kann selbst bei kleineren Motorstufen nur wenig Kochdunst in die Küche entweichen.
- Schließen Sie Ablufthauben an ein festes, kurzes Rohr mit wenig weichen Biegungen und mindestens 15 cm Durchmesser an. Kunststoff-Flex-Schläuche haben sich nicht bewährt.

Der optimale Betrieb

- Schalten Sie die Dunstabzugshaube immer ein, wenn eine Kochstelle benutzt wird. Bei nicht eingeschalteter Dunstabzugshaube kann sich Kondenswasser ansammeln.
- Benutzen Sie die Dunstabzugshaube nie ohne Fettfilter, damit weder das Gerät noch die Abluftwege verfetten.
- Den **Wok** oder die **Friteuse** sollten Sie wegen ihrer extremen Rauch- und Wrasenbildung **stets mittig** unter der Dunsthaube und nicht am Rand platzieren, damit Schwaden nicht seitlich an der Dunsthaube vorbeiziehen.
- Die Schwaden sollen nicht zu schnell durch die Fettfilter strömen, deshalb besser **mit gemäßigter Stufe arbeiten.** Schalten Sie die Haube beim Anbraten auf eine mittlere Stufe. Wenn zu den Fettwrasen Wasserdampf kommt, schalten Sie etwas zurück.

Reinigen der Fettfilter

- Wer täglich mit Fett kocht, sollte alle **2–3 Wochen die Filter reinigen,** denn danach beginnt das aufgefangene Fett zu verharzen. Und sobald das Fett verharzt ist, wird es schwierig mit der Reinigung. Hauben mit Fettsättigungsanzeige geben meist zu spät Alarm, deshalb bauen einige Haubenhersteller inzwischen Zeitsensoren ein.
- Wenn Sie im Innern der Haube Fettreste finden, war die Kapazität des Filters bereits erschöpft.
- Bürsten Sie den Filter zunächst mit einem unverdünnten Handspülmittel ab. Dieses einige Minuten einwirken lassen und mit heißer Spülmittellösung nacharbeiten. Klar spülen und nur ganz trocken wieder einbauen! Reinigen Sie gleichzeitig auch das Geräteinnere.
- Stark verschmutzte Filter mit einem **alkalischen Küchenfettschmutzlöser** oder Backofenreiniger besprühen oder eine 5%ige Sodalösung eine Stunde einwirken lassen. Fettfilter aus Aluminium werden durch die alkalischen Fettreinigungsmittel manchmal verfärbt, doch das schadet nicht der Funktion.
- Die meisten **Filter** sind heute mehrteilig und passen in die **Spülmaschine.** Stellen oder legen Sie die Fettfilter in den Unterkorb und kontrollieren Sie, ob der Spülarm frei beweglich ist. Wenn Sie noch etwas Geschirr mitspülen wollen, dürfen keine Speisereste daran hängen, damit sich nichts im Filter verfangen kann. Wählen Sie das heißeste Vollprogramm und ausreichend Spülmittel.

Pflege von Kaffeevollautomaten

Kaffeevollautomaten haben inzwischen Einzug in viele Küchen gefunden, denn ein Cappuccino zum Frühstück oder der Espresso nach dem Essen schmecken einfach lecker und gelingen dank der fauchenden Hightech-Automaten im Handumdrehen. Für die Reinigung braucht es allerdings einige Handgriffe mehr und spezielle Reinigungsprodukte!

So schmeckt der Kaffee richtig gut!

- Wählen Sie einen richtigen Standort für den Automaten. Wärme und Sonne begünstigen die Verkeimung.
- **Abends den Frischwassertank entleeren** und erst wieder vor Gebrauch frisches kaltes Wasser einfüllen.

- Falls die Maschine keine automatische Start- und Endspülung hat, immer manuell spülen. Spülen Sie den **Kaffeeauslauf** zusätzlich möglichst **täglich** mit warmem Wasser ab. Kaffee enthält immer etwas Fett, das leicht oxidiert wird.

- Entleeren Sie **täglich die Abtropfschale und den Satzbehälter,** denn in einem feuchtwarmen Milieu breitet sich der Schimmel rasend schnell aus. Ausspülen mit klarem Wasser und abtrocknen mit Küchenkrepp reicht.

Alle paar Wochen können Sie die Teile mit einer warmen Spülmittellösung oder speziellen desinfizierenden Reinigungstabletten bearbeiten. Falls Sie immer wieder Schimmel entdecken, holen Sie alle Teile heraus und besprühen sie trocken mit einem organischen Schimmelentferner. Einige Zeit einwirken lassen und sehr gründlich nachspülen.

- Der sensibelste Bereich ist der Milchbereich. Sobald mit Milch gearbeitet wird, muss eine **Milchweg- und Düsenreinigung** durchgeführt werden. Teure Maschinen erledigen das automatisch. Doch in der Leitung können sich Verkrustungen aufbauen, die nur durch Reinigungsmittel (Milchreiniger) entfernt werden.

- Kalk ist der Feind aller Maschinen, deshalb sollten Sie Kaffeevollautomaten bei hartem Leitungswasser mit weichem CO_2-freiem Mineralwasser, mit eingebautem Filter oder mit Wasser aus dem Tischwasserfilter betreiben. Dann muss seltener entkalkt werden. Damit die im Gerät vorhandene Entkalkungsanzeige richtig arbeitet, muss die **Wasserhärte genau eingestellt** werden. Den Entkalkungsvorgang nur bei abgekühlter Maschine starten, sonst baut sich durch das entstehende CO_2 zu viel Druck auf. Die von den Herstellern empfohlenen Spezialentkalkungsmittel sind zwar teuer, aber sie lohnen sich. Die Säure und Säurekonzentration ist genau abgestimmt; außerdem sind Netzmittel und Pflegezusätze enthalten, die dem Geräteschutz dienen. So werden **Korrosionen vermindert** und die Dichtungen geschont.

- Auch der beste Bohnenkaffee kann kleine Steine enthalten, die das Mahlwerk blockieren. Entfernen Sie diese mit dem Staubsauger. Das Mahlwerk wird durch Verwendung von fettärmeren Bohnen (Bohnenkaffee ist „fetter" als Espresso) geschont. Verwenden Sie keine karamellisierten Bohnen.

- Reiben Sie den Bohnenbehälter beim Auffüllen mit einem **trockenen Mikrofasertuch** aus, da die Kaffeebohnen etwas Fett abscheiden. Kein feuchtes Tuch nehmen, damit kein Wasser ins Mahlwerk gelangt.

- Die Brühgruppe ist das Herzstück jedes Vollautomaten, denn hier wird der gemahlene Kaffee gebrüht. Dabei kann sich Kaffeepulver und Kaffeeöl absetzen, was den Durchfluss und den Geschmack beeinträchtigt. Es gibt Geräte mit einer fest eingebauten Brühgruppe. Hier wird nach einer bestimmten Tassenzahl mit integrierten Reinigungsprogrammen und den entsprechenden Reinigungstabletten gereinigt.

- Eine herausnehmbare Brühgruppe sollten Sie mindestens einmal in der Woche entnehmen, mit einem Pinsel das Kaffeemehl entfernen und unter lauwarmem Wasser möglichst ohne Spülmittel reinigen. Das schont die Dichtungen und die Silikon-Fettung. Sie müssen **so oft reinigen,** damit das Kaffeeöl nicht verharzt und mit warmem Wasser noch entfernbar ist. Kontrollieren Sie vorsichtig auf Kaffeereste unter dem Dichtungsring. Vor dem Einsetzen abtrocknen. Auch diese Maschinen brauchen je nach Kaffeesorte und Nutzung nach einigen Monaten eine Entfettung mit Reinigungstabletten.

- Nach einigen Reinigungsspülgängen ist ein Nachfetten notwendig. Gefettet wird mit speziellen lebensmittelechten Silikonfetten oder Sprühfett.

- Ein **Dichtungswechsel** ist meist jedes Jahr notwendig, beziehungsweise, sobald Sie zu viel Wasser im Satzbehälter und in der Tropfschale haben oder der Motor laute Geräusche macht. Die Wahl der richtigen Dichtung ist für die Lebensdauer der Maschine und die Wartungsabstände enorm wichtig.

- Ab und zu muss eine **professionelle Wartung** sein! Kaffeeautomaten arbeiten mit über 15 bar Druck! Das belastet die Materialien, deshalb wird je nach gezogener Tassenzahl etwa alle 2–4 Jahre eine Wartung empfohlen. Allein schon wegen der Sicherheit sollten Sie die Wartungsabstände einhalten.

MEIN SPEZIELLER TIPP

Verwenden Sie während der Garantiezeit nur die vom Hersteller empfohlenen Produkte. Danach können Sie sich nach preiswerteren Produkten umschauen, deren Zusammensetzung aber vergleichbar sein muss.

Sauberes Geschirr

Die tägliche Geschirrreinigung erfolgt heute überwiegend maschinell, denn Spülmaschinen sind sparsam und rationell. Wie aber pflegen Sie Ihre Spülmaschine richtig? Und welche Tricks und Kniffe erleichtern das Spülen von Hand, das trotzdem ab und zu noch angesagt ist?

Spülen von Hand

Bevor ich auf das maschinelle Spülen eingehe, will ich Ihnen sechs goldene Regeln zum Geschirrspülen mit der Hand präsentieren, die das „Forum Waschen. Eine Initiative zu nachhaltigem Handeln beim Waschen, Abwaschen und Reinigen" empfiehlt:

- Grobe Speisereste in den Abfall entsorgen.
- Angetrocknetes und Eingebranntes in heißem Wasser mit ein wenig Spülmittel einweichen.
- In einem mit heißem Wasser gefüllten Becken und nicht unter fließendem Wasser spülen.
- Spülmittel erst nach dem Einlassen des Wassers dazu geben.
- Geschirr mit kaltem Wasser klar spülen. Geschirr an der Luft trocknen lassen.
- Spültuch/Schwamm ggf. täglich wechseln und bei 60 °C waschen.

Maschinelles Geschirrspülen

Spülmaschinen sind echte Zeit-, Energie- und Wassersparer. Im Vergleich zum Handspülen (70–80 Min.) sind 12 Maßgedecke in 15 Minuten in die Maschine ein- und ausgeräumt. Und statt 2,5 kWh Strom und 35 l Wasser verbrauchen moderne Geschirrspülmaschinen dafür unter 1 kWh und nur 7–12 l Wasser.

NICHT GANZ EINFACH: DIE SPÜLMITTELCHEMIE

Eine Spülmaschine benötigt bei jedem Spülgang:

- ein Maschinenreinigungsmittel, wobei neben den eigentlichen Reinigungssubstanzen (Alkalien, Bleichmitteln, Enzymen) verschiedene Zusätze wie Glasschutz, Edelstahlschutz oder Silberschutz das Spülergebnis optimieren.
- Wasser mit etwa 5 °dH (deutsche Härte). Falls Ihr Wasser darüber liegt, brauchen Sie spezielle Substanzen, die direkt als Wasserenthärter wirken oder Kochsalz (Spülmaschinensalz) für die in die Maschine eingebaute Enthärtungsanlage (den Ionenaustauscher).
- einen Klarspüler, der im letzten Spülgang die **Oberflächenspannung des Wassers** herabsetzt, sodass das Wasser besser vom Geschirr abperlt und dieses besser trocknet.

EINZELKOMPONENTEN

Einzelkomponenten der Reinigungsmittel sind die preiswerteste Lösung. Folgendes müssen Sie dazu beachten:

- Programmieren Sie Ihre aktuelle Wasserhärte ein und füllen Sie in regelmäßigen Abständen Spezialsalz in die Enthärtungsanlage. Ist das Spülwasser zu hart, haben Sie Kalkränder auf dem Geschirr, zu weiches Wasser verstärkt die Glastrübung.
- Wählen Sie für den Klarspüler eine **mittlere Dosierstellung.** Wenn auf Gläsern und Geschirr Schlieren oder blau schimmernde Beläge zurückbleiben, stellen Sie die Klarspülerdosierung niedriger ein, bei sichtbaren weißen Rändern in Tropfenform höher.
- Die Reinigungsmittel gibt es als Pulver und Tab. Pulver können Sie individuell dosieren, aber gute Spülergebnisse lassen sich nur mit ausreichender Dosierung erreichen! Gerade **Gläser werden durch eine dauernde Unterdosierung schneller trüb.** Pulver bringt Vorteile in den Kurz- und Niedrigtemperaturprogrammen, da es seine Reinigungswirkung sofort entfaltet. Kaufen Sie keinen großen Pulvervorrat, da die Wirkung von Bleichmitteln und Enzymen nachlässt und es verklumpen kann. Unbedingt trocken lagern! Tabs reinigen in der Regel etwas besser als Pulver, da die empfindlichen Wirkstoffe (Enzyme, Bleichmittel) darin besser geschützt sind.

MULTIFUNKTIONSTABS

Seit Jahren sinkt der Anteil der Maschinenreiniger in Tab- oder Pulverform zugunsten von kombinierten Spülmitteln, der Multifunktionstabs. Diese enthalten Reiniger, Wasserenthärter und Klarspüler (3 in 1-Produkte). Bei Tests sind diese Alleskönner inzwischen die **Spitzenreiter,** denn die Hersteller packen Neuentwicklungen wie bessere Tenside, Glasschutz, Silberschutz, Edelstahlglanz oder Geruchsabsorber fast nur in diese von den Verbrauchern favorisierten Multifunktionstabs. Die Maschinen sind schon seit vielen Jahren für die Verwendung von Multifunktionstabs ausgelegt, für die die Ionenaustauscheranlage und Klarspülfunktionen ganz oder teilweise ausgeschaltet und die Trockentemperatur erhöht werden muss.

Die komfortablen Multifunktionstabs haben aber auch **Nachteile.** Bei den Kurz- und Niedertemperaturprogrammen lösen sie sich schlecht auf und die Inhaltsstoffe werden schlecht ausgespült. Es kommt zu Rückständen beim Geschirr, in der Maschine und in den Wasserrohren. Multifunktionstabs können ohne zugeschalteten Ionenaustauscher nur für Leitungswasser bis 21 °dH eingesetzt werden.

MEIN SPEZIELLER TIPP

Die meisten Hersteller empfehlen bei Verwendung von Multifunktionsprodukten trotzdem etwas Salz in die Ionenaustauscheranlage einzufüllen, um die Funktion des Enthärters dauerhaft zu gewährleisten und vor starker Verkeimung zu schützen. Das Klarspülergebnis ist bei langen und heißen Programmen ohne separate Klarspülerzudosierung nicht immer optimal, denn die Klarspülsubstanzen müssen vom Haupt- bis in den Klarspülgang mitgeschleppt werden. Deshalb lohnt es sich, Klarspüler in sehr geringer Dosierung zusätzlich zu verwenden. Dadurch wird auch das Trockenergebnis verbessert.

REINIGER-GELE

Diese erfreuen sich in Deutschland wenig Nachfrage – trotz einiger Vorteile.

- Sie sind sofort löslich und reinigen deshalb auch in Kurzprogrammen gut. Außerdem sind sie bei Wassersparprogrammen leicht ausspülbar.
- Mit Gel gespültes Geschirr fühlt sich besser an, **die Glasuren werden weniger ausgelaugt.**
- Da Bleichmittel fehlen, sind die Gele ideal für Haushalte, in denen regelmäßig **Silberbesteck** mitgespült wird, denn Bleichmittel fördern das Anlaufen des Silbers.

Die Gele reinigen mit Tensiden, Enzymen und Komplexbildnern, enthalten allerdings keine Bleichmittel! Das führt zum Beispiel bei Tee- und Kaffeeschmutz zu schlechteren Spülergebnissen.

HINWEIS

Handspülmittel sind für Spülmaschinen nicht geeignet, auch nicht zum Vorspülen – die Reinigungswirkung ist viel zu schwach und es kommt zu starker Schaumentwicklung! Je weniger Schaum sich in der Spülmasche bildet desto besser kann die Pumpe arbeiten und umso kräftiger trifft der Wasserstrahl auf das Geschirr. Der Schaum reduziert auch den Rückstoßeffekt, der den Sprüharm antreibt.

So erhalten Sie gute Spülergebnisse

- Grobe Speisereste vorher abstreifen, besonders gründlich müssen Kartoffelbrei, Spinatreste und fein gehackte Kräuter entfernt werden. Sie bleiben gut auf den glatten Flächen haften und verteilen sich dann gleichmäßig über das ganze Geschirr.
- Geschirrspüler möglichst voll beladen, aber alle Flächen müssen vom Sprühstrahl benetzt werden. Gewölbte Tassenböden dürfen nicht zu waagrecht stehen und die Teller sollten sich nicht berühren. Besteck kann nur sauber werden, wenn die Teile nicht aneinander anliegen. Entweder Sie arbeiten mit einer Besteckschublade oder Sie sortieren das Besteck sehr sorgfältig locker in die Besteckkörbe ein.
- Spülen Sie nur **spülmaschinenfeste** Geschirre. Es gibt dafür nach DIN ENV 12875 ein Symbol: Wasserstrahlen, die auf das Geschirr treffen, darüber steht eine Zahl von 125–1000. Dies ist die Zahl der unbeschadet überstandenen Normal-Spülgänge. **Spülmaschinengeeignet** ist nicht näher definiert, aber bei diesen Teilen treten durch das

Spülen geringe Veränderungen auf. Wählen Sie hierfür besser ein Schonprogramm.

- Spülmaschinenfeste Bestecke (18/8 oder 18/10) werden einem einheitlichen Prüfverfahren unterzogen und als „spülmaschinenfest nach RAL-RG 604" gekennzeichnet. 1000 Spülgänge werden problemlos überstanden.

- Keine stark verschmutzten und angebrannten Töpfe einräumen. Bei viel Schmutz kann das Sieb verstopfen.

- Das Spülprogramm und die Spültemperatur an das Geschirr und die Verschmutzung anpassen.

- Heißes Geschirr ist stoßempfindlich! Deshalb das Geschirr nach dem Ausschalten **sofort kurz abdampfen** und es vor dem Ausräumen etwas abkühlen lassen. Hier gibt es immer wieder konträre Aussagen. Küchenmöbelhersteller raten zur Schonung der Fronten für geschlossene Türen nach dem Spülen, aber alle Geschirr- und Spülmaschinenhersteller empfehlen unbedingt das sofortige Abdampfen, damit das Geschirr geschont wird und besser abtrocknet!

Die Pflege der Spülmaschine

Aus Ihren Zuschriften weiß ich, dass in immer mehr Haushalten **unangenehme Gerüche** aus der Spülmaschine entweichen. Bereits innerhalb weniger Stunden entwickeln sich auf dem Schmutzgeschirr in der Spülmaschine muffige Gerüche durch saure Gärungen. Nach 36 Stunden riecht es nach „nassem Hund", denn aus rohen Eiweißresten (Fleisch, Fisch, Ei ...) bilden sich faulig riechende, schwefelhaltige Stinkstoffe. Aber auch ohne Schmutzgeschirr entwickeln sich allmählich Gerüche. Ursache sind Speisereste in den Sieben, Dichtungen, Sprüharmen und im Restwasser im Siebbereich.

SO VERMEIDEN SIE MUFFIGE GERÜCHE

- Ist kein Geschirr in der Maschine, wird die Maschinentüre nur angelehnt. Mit Schmutzgeschirr wird die Türe besser geschlossen, damit die Speisereste nicht antrocknen. Allerdings verstärkt eine geschlossene Türe die Gerüche, da anaerobe Mikroorganismen schlecht riechende Stoffwechselprodukte erzeugen.

- Spülen Sie nicht immer nur mit 35 °C- oder 45 °C-Programmen. Wenig verschmutztes Geschirr wird so zwar trotzdem sauber, aber Ihre Maschine braucht einmal in der Woche einen 60 °C-Normalspülgang. Auch wenn Geschirr mit rohem Eiweißschmutz länger als 2 Tage ungespült in der Maschine bleibt, empfehlen Hygienefachleute mindestens ein 60–65 °C-Programm.

- Die Meinung, dass moderne Maschinen mit weniger Wasserverbrauch auch weniger Spülmittel brauchen, ist weit verbreitet. Aber alle Reinigungsvorgänge bestehen aus den Faktoren Wasser, Temperatur, Zeit, Mechanik und Chemie. Wenn nun die Faktoren Wasser und Temperatur zurückgefahren werden und die Mechanik gleich bleibt, dann brauchen Sie für die gleiche Schmutzfracht nicht nur mehr Zeit, sondern auch eine erhöhte Reinigerkonzentration. Nehmen Sie pro Spülgang mindestens einen Tab oder **die angegebene Mindestmenge** an Pulver (20–25 ml).

- Reinigen Sie regelmäßig alle Siebe. Bei echten Geruchsproblemen arbeiten Sie sich bis zur Wasserpumpe vor – auch hier können harte Speisereste liegen bleiben. In neuen Maschinen überwiegen selbstreinigende Pumpen.

- Reiben Sie die Türdichtungen und Seitenflächen der Türe regelmäßig mit einem feuchten Tuch und einigen Tropfen Maschinenreiniger ab. Besondere Sorgfalt braucht der untere Türfalz.

- Ein gutes Versteck für Speisereste und damit eine potentielle Geruchsquelle sind die **Sprüharme.** Nehmen Sie sie ab und entfernen Sie alle Rückstände mit Zahnstochern oder Draht.

- Ich selbst benutze alle drei Monate einen Spülmaschinenreiniger.

- Für die **Geruchsverbesserung** bietet der Handel Spülmaschinen-Deos an. Außerdem gibt es dafür auch mehr oder weniger erprobte Hausmittel. Beides verbessert aber nicht die Hygiene in der Spülmaschine! Bei den Deos werden durch verschiedene Parfümstoffe die muffigen Gerüche einfach überdeckt. Feine Nasen empfinden bei Gläsern die Geruchsstoffe allerdings als störend. Inzwischen gibt es auch Edelstahlteile, vergleichbar mit den Edelstahlseifen, die den Geruch verbessern sollen, allerdings ist deren Wirkung in der Spülmaschine begrenzt. Als Hausmittel wird Natron empfohlen, das nach dem Spülen auf den Boden gestreut wird. Natron kann durchaus Stinksäuren binden. Während des Spülens ist es allerdings nutzlos, da im Spülmittel bereits stärkere Alkalien wie Soda enthalten sind. Abraten möchte ich von der Zugabe ausgepresster Zitronenschalen während des Spülganges. Natürlich werden in der Hitze die Zitrusöle freigesetzt, aber schon mancher Zitronenkern oder Schalenrest hat in Sprüharmen und Wasserpumpen für Verstopfungen gesorgt.

Glaskorrosion – Ursachen und Vermeidungsstrategien

Nach Einführung der Spülmaschine gab es massenweise Glasprobleme, denn der rasche Wechsel von heißem und kaltem Wasser, die alkalischen Maschinenreinigungsmittel und der Wasserdampf in der Trockenphase führten zu Glastrübungen. Trübungen durch Kalkablagerungen, die durch die Einstellung einer falschen Wasserhärte entstehen, können durch Einlegen in Essig- oder Zitronensäurelösung rückgängig gemacht werden. Meistens handelt es sich allerdings um eine **irreversible Glaskorrosion,** da beim Maschinenspülen **aus der Glasoberfläche Alkali-Ionen herausgelöst** werden.

NICHT ALLE GLASSORTEN SIND GLEICH EMPFINDLICH

- Einfaches, maschinell bearbeitbares Natronkalkglas, wie zum Beispiel das beliebte „Senfkristall", ist widerstandsfähiger, da es sich um gehärtetes Pressglas handelt.
- Etwas anfälliger ist Kristallglas mit mehr Kaliumanteilen, das luxuriöse Bleikristall übersteht mehr Spülgänge.
- Spülmaschinenfest ist hitzebeständiges Borsilikatglas für Auflaufformen.
- Inzwischen haben viele Glashersteller die Zusammensetzung ihrer Schmelze verändert und so gibt es immer mehr **spülmaschinenfeste Gläser.** Diese enthalten geringe Mengen Titan und Zirkon und ihre Oberfläche wird besonders gehärtet. Das Glas ist dadurch nicht nur spülmaschinen-, sondern auch bruchfester.
- Entscheidend sind nicht nur die Zusammensetzung, sondern auch die Härtung und die Verarbeitung des Glases.

SO VERMEIDEN SIE GLASKORROSIONEN

Glaskorrosion ist ein komplexes Zusammentreffen ungünstiger Faktoren, deshalb braucht es auch mehrere Aktionen zur Vermeidung der unerwünschten Glastrübungen.

- Die Gläser sollen sich während des Spülens nicht berühren. Es können sich sonst leicht feinste Kratzer bilden – dort beginnt dann die Glaskorrosion.
- Spülen Sie Glas bei niedrigen Temperaturen oder in speziellen **Glasprogrammen.**
- Gute Maschinen vermeiden große Temperaturschwankungen durch spezielle Glasschutzeinrichtungen wie einen Wärmetauscher.
- Stellen Sie die **Wasserhärte nicht zu klein** ein. Optimal sind 5–7 °dH. Auch die Verwendung von Multifunktionsspülmitteln mit Salzersatzstoffen ist glasfreundlich.
- Achten Sie auf die korrekte Dosierung des Spülmittels. Bei zu geringer Dosierung wird mehr aus dem Glas herausgelöst!
- Verwenden Sie bei Gläsern **kein zusätzliches Trocknungsprogramm,** denn gerade die feuchtwarme Umluft schadet.
- Bevorzugen Sie ein Spülmittel oder einen Klarspüler **mit Glasschutz** oder verwenden Sie einen Glasschutzstein. Die darin enthaltenen Zink-Salze legen sich auf die Glasoberfläche und blockieren das Wandern der Ionen.
- Öffnen Sie die Maschine unmittelbar nach dem Programmablauf, **lassen Sie den Dampf ab** und räumen Sie sie bald aus. Lassen Sie Gläser nie über Nacht in der Maschine!

Silber in der Spülmaschine

Nur Silberbestecke aus 925er-Echtsilber und versilberte Teile mit einer mindestens 90er-Silberauflage können maschinell gespült werden. Dabei werden aber nur die üblichen Speisereste entfernt, die silbertypischen dunklen Anlauffarben durch Sulfide müssen wegpoliert oder elektrochemisch entfernt werden. Am schönsten werden die Bestecke in einer Besteckschublade, die vor Kratzern schützt und bei Verwendung eines Spülmittels mit ausgewiesenem Silberschutz (Inhaltsstoff Benzotriazol).

Edelstahl in der Spülmaschine

Edelstahl ist pflegeleicht und robust! Deshalb sollten Edelstahlbestecke und Töpfe für die Spülmaschine perfekt geeignet sein. Trotzdem gibt es nach dem Spülen oft die typischen Anlauffarben und Schlieren und es kommt zu Flugrost sowie zu Loch- oder Spaltkorrosion. Edelstähle sind nicht rostende Stahllegierungen. Die Legierungen werden als „rostfrei" bezeichnet, weil sie in feuchter Luft nicht rosten. Das bedeutet aber nicht, dass sie generell chemisch stabil sind! Nur hoch legierte Edelstahlteile mit der Deklarierung 18/10 oder 18/8 (Eisen + 18 % Chrom + 8–10 % Nickel) sind an der Oberfläche mit einer fest haftenden Chromoxidschicht überzogen. Diese Schutzschicht übersteht das Spülen im Normalprogramm meist recht gut und kann sich, selbst wenn sie kurzfristig beschädigt wird, wieder an der Luft regenerieren.

Bei den Besteckteilen finden wir auch **niedriger legierten Chromstahl** 13/0 oder einen 17er-Chromstahl mit 1–2 % Molybdän oder Vanadin. Das sind **Klingenstähle,** da sie gehärtet, geschliffen und geschärft werden können. Dieser Stahl ist nur bedingt spülmaschinengeeignet.

VERMEIDEN VON LOCHKORROSION

Sobald Chlor oder **Chlorid-Ionen** längere Zeit auf Edelstahl einwirken, kann
die Chromoxid-Schutzschicht beschädigt
werden und es kommt zu kleinsten „Lö-
chern". Je niedriger legiert, desto schneller zeigen sich dunkle Punkte. Chloride
sind unter anderem im Trinkwasser, im
Kochsalz und im Regeneriersalz für den
Ionenaustauscher enthalten. Verstärkt
wird die Lochkorrosion durch Säuren, die
entweder in den Speisen enthalten sind
oder innerhalb weniger Stunden durch
Gärungen auf dem schmutzigen Geschirr
entstehen. Bei hoch legierten Edelstählen
wird die beschädigte Schutzschicht wieder geschlossen, aber auf Klingenstahl
kann sich die Korrosion ausbreiten.
Grundsätzlich sollten Chloride auf keinem
Besteck zu lange Kontakt mit dem Edelstahl haben. Deshalb gelten heute folgende vorbeugende Empfehlungen:

- Besteck, das nicht am gleichen Tag gespült wird, kurz mit Kaltwasser abspülen.
- Das Regeneriersalz sorgfältig nachfül-
  len. Da beim Auffüllen etwas Salzlö-
  sung überläuft, unmittelbar danach
  nachspülen oder einen Vorspülgang
  starten. Bei Multifunktionsreinigern
  wird ohne Chloride enthärtet. Diese
  Spülmittel können daher als Edelstahl
  schonend eingestuft werden.
- Dosieren Sie immer genügend Reinigungsmittel, da die darin enthaltenen
  Silikate einen Schutz gegen Lochkorrosionen darstellen.
- Dagegen sollte die **Klarspülerdosierung
  wegen des Säuregehalts eher klein**
  gewählt werden.
- Sobald Sie dunkle Punkte entdecken,
  mit einer Edelstahlpolitur behandeln.
- Holen Sie unmittelbar nach Ablauf des
  Programms das Besteck rasch aus der
  feuchten Atmosphäre der Spülmaschine

und reiben Sie kurz über die Messer-
klingen, weil man dort am leichtesten
Wassertropfen sieht.

VERMEIDEN VON KONTAKTKORROSION

Wenn sich in der Spülmaschine unterschiedliche Metalle berühren, kann es
zu Kontaktkorrosionen kommen. Das bedeutet, dass das **unedlere Metall** oxidiert
wird und das **edlere Metall** reduziert.
Dieser Vorgang wird durch Salzlösungen
oder Chlorid-Ionen begünstigt. Haben
zum Beispiel niedrig legierte Monoblock-
messer zu anderen höher legierten Teilen
Kontakt, so werden die nieder legierten
Teile angegriffen. Es kommt zu dunklen
Verfärbungen bis hin zu **Rostflecken.**
Deshalb empfehlen Besteck- und Spülmaschinenhersteller, Messer getrennt von
den anderen Besteckteilen einzuordnen.

VERMEIDEN VON SCHILLERNDEN ANLAUFFARBEN

Die typischen bläulich oder perlmuttartig
schimmernden Anlauffarben in Koch-
töpfen sind harmlos. Beim Spülen bilden
sich aus den Mineralstoffen bestimmter
Lebensmittel (Kohl, Kartoffel, Fisch ...)
und den Silikaten aus dem Spülmittel fest
haftende schillernde Beläge. Abreiben mit
3%iger Zitronensäure oder etwas Klarspüler entfernt diese Beläge.

MEIN SPEZIELLER TIPP
*Ich empfehle, falls der Topf
kurz danach gespült wird,
bereits vor dem Spülen ganz
wenig 3%ige Zitronensäure in
den Topf zu sprühen.*

VERMEIDEN VON FLUGROST

Rostpartikel setzen sich als sogenann-
ter Flugrost auf dem Edelstahl ab. Sie
durchbrechen die Schutzschicht, falls
Sie den Belag nicht sofort wieder ab-
polieren. Wenn der Rost lange **auf
dem Edelstahl bleibt,** kommt es zu tiefer gehenden punktförmigen **Korrosionen.** Entfernen Sie die Rostpartikel mit
einer Edelstahlpflege mit Poliertonen,
Schlämmkreide, Scheuermilch oder
einem weißen Putzstein und beachten
Sie folgende Hinweise:

- Geben Sie keine **angerosteten Teile** in
  die Spülmaschine! Kontrollieren Sie
  alle Metallgegenstände, die Sie in die
  Spülmaschine geben, auf rostig braune
  Stellen.
- Häufig liegt die Ursache an der **beschä-
  digten Ummantelung** der Spülkörbe.
  Falls Ihnen neue Spülkörbe zu teuer
  sind, können Sie die Roststellen mit
  Silikon oder einem weißen Isolierband
  zumindest vorübergehend kaschieren.
- Auch ein zu hoher Eisengehalt aus den
  Wasserleitungen kann Flugrost verur-
  sachen.
- Suchen Sie unbedingt nach der Ursa-
  che, denn auch der Innenraum der
  Maschine kann Flugrost ansetzen.
- Die immer wieder empfohlene Zugabe
  von Alufolienbällchen wirkt wie eine
  Opferanode. Das Aluminium wird oxi-
  diert und die Rostpartikel reduziert.
  Aber die Wirkung ist nicht sehr zuver-
  lässig!

Zuschauer fragen –
Frau Frank antwortet

WIE BEKOMMEN WIR DIE AUFLAUFFORM WIEDER SAUBER?

Wir haben schon seit vielen Jahren eine Auflaufform aus Jenaer Glas. Im Laufe der Zeit haben sich nun aber unschöne Einbrennungen am Rande der Glasform ergeben. Sie lassen sich mit normalem Spülen leider nicht mehr entfernen. Wir haben keine Spülmaschine und spülen immer noch (aber gerne) von Hand. Kennen Sie eine einfache und umweltschonende Methode, die Einbrennungen zu beseitigen?

FRAU BRUNHILDE D.

Frau Frank empfiehlt ...

Geben Sie in die Auflaufform zwei gehäufte Esslöffel pulverförmiges Vollwaschmittel, gießen Sie zunächst etwa 50 °C heißes Wasser dazu und verteilen Sie den Waschpulverbrei in der Form, besonders oben. Das Ganze in eine Plastiktüte stecken und über Nacht einwirken lassen. Die Enzyme im Waschmittel sollen die Verkrustungen abbauen. Am nächsten Morgen würde ich die ganze Form in reichlich heißem Wasser in einer Plastikwanne nochmals mit etwas Vollwaschmittel ganz einweichen und ca. 8 Stunden stehen lassen. Dann bürsten oder mit einem Topfschwamm alles abschrubben. Eventuell gibt Ihnen auch eine Freundin oder Nachbarin mal etwas Maschinenspülmittel, das können Sie ebenfalls zum Aufweichen des Randes nehmen.

HILFE, UNSERE PFANNEN WERDEN NICHT MEHR RICHTIG SAUBER

Wir benutzen zwei hochwertige Edelstahl-Pfannen mit der neuen Keramikbeschichtung. Trotz vorschriftsmäßiger Benutzung und Reinigung (Öl-Salz-Gemisch alle 3 Monate) werden beide Pfannen nicht richtig sauber und der Antihafteffekt funktioniert nicht mehr. Wir dürfen laut Beschreibung des Herstellers Öl nur bei Fleisch verwenden, bei anderem Bratgut geht auch Butter. Warum ist das so?

FRAU TESSI G.

Frau Frank rät ...

In Ihrer Pfanne haben sich Verharzungen und Verkrustungen gebildet, die den Antihafteffekt stören. Hauptursache dürfte sein, dass Sie mit kaltgepressten Ölen (hochwertigem Olivenöl?) gearbeitet haben. Verwenden Sie deshalb zum Erhitzen nur raffinierte Öle wie zum Beispiel Raps- oder Sonnenblumenöl.

Ich selbst würde bei Antihaftpfannen keine Öl-Salz-Reinigung machen, sondern sie bei viel Restschmutz nur mit Spülmittel aufkochen und über Nacht stehen lassen. Nach dem Trocknen können Sie einen Tropfen Speiseöl einreiben.

Öl wird für das Fleischbraten empfohlen, da dafür die Pfanne höher erhitzt wird und raffinierte Öle höher erhitzt werden können. Butter enthält Eiweiße, die sich bei großer Hitze als schwarze Röststoffe an die Keramik anlagern und dann ebenfalls den Antihafteffekt vermindern.

WIE WIRD MEINE GRANITSPÜLE WIEDER SCHÖN?

Ich habe eine 7 Jahre alte helle Granitspüle, die inzwischen etwas schmuddelig aussieht. Das vom Hersteller mitgelieferte Reinigungsmittel gibt es aber nicht mehr. Wie kann ich sie reinigen?

FRAU GUDRUN S.

Frau Frank rät ...

Ihre Spüle besteht aus einem Mineralwerkstoff, bei dem feinste Granitgranulate in ein Acrylharz eingebettet sind. Das Material ist hart, ziemlich kratzfest, resistent gegen haushaltsübliche Säuren und Laugen und fleckunempfindlich.

Hartnäckige Verunreinigungen lassen sich mit einem Polischschwamm, einer sanften Scheuermilch oder einem Glaskeramikreiniger entfernen. Mit Wasser gründlich nachspülen und trockenreiben. Vermeiden Sie Scheuerpulver oder Stahlwolle – die glatte Fläche wird sonst matt und fleckempfindlicher. Da Kalkablagerungen durch Kaffee- oder Teereste verfärbt werden, sollte man bei hartem Wasser das Becken regelmäßig mit Zitronensäurelösung ausreiben. Falls trotzdem noch Verfärbungen auftreten, können Sie diese mit Bleichmittel entfernen. Nehmen Sie etwas Flüssigbleiche für Wäsche, eine pulverförmiges (!) Vollwaschmittel oder einige Gebissreinigertabletten plus über 60 °C heißes Wasser und lassen Sie die Lösung ca. 1 Stunde einwirken. Gründlich nachspülen.

WIE MACHE ICH UNSEREN RÖMERTOPF WIEDER EINSATZBEREIT?

Wie reinige ich einen vor längerer Zeit benutzten und nur nachlässig gereinigten Römertopf, der jetzt aber wieder zum Einsatz kommen soll?

HERR GÜNTHER N.

Frau Frank empfiehlt ...

Sie können den Römertopf nur mit Wasser gefüllt eine Stunde im Backofen bei 150 °C erhitzen und dann kräftig mit einem Padschwamm oder einer Bürste schrubben. Bitte gar nie ein Scheuerpulver oder Scheuermilch nehmen – das könnte die Poren verstopfen.

Der Topf kann auch einige Stunden in einer leichten Sodalösung (Sodapulver vorher auflösen) aufweichen. Allerdings muss auch das anschließende Wässern und Ausspülen sehr gründlich sein. Ich empfehle unbedingt, ihn zur Neutralisation mit einer verdünnten Essiglösung zu spülen, damit alle Alkalien aus dem porösen Material entfernt werden.

Frau Franks Exklusivtipp:
So bekommt und behält das Bier im Glas eine schöne Schaumkrone

Eine Schaumkrone bleibt nur in sauberen Gläsern stabil. Das Glas darf also weder durch Staubkörner (erkennbar an der Blasenbildung am Boden oder am Rand beim Einschenken des Bieres) noch durch Fett oder Spülmittelreste verunreinigt sein. Am besten reinigen Sie Biergläser mit heißem klarem Wasser ohne Zugabe von Spülmitteln von Hand! Spülmittel bilden mit der Zeit einen Film auf dem Glas, der die Bildung einer Schaumkrone fast unmöglich macht.

Es gibt aber auch fettige Verunreinigungen, die nicht ohne Reinigungsmittel zu entfernen sind. Dann muss mit Spülmittel gespült werden. Es gibt zwar im Fachhandel spezielle Reinigungstabletten, die keine Rückstände auf dem Glas hinterlassen, aber ich denke, dass Sie die nicht extra anschaffen wollen. Nehmen Sie einfach wenig Spülmittel und wählen Sie möglichst ein klares Spülmittel ohne Handbalsam. Mit klarem Wasser nachspülen. Reiben Sie die Gläser außerdem nicht mit Tüchern aus, sondern lassen Sie sie einfach an der Luft trocknen. Machen Sie sich keine Gedanken über Wasserflecken – Sie sollten das Glas sowieso noch einmal mit kaltem klarem Wasser durchspülen, bevor Sie das Bier eingießen. Einfluss auf die Schaumkrone hat übrigens auch die Form des Glases. Ein Bierglas soll nach oben hin nicht gar zu breit werden, sonst zerfließt der Schaum. Wichtig ist auch die Qualität des Bieres! Einen stabilen Schaum können nur Biere mit richtig zusammengesetzter Würze und abgestimmter Kohlensäurekonzentration ausbilden.

Lizenziert durch: SWR Media Services GmbH.

FOTOS: **Corbis** Sean Justice (S. 50 rechts)

Digitalstock absolut_thomas (S. 18); B. Reitz-Hofmann (S. 13 oben rechts); Foto-Ruhrgebiet (S. 68 unten); Imago (S. 23 links); Kzenon (S. 49 rechts); Leif Stiller (S. 19 links); motorolka (S. 80 oben); nicknacks (S. 97 oben rechts); piep600 (S. 93 links)

fotolia adisa (S. 86); alessandrozocc (Papyrus-Hintergrundbild für S. 38–53, 42 links); Alexandr Ozerov (S. 102); Alexander Rochau (S. 132 links); Andreas Mueller (S. 57 rechts, 72); andreas reimann (S. 114); anna (S. 67 rechts); Anyka (Wäscheleine-Hintergrundbild für S. 56–93, 82); awfoto (S. 11); BabylonDesignz (S. 103 rechts); Barbara Dudzinska (S. 131 rechts); Belphnaque (S. 75 links); Brigitte Bonaposta (S. 141); buFka (S. 113 rechts); by-studio (S. 47 links); Carmen Steiner (S. 42 oben rechts); Christian Jung (S. 16 links); Christian Stoll (S. 123); citylights (S. 78 unten); contrastwerkstatt (S. 112, 128); cuhle-fotos (S. 106 unten); dandaman (S. 23 rechts); DanielaEvaSchneider (S. 90 links); Dan Race (S. 13 unten links, 60 unten); Deklofenak (S. 121 rechts); Digitalpress (S. 44); Dmitriy Rashchektaye (S. 109); Dron (S. 78 links, 117 links, 120); Eisenhans (S. 50 links); Esther Hildebrandt (S. 74); eyewave (S. 60 oben); Felix Pergande (S. 59 rechts); Floydine (S. 7 unten links); fotomaedchen (S. 29 links, 54 links); fräulein (S. 118); Franz Pflueg (S. 51 links); Friedberg (S. 127 unten links, 140); gallas (S. 90 rechts); GaToR-GFX (S. 45 links); Gennadiy Poznyakov (S. 7 oben rechts); Gina Sanders (S. 16 unten Mitte, 69, 73, Rotwein-Hintergrundbild für 96–123, 97 oben links, 101 unten); gourmecana (Cover unten rechts, S. 9 unten rechts, 24); Guido Grochowski (S. 106 oben); Hagit Berkovich (S. 97 unten, 110 unten); hans12 (S. 139); Holger Zander (S. 65 rechts); Iakov Kalinin (S. 89); Iassedesignen (S. 99 rechts); i love images (S. 17 rechts); IMaster (S. 76 oben); Inga Nielsen (S. 142 unten); JackF (S. 131 links); Jeanette Dietl (S. 28 links); Jennifer Jane (S. 32 links); J. Steiner (S. 59 links); Jürgen Fälchle (S. 61, 117 rechts); Kimsonal (S. 85 rechts); Kirill Kedrinski (S. 31); Klaus Eppele (S. 30 rechts); klickerminth (S. 77 links); Kzenon (S. 52 links, 84 oben, 99 links); LianeM (S. 125); light-work (S. 87 links); lisalucia (S. 36 unten links); LVDESIGN (S. 53 links); MAK (S. 37); maks125 (S. 127 oben links, 135); manla (S. 143); Maridav (S. 88); Marina Lohrbach (Rückseite unten rechts, S. 29 rechts); Markus Lohninger (S. 79 rechts); Martina Marschall (S. 39 oben links, 51 rechts); Martina Withöft (S. 63); Mauro Rodrigues (S. 20); maxi (S. 15); Mike Uhlemann (S. 47 rechts); Mirko Raatz (S. 17 oben links); momanuma (S. 77 unten); Nadinelle (S. 40 rechts); Nailia Schwarz (S. 121 links); oliver-marc steffen (Küchen-Hintergrundbild für S. 126–143, 134); Orhan Cam (S. 87 rechts); Patrizia Tilly (S. 67 links, 110 oben); Peggy Blume (S. 93 rechts); PeJo (S. 52 rechts); peppi18 (S. 57 unten links, 91 links); Peter Atkins (S. 95); photo 5000 (S. 104); photoGrapHie (S. 136); PhotoSG (S. 122); photoshaker (S. 58); pickks (S. 46 rechts); Piotr Marcinski (S. 84 unten); Pixelot (Cover unten links) Printemps (S. 53 rechts); Reicher (S. 68 oben); reka100 (S. 105); RioPatuca (S. 40 links); Robert Kneschke (S. 42 unten rechts); Robert Neumann (S. 83); RRF (S. 71, 138); Sandor Jackal (S. 48); Sandra Cunningham (S. 62); seeyou / c. steps (S. 91 rechts); Sergej Toporkov (S. 12); somenski (S. 22, 49 links, 137); Springfield Gallery (S. 28 Mitte, 94 unten); StefanieB. (S. 85 links); sterneleben (S. 45 rechts); st-fotograf (S. 79 links und Mitte); Subbotina Anna (S. 133); S.White (S. 116); Sylwia Schreck (S. 64 unten, 92 rechts); Tatyana Gladskih (S. 124 unten); Teamarbeit (S. 57 oben links, 64 oben); Thaut Images (Wasser-Hintergrundbild für S. 8–35); tinadefortunata (S. 80 unten); TwilightArtPictures (S. 101 oben); U. Brothagen (S. 119); Unclesam (S. 32 rechts); Varina Patel (S. 19 rechts); vencav (S. 132 rechts); vimarovi (S. 81); virtua73 (S. 111); Wladimir Wetzel (S. 39 unten, 46 links); WONG SZE FEI (S. 21); Yuri Arcurs (S. 113 oben, 129); Yvonne Weis (S. 70)

Getty Images Howard Shooter (S. 33)

iStockfoto EricHood (S. 25); fotogaby (S. 27 rechts); mediaphotos (Rückseite unten Mitte, S. 9 unten links, 27 links); swinnerrr (S. 39 oben rechts, 41)

Lichtpunkt, Michael Ruder, Stuttgart (alle Bilder von Frau Frank, also: Cover oben, Rückseite oben, S. 1, Hintergrundbild für S. 2/3, 4/5, 8, 36 oben rechts, 38, 54 rechts oben, 56, 94 oben, 124 oben, 126, 142 oben; außerdem: Cover unten Mitte + S. 130)

shutterstock Andrey Tirakhov (S. 55); BestPhotoByMonikaGniot (Rückseite unten links, S. 14); Dja65 (S. 34); Janis Smits (S. 26); Losevsky Pavel (S. 92 links); Norman Pogson (S. 65 links); Szasz-Fabian Ilka Erika (S. 30 links); VaclavHroch (S. 66); Valua Vitaly (S. 35, 76 unten); Waschnig (S. 75 rechts); wavebreakmedia ltd (S. 43, 100)

KONZEPT UND PROJEKTMANAGEMENT: Claudia Mack

LEKTORAT: Redaktionsbüro Kim Marie Krämer, Leinfelden-Echterdingen

LAYOUTENTWICKLUNG UND -UMSETZUNG: Petra Theilfarth

DRUCK UND BINDUNG: Himmer AG, Augsburg   PRINTED IN GERMAN

8. Auflage 2012

© 2012 **frechverlag** GmbH, 70499 Stuttgart

ISBN 978-3-7724-5926-9 • Best.-Nr. 5926

Silvia Frank, Lebensmittelchemikerin und freiberufliche Dozentin für Biochemie der Ernährung und Betriebshygiene im Haushalt, ist seit 1998 beim ARD Buffet als Haushaltsexpertin zu sehen. Ihr Ziel ist es, mit ihren Tipps allen Interessierten die alltägliche Hausarbeit zu erleichtern. Statt auf Altbewährtes blind zu vertrauen ist sie stets auf der Suche nach zeitgemäßen Lösungen für altbekannte und neue Probleme in den eigenen vier Wänden.

Herzlichen Dank!

Viele liebe Menschen haben an diesem Buch mitgearbeitet und Ihnen allen möchte ich danken.

Meine ausschweifenden Texte und Erläuterungen mussten gekürzt und von zu viel naturwissenschaftlichen Erklärungen befreit werden. Diese nicht ganz leichte Aufgabe übernahmen Frau Kim Marie Krämer als Lektorin und Frau Claudia Mack als Projektleiterin beim frechverlag.

Mein Dank geht an das ganze SWR-Team vor und hinter der Kamera, denn Fernsehen ist immer eine Mannschaftsleistung! Die Moderatorinnen und Moderatoren und Redakteurinnen und Redakteuren der Serviceredaktion des ARD-Buffets und der Nachmittagssendung „Kaffee-oder-Tee" begleiten mich mit viel Motivation, Geduld aber auch Kritik durch die Sendungen und sorgen immer wieder dafür, dass ich mit Freude nach Baden-Baden fahre. Und die Sendungen sind die Basis dieses Buches. Deshalb an Sie, liebe Zuschauerinnen und Zuschauer, ein herzliches Dankeschön! Denn nur wenn Sie uns Ihr Interesse zeigen, wenn Sie die Sendungen einschalten, wenn Sie ans Telefon gehen, wenn Sie uns schreiben oder mailen – können und dürfen wir senden!

Lassen Sie mich noch ein ganz persönliches Wort des Dankes an meinen Mann sagen. In all den Jahren hat er meine Arbeit immer tatkräftig unterstützt, beurteilte die Ergebnisse, testete sich mit mir durch viele Produkte, verzichtete auf unseren Hobbyraum, als ich den Raum als Requisitenkammer zweckentfremdete, baute und beschaffte viele Requisiten, nahm Rücksicht bei den Urlaubsplänen, chauffierte und begleitete mich auf Messen und wartete selbst im Urlaub stundenlang geduldig, bis ich wieder aus einem Haushaltswarengeschäft herauskam. Das Buch entstand nun in einer für ihn und mich extrem schwierigen und belastenden Zeit. Aber trotz seiner schweren Krankheit bestärkte er mich stets meine Arbeit weiter zu machen und das Buchprojekt zügig voranzutreiben. Besonders danken möchte ich ihm für seine Mithilfe bei der Autorenkorrektur innerhalb des hektischen Endspurts.